林屋礼二

法と裁判と常識

法学者の生活四十年

信山社

はしがき

私は、平成十二年十二月に、古希といわれる歳に達する。これを記念して、門下生の諸君が、学界の皆さんのご協力を得て、目下進行中の破産法の改正作業に合わせた「倒産法大系」という論集をつくる計画をすすめてくれているようである。また、ゼミの卒業生の諸君たちも、私のために古希の会を催してくれるとのことである。

そうなると、私としても、この七十年の人生中の、とくに法学者としての四十年間でしてきた仕事について、右の皆さんたちになんらかの報告をする義務を感ずる。そんなことを考えていたときに、信山社の村岡侖衛氏から、これまでに私が自分の仕事について書いたものや座談会の記録などを集め、それらをつうじて右の報告となる本をつくったらどうかというアドヴァイスを得た。

そこで、個人的な記録をつくるつもりで、座談会や随筆類の抜刷りなどを集めてみたところ、さらに、村岡氏から、学者の仕事に関心をもっている読者も多いから、一部は市販する本とし、また、私の教育・研究に関する仕事としては講演ものぞくべきではないから、ぜひ講演もこの本にくわえるようにとの勧めを受けた。そうした結果として生まれたのが、本書である。

こうして、本書には、第一部で、東北大学退官のころからの四つの講演を収録した。また、第二部では、私の大学在職時代および定年退官後の仕事にふれ、第三部には、私が書いた随想類で、第一部や第二部でふれたこととなるべく重複しないものをいくつか選んで収録することにした。そして、第一部の表題である「法と裁判と常識」を本書の書名とした。

こうして私の人生を振りかえるとき、私がこれまでにしてきた仕事は、すべて大ぜいの皆さんがたからのご協力によってなし遂げられてきていることがわかる。この古希に達した機会に、これらの皆さんがたからこれまでにいただいたご協力に対して、心から御礼を申し上げたいと思う。とともに、出版事情の悪いときでも、いつも良い本を作って著者たちに喜んでもらおうと全力を傾注している信山社の村岡侖衛氏に、心からの敬意と謝意を表したいと思う。

平成十二年十月

林屋礼二

なお、倒産法関係の最新の法律についても記述する必要上、前記の「倒産法大系」の出版が少し遅れた関係で、本書の刊行も、これに合わせて遅らせることとなった。

平成十三年八月

法と裁判と常識　目　次

目　次

大扉の「秤」のカット　林屋礼二

第一部　法と裁判と常識

——講演記録から

Ⅰ　法と裁判・行政と常識

1　法と常識

　ただいま河野正憲教授から過分なご紹介をいただきました林屋です。いまお話いただいたように、私は平成六年の三月に東北大学を定年で退官しました。それまでは、この法学部で民事訴訟法、民事執行法それから破産法の講義とゼミを担当しておったわけです。その民事訴訟法の講義は毎週この一番教室でしておりましたので、大変なつかしい教室であります。今日は、「法と裁判・行政と常識」というテーマで皆さんがたに少しお話をしてみたいと思います。

　さっそく本題に入りますが、われわれ人間は本来一人では生活しないもので、みんな一緒になって生活をしています。この「人間」という字をみると「人の間」と書くのですが、「間」というのは、複数のものがあってはじめて間という観念があるのですから、本来人間という字は、人間が複数的な存在であることを意味しているんだといわれております。そして、そういう人間が集まったものが「社会」であります。社会というのは、皆さんご存じのように、ソサエティ（society）だとか、ゲゼルシャフト（Gesellschaft）だとか、ソシエテ（société）とかいわれていますが、これらの社会を意味する英語、ドイツ語、フランス語は、みんな「結びつく」という語源からきているんです。だから、人間が結びついたものが社会なのです。ところで、大勢の人が社会生活を営んでおりますと、やはり、その社会生活を営むときのルールが必要になってきます。このルールのことを「社会規範」といいます。まあ、規範の「規」というのは規準の規ですし、「範」というのは模範の範ですから、要するに、なにかの基本になるもの、だから、社会生活を営んでいくときの基本になるもの、これが社会規範であります。

　穂積重遠先生という方がおられました。皆さんがたも民法で穂積重遠というお名前をいずれ聞く機会があるかもしれませんけれども、東京大学の教授をしてておられ、それから最高裁判所の判事なんかもされた方です。この穂積重遠先生が『百万人の法律学』という本を書いておられます。法律学というのはなかなか難しいんですけれど、それをできるだけ一般の人にもわかりやすく話をしようということで、『百万人の法律学』という本を昔お書きになっておられるんですが、そこでですね、こういう話をしておられる。

それは、あのロビンソン・クルーソーの話です。皆さんもあの本を読んでおられるかもしれないが、ロビンソン・クルーソーが乗っていた船が難破して、孤島に漂着しました。その場合に、ロビンソン・クルーソーだけが、その島で生活を始めたときは、これは一人ですから、自分でなにをやってもいい。ところが、そのうちに、その島のフライデーという土着民と一緒になって二人で生活するようになるとですね、そこにおのずから社会生活、二人の生活のルールができてくる。すなわち、小屋に住むときにも、ロビンソン・クルーソーは小屋の奥のほうで寝る、それからフライデーのほうは小屋の入り口で見張りをしながら寝るとか、あるいは、狩はロビンソン・クルーソーがやって、とってきたものをフライデーが料理するとか、まあ、自然にそういう生活のルールというものができてくるわけです。こういうように、複数の人が一緒になって生活するときにできてくる社会生活のルールが社会規範であると、穂積先生がいわれています。

そういう社会生活を営むときのひとつのきまり、円滑な社会生活を営むための定めが社会規範ですが、そういう社会規範としては、道徳であるとか、習俗であるとかがあり、それから法もそうなんです。社会規範にはそういういろんなものがあるために、それじゃ法と道徳はどう違うかとかいった議論もありますが、今日はその議論には立ち入りません。とにかくそんなことで、法というのも社会生活を営んでいくときのルールなのです。だから、有名な言葉に「社会あるところ法あり」というのがあります。社会があるかぎりですね、人びとが大勢で生活するかぎり、そこには社会生活のルールとしての法があるんだということです。だから、ゲルマン時代とかですね、ローマ時代とか、ずっと歴史的にさかのぼっていっても、みんなそうした時代それぞれに法があるわけです。

そこで、ちょっとゲルマン時代の法のことをお話したいと思います。ゲルマン時代にどんなふうにして裁判が行なわれていたのかを考えてみましょう。東北大学の法学部に世良晃志郎という先生がおられました。私は、東北大学の法学部で、西洋法制史の講義をこの世良先生からうかがったわけです。世良先生がゲルマン時代の裁判のやりかたについて話をされた。ゲルマン時代には、フンデルトシャフト(Hundertschaft)という社会組織がありました。フンデルトというのは、英語でいえば、ハンドレットですね、要するに百人。江戸時代にも五人組なんていう制度がありましたけれども、それと同じように、ゲルマン時代には百人くらいが一つの、まあ村みたいな形になって生活をしていたんです。そこでなにか問題が起こって裁判をしなければならないというときには、その大勢の人をですね、村長みたいな人が集めるわけです。みんなが円陣をなして集まります。そして、この村長がですね、実はいまこういう問題が起こっている、例えば、人が殺された、で、その殺害者に対して裁判しなければならないが、この問題についてのわれわれの法はなんであろうかということを、集まった人びとのなかの一人、例えばAに対して尋ねるわけなんです。

いまならば、六法全書というものをみれば、法はわかる。法は、みんな文書の形になっておりますけれども、昔はそうではない。文書を成している法は成文法、そういう文を成していない法は不文法といいますが、ゲルマン時代はそういう不文法の時代ですから、文書を成している法がない。そこで、みんなが考えている法、みんなが「これが社会生活のルールだ」と考えているところのものがなんであろうかということをAに尋ねるわけなんです。そうすると、Aがですね、「そんな人を殺したというようなことがあれば、その殺害をした者は死刑に処せられるべきだ、これが自分たちの法だ」、というようなことをいうわけですね。それで、他の人たちも、みんなが「そうだそうだ」といって、それに賛成すれば、

「人を殺した者に対しては死刑を科すべきである」、これが自分たちの法だということが確認されて、それで裁判長である村長は、それにもとづいて裁判をするようになったということを、世良先生が西洋法制史の講義で、われわれに話をされたのであります。

そのことからわかることはですね、要するに、これから皆さんは法というものを勉強していかれるわけですけれども、法というものは、「みんなの頭のなかにある共通した意識」、これをコモン・センス(common sense)というのですが、こういう共通の意識に支えられているものだということです。そして、このみんなの頭のなかにある共通した意識、これを日本では「常識」というふうに訳しております。もっとも、すべての人の考えが全部一致するというのはなかなかないことですから、大多数の人の考えかた、まあ、通常人の考えかたが、コモン・センスということになります。すなわち、法というのは、本来こういう大勢の人の頭のなかにある、共通した意識に支えられていなければならないということを、まさにゲルマン時代の裁判のやりかたがしめしているわけです。そうでしょう、みんながこういう場合にはこうすべきだと考えるところが法でなければならないのでして、そうでなくて、みんながそっぽをむいてしまうようなルールならば、これは法として社会の生活をうまく規律できないわけです。だから、みんながこの場合はこうすべきだと考えることを基礎にして法というものは成り立っていなければならないわけです。

といっても、今日の社会は、ゲルマン時代の社会などとは異なって、はるかに複雑化し、すべて高度化していますので、そう簡単にはいえない面がありますし、また、常識に反した法律も現実にはいろいろとあるのですが、それだからこそ、法のあるべき姿を洞察しておくことが必要になるのです。そこで、皆さんは、これから勉強していく法というのは、本来は皆さんがたの頭のなかにある、「こういう場合にはこうすべきだ」と考える、そういう考えに支えられていなければならない性質のものだということをまず頭にいれておいてほしいと思います。有名な本で、オックスフォード大学のヴィノグラドフ

(P.G.Vinogradoff) という教授によって書かれた“Common Sense in Law”(『法における常識』) という本がありますが、これは、要するに、法というものはみんなの常識に支えられているものでなければならないということを基礎にして、法律入門的な話をされているものであります。そういうわけで、「法律」と「常識」というのは非常に緊密な関係にありますので、それを基本にして、今日はお話をしたいというわけなのです。

その前に、もう一つお話をしておくことがあります。近代国家では、皆さんご存じのように、国家権力が三つの権力に分けられております。立法権、行政権、それから司法権です。立法権というのは、法を立てるということで、法をつくる権力ですね。それから、行政権というのは、政治を行なう権力であります。それから、司法権というのは、法を司る権力、すなわち法を扱って裁判をする権力ですね。こうして、国家権力のなかには、立法権、行政権、司法権があるのですが、皆さんご存じのように、立法権は国会、行政権は内閣、それから司法権は裁判所にそれぞれ属しています。そして、それぞれがチェック・アンド・バランスの関係に立って、一つの権力だけが大きくなって国民の人権を侵さないようにする、これが近代国家のシステムであります。そのうえで、国民が自分たちの代表者である国会議員を選んで、国民の代表者としての国会議員が国会で「法律」をつくるのです。そして、この国民の代表者である議員がつくった法律にもとづいて行政が行なわれる。それから、裁判が行なわれるわけです。「法律による行政」、「法律による司法」、これが近代国家の政治と裁判の基本原則です。

要するに、国民が主権者ですから、その主権者である国民の意思によって、法律がつくられて、それにもとづいて政治が行なわれ、裁判が行なわれるということになるわけです。そうだとするとですよ、この「法律」というのはさっきからお話ししておりますように、みんなの常識にもとづいているべきものですから、その法律にもとづいて行なわれる「行政」の結論、それから、この法律にもとづいて行なわれる「裁判」の結論も、みんな、やはり国民の常識に支えられるものでなければならない。みんなが「なるほどそうだな」と納得できるような結論にならなければならないということになります。これが、今日お話する「法と裁判・行政と常識」の一番基本的なことなのであります。

2　法と裁判と常識

そこで、まず、「法と裁判と常識」という観点からお話をしたいと思います。いま申しましたように、裁判の結論というものは、みんなの常識にもとづくものでなければならない。ところがですね、法律の定めどおりに裁判をしていくと、どうも人びとの考えている常識にマッチしない結論になってしまうという場合があるんです。

例えばどういう場合か、具体的な例でお話をしてみましょう。これは、徳川時代の話であります。徳川時代というのは、ご存じのように儒教道徳の強かった時代であります。そこで、親と子供は、身分関係として非常に厳格な上下関係にあったわけですね。だから、子供が親を殺すなんていうことがあれば、とんでもないことで、「子供が親を殺したときには磔（はりつけ）の刑に処する」という定めになっていたのです。

ところが、ここにこういう事件が起こりました。それはですね、ある商売屋で、奥さんが亡くなった。そのとき、この店の主人と奥さんの間には小さい娘さんがいたのですが、商売をやっていくためには、どうしても後妻さんをもらう必要があるということで、それで、ここへ後妻さんがはいってきたわけです。この後妻さんにも小さい娘がおりまして、娘を連れて後妻にきたのです。ところが、この後妻さんはかなり腹黒い人だったんですね。この商売屋は非常に有名な商売屋だったもんですから、なんとかして、この店の財産を自分の娘にいくようにしたいということで、まあ、この家をのっとりたいというような感じではいってきたのです。そうなりますと、先妻との間の娘が邪魔になるわけですね。ところで、先妻の娘のほうが後妻さんの娘よりも歳が上だったのです。だから、二人一緒に生活するときには、姉娘と妹娘ということになるのですが、「自分の娘をなんとかこの家の跡取りにしたい」、「そのためにはこの姉娘を亡き者にすることが必要だ」と後妻さんは考えたわけです。それで、毎晩夜になると、鬼の面をかぶって、この姉娘が寝ているところにあらわれて、「鬼だぞー」といっておどかしたのです。

そのために、姉娘のほうは、毎晩毎晩鬼がでるということで、すっかりノイローゼ気味になってしまった。そのために、食べるものも喉を通らない、だからどんどん痩せ細っていく。それで、それを見ていたこの妹娘がですね、「お姉ちゃんかわいそうだ。なんだか痩せ細っていくし、毎晩夜になると鬼がでるという。それじゃあ、私がお姉ちゃんに代わってその鬼を退治してやる」と、こういうふうにけなげにも考えてですね、それである晩のこと、「お姉ちゃんは私の布団に寝ていなさい。私がお姉ちゃんの布団に寝て、もし鬼がきたならばやっつけてやるから」といって、短刀を小脇にして、姉の寝床で寝ることにしたのです。そしたら、夜になると、案の定、鬼がでてきた。「鬼だぞー」といって、その妹娘が寝ている布団の上に覆いかぶさってきた。「いまだ」っということで、妹娘は、布団をはねのけて、下から短刀で鬼を刺したのですね。小さい子供の力ですけれども、満身の力で刺したために、鬼がぐたっとしてしまった。それで、「鬼を討ち取ったよ」と、大声をだしたもんですから、家中の者がみんなやってきたのです。それで、見たら、それは、実の親であったんですね。親が鬼の面をかぶっていたわけです。だから、その徳川時代の法律によれば、親を殺した子供ということになるのです。そうすると、法律では、「親を殺した子は、殺人として磔（はりつけ）の刑に処する」ということになるわけです。だから、このままこれを裁判すれば、この子供は親を殺したということで磔の刑に処せられるのです。では、その結論は、いったいみんなの常識に合うかということですね。しかし、いまお話したような状況を考えた場合に、これを法律どおりに、親を殺した子供ということで、磔の刑に処するというのは、みんなの常識が納得しないのであります。

実は、この裁判をしたのが、あの有名な大岡越前の守だということになっています。それでは、大岡越前の守はいったいどういう判決をしたのかといいますと、つぎのような判決をしたのです。「親というのは、本来子供の幸せを願うものだ。それは義理の子供であれ、自分の実の子供であれ、親であるかぎりは子供の幸せを願う、それが親だ。でも、この親は、自分の義理の子供を殺そうとして、鬼の面をかぶって毎夜毎夜あらわれた。それは、普通の親のできることではない。では、なぜ、それができたか。それは、まさに鬼が、後妻さんを喰い殺して、この後妻さんに化けていたからだ。そのために、このような酷い仕打ちを姉娘にすることができたんだ。だから、徳川の法律は、親を殺した者は磔に処するとしているけれども、この妹娘が殺したのは親ではなくて、鬼だ。したがって、その法律は、この妹娘には適用されない。しかも、この妹娘は、自分の親を喰い殺していた鬼を殺したのであり、自分の親を殺した鬼に対して仇討ちをしたのだから、ほめられてこそしかるべきで、この妹娘にはなんらお咎めはない」という裁判を大岡越前の守がしたというのです。

これは、裁判の結論をみんなの常識に合わせるようにしたという徳川時代の話ですが、もう一つ、そういう意味でのみんなの常識にマッチした判決として有名な現代の判決を紹介しておきましょう。山形県に長沼温泉という温泉がありますが、その温泉場の主人の話です。

温泉に行って、夜、タバコを吸いながら麻雀なんかをしていると、タバコもきれてくる。それで、客が宿屋の主人に、「タバコがなくなったから、タバコを買ってきてくれ」といったりする。そうすると、その温泉宿からタバコ屋さんまで五、六〇〇メートルあったんですが、タバコ屋の主人は、女中さんをですね、その五、六〇〇メートル先きのタバコ屋まで走らせていたのです。しかし、夜のことです。とくに冬の寒い夜なんかでも、女中さんは走って行かなければいけない。それに、そのタバコ屋も早く寝てしまうことがある。そうすると、タバコ屋が寝ているんで、お客さんはタバコが吸いたくても吸えない。あるいは、その女中さんがドンドン戸をたたいてタバコ屋を起こすこともある。そうすると、せっかく寝ていたのに、タバコ屋は起こされる。

まあ、そういうことがいろいろあったもんですから、宿屋の主人はですね、それならば、少しタバコ屋からタバコを買っておいて、お客さんが欲しくなったら、それを売ってあげるようにすればいいんじゃないか。そうすれば、お客さんのためにもなるし、女中さんのためにもなるし、タバコ屋も起こさなくてすむし、みんなのためになる。それには、少しタバコを買っておく。その当時、光だとか、ゴールデンバットだとかいうタバコがあったのですが、それを買っておいて、そして、それを定価で売っていたのです。そうしたら、これが「たばこ専売法」違反ということで、起訴されたのです。その当時の「たばこ専売法」によれば、専売公社というところから認められた小売店でなければタバコを売れないものとされていたのです。ところが、この宿屋の主人は専売公社から許可されていないのにタバコを売った。したがって、「たばこ専売法」違反だと、こういうことになるわけです。

第一審の山形地方裁判所は、たばこ専売法違反だとして、その主人に五千円の罰金を科しました。そこで、主人は、より上級の第二審の裁判所である仙台高等裁判所に不服を申し立てました。仙台高等裁判所は、罰金五千円を維持しましたが、二年の執行猶予というのをつけたのです。執行猶予というのは、刑の執行を猶予するということで、この場合は、罰金五千円の徴収を二年間待ってくれるものとなります。しかも、被告人がこの二年内に猶予を取り消されずに無事に過ごせば、刑も科さないことにしてくれるというのが、この執行猶予という制度なのです。だから、宿屋の主人は、二年間を無事に過ごせば、五千円も収めなくてよくなるのです。しかし、それに対して、宿屋の主人は、「おかしい。私はみんなのためになると思って、やってたんだ。いくら執行猶予をつけられたって、罰金五千円という刑が科せられること自体がおかしいのだ」といって、第三審の最高裁判所まで争ったわけであります。

裁判も、人間である裁判官がするのですから、その裁判に絶対に間違いがないとは保障できない。そこで、裁判制度では、一番最初に訴える裁判所が第一審裁判所ですが、その判決に不服があれば、当事者は、より上級の裁判所にまた審理を求められるようになっている。これが二回目の審理なので、第二審というのですが、この第二審の裁判所の判決に対しても、原則としてもう一度不服をのべて、第三審の裁判所までもっていけるようになってます。そこで、裁判所で三回審理してもらえるということで、三審制度というのですが、こうして、第三審の最高裁判所まで主人は不服をのべたのです。

最高裁判所の判決は昭和三二年三月二八日にだされたのですが、その最高裁の判決はですね、この宿屋の主人は、タバコ屋からタバコを買って、それを売っていたので、タバコを所持し、販売したわけであるが、こういう程度のタバコの交付や、所持というのは、「たばこ専売法」の趣旨・目的に反するものではない、としたのです。みんな法律には、それが制定される「目的」があるのですね。ある目的でもって法律ができているのです。その点から考えれば、例えば五〇円で買った物を六〇円で売るというようなことだと、それは、たばこ専売法の「限られた者にしか売る権利がない」という関係で問題がでてくるけれども、この宿屋の主人のように、五〇円で買って定価の五〇円で売るということは「たばこ専売法」の趣旨・目的に反するようなものではないし、「このような、宿屋の主人の、みんなのためにしようというような行為は、社会共同生活上において許容されるべき行為であると考えるべきだ」と、こういうふうにいいまして、最高裁は、この主人を無罪にしたのです。一審・二審は罰金を科しましたが、罰金だって刑罰です。これに対し、最高裁は、それは刑罰を科せられることではない、といって無罪にしたわけであります。

なお、ここでついでにちょっと申しておきますと、そういう刑事事件の場合には、検察官が犯罪の嫌疑をかけられた者を相手方として裁判所に対して裁判の申立てをして、それで裁判所が判決をするのですが、この検察官の相手方のことを、最近は、新聞などで「被告」といっております。しかし、これは、被告ではなくて「被告人」といわなければならないのです。民事の事件の場合には、原告と被告とよぶのですが、刑事事件の場合には、検察官の相手方は被告人といわなければならないのです。ところが、どうも、最近、ジャーナリズムでみんな、被告、被告と刑事事件の場合にもいっておりますが、これは正しい使いかたではないのです。被告人というべきなのです。

そこで、この宿屋の主人は、被告人にされて、刑事事件で裁判を受けたのですが、「一審、二審の裁判はおかしい。これは常識に合わない。社会生活を営むうえで、みんなのためになると思ってやった行為なのに、それを刑に処するというのはおかしい」と争って、結局、最高裁は無罪という判決をしたのです。これは、いま申しましたような事件の場合に、大勢の人が考える「常識」にマッチした判決だということで、有名な判決なのです。

ここで、申しておきたいことはですね、要するに、法律がある以上は、その法律はきちんと守られていかなければならない。それを「一般的確実性」といいます。どんな場合についても、一般的に法律が守られていかなければいけない。だけれども、法律をただ形式的に当てはめていったんじゃいけない。その具体的な事件について妥当な結果になるように法律を適用する必要がある。これを「具体的妥当性」といいます。この二つの調和をはかるということが、裁判では一番大事なことになる。法律がある以上、その法律を無視してはならない。法律が常に確実に適用されるようにしなければならない。しかし、裁判では、社会の常識、人びとの常識を基礎にして、具体的な事件の場合に妥当な結論になるように法律を解釈して適用していかなければいけない。この調和が難しいんだと、こういうことなんです。そういう場合の決め手が、人びとの「常識」なのであります。

3　法と行政と常識

さて、いまは、「法と裁判と常識」のことをお話したんですが、もうひとつ、今度は、「法と行政と常識」ということをお話します。行政をするとき、すなわち、政治を行なうときに、政治も法律にもとづいて行なわれるのですから、その行政の結論も、それが人びとの「常識」にマッチしたものでなければならないということです。

まず、私の体験したことから申しますと、私が東北大学をでて、法学部の研究室におりましたときのことなんです。

私の母が東京におりましたが、母が持っていた家を売りたいというのです。家なんかを売りますと税金がかかるので、私に「どれくらい税金がかかるか」と尋ねてきましたので、いろいろ調べて、「これくらいかかる」といっておいたんです。そしたら、母から手紙がきまして、「税務署から税金の通知がきたけれども、こんなにたくさんかかるということだ」と書いてあるんですね。たしかに、同封してあった通知書をみたら、ずいぶん多いんです。これはおかしいと思って、私は東京の家へ戻って、その税務署に行って、担当官に会ったのです。そしたら、式を書いてくれました。こういうわけでこういう数字になるんです、という説明なんです。

その式を書いてもらった紙を持って帰って、私は一晩じっくり考えたんです。そしたら、どうもおかしいんですね。一回課税されればいいものが二重に課税されている。そう思ったものですから、翌日は早くその税務署に行きまして、その担当官に、「一晩考えたけれども、これはどうもおかしい。本来税金っていうのは一回課税されればいい。それが二重に課せられることになっているけれども、これは常識的にみておかしいのではないか。あなたはどう思うか」といったら、その担当官も「たしかに常識的にはおかしいんです。しかし、あなたのお母さんに適用されるAという法律にはXという場合があるが、Bという法律では、Xの場合には二倍にするという定めがあるから、これは二倍にしなければいけない」というんです。「だけど、AとBとでは法律も違うし、それから、その結果は常識にマッチしていない。やっぱり、行政官、行政をする人たちも人びとの常識にマッチするように法律を適用していくことが必要で、これが行政官の使命じゃないか」と、私はいったんです。そしたら、「いや、法律がこうですから」と常識的におかしくったって法律がこうですから」といって、断固として譲らないんですね。ちょっと聞いたら、その人は、東京でも有名な法律の専門家を養成する私立大学の出身なんですが、彼は、断固として、「これが法律です」、というんです。そんなことで、私とその担当官とやりあっていました。

そのうちに昼近くなりまして、自分の席から離れた税務署の職員たちが自然に私たちの周りをとり囲むような形になってきたんですね。ちょうど、冒頭でお話をしたゲルマンの裁判みたいな形で、みんながこう円陣をなして聴くようになった。それで、そのまま担当官とやりあっていたら、だんだんと私のいっていることにうなずく人が多くなってきたんです。そうしたら、課長がでてきまして、「あなたのいわれることはよくわかりました。でも、担当官の考えは違うようです。そこで、税務署の上には国税局という上級の官庁があるので、この事件については国税局にお伺いをたてます。その結果、国税局でもしあなたの意見が認められたら、あなたのいうように税額を減じます。しかし、担当官のいうことが国税局で認められたら、税金はそのとおりにしますが、それでいいですか」というから、「それで結構です」といって、私は仙台の研究室に戻ったのです。

それからしばらくして、その税務署から封書がきました。開けてみましたら、「国税局に伺いをたてたところ、あなたのいい分がとおりました。したがって、税金は、このとおり減額します」と、そういう通知がはいっていたわけです。いま申しましたように、私は、行政の結論も、みんなが「こういう場合にはこうなるべきだ」と考える、そこの線に落ち着けるようにしなければいけないということを盛んにいったんですけれども、担当官は、「いや、法律はこうなんだ」、といって譲らなかったのです。しかし、その担当官の考えていた法律は本当の「法」じゃなかったわけなんですね。「恣意」であった。彼の恣意であったのです。だから、私はそのとき思ったのです。私は、母親のために税務署でがんばったわけです。しかし、そういったがんばってくれる者がいないおばあさんの場合に、おばあさんが生活していくためになけなしの財産を売ったが、担当官の恣意によって──払う必要のない──二倍もの税金を課せられたなんてことがあったら、大変なことだと思ったのであります。

なぜ、私がそのときに「常識」を基準にしていろいろ考えたか。それはですね、実は、東京大学の民法の教授で我妻栄先生という方がおられました。我妻先生はもう民法では有名な先生で、これから皆さんがたも民法を勉強していかれれば、必ず我妻先生のお名前を聞くと思いますが、この我妻先生が、日本学術会議の副会長をしておられたときに、東北大学にこられて、講演をされたのです。その講演はこういうタイトルでした。「法律における理屈と人情」。

我妻先生は、そこでつぎのような話をされて、それを私が聴いたわけなんです。この「理屈」というのは、さきほど申しました「一般的確実性」のことなんですが、法というものがある以上は、それはきちんと守られなければいけない。だけど、それだけじゃいけないのだ。人びとの常識を基礎にして、その法律の適用された結果が具体的に妥当な結論になるようにしなければいけない。この「具体的妥当性」が「人情」という言葉で表現されているんですね。だから、法律を適用するときには、そういう「理屈と人情」の兼ね合いをうまくしなければいけないんだ、そして、そのときに基本になるのは人びとの「常識」なんだ、ということを我妻先生が話された。そこで、私は、この常識論にもとづいて私の考えを主張して、それが国税局でとおったというわけなのです。

行政も、みんな法律にもとづいて行なわれるんですが、このように、本当の法律を適用していくというのは、なかなか難しいことなんです。そこで、もう一つ例をあげてみましょう。さっき河野教授が紹介してくださいましたが、私は、いま、宮城県の「県政オンブズマン」という役目についております。「オンブズマン」（Ombudsman）というのは、スウェーデン語で代理人を意味するのです。それでは、スウェーデンでは、だれの代理人かといいますと、議会の代理人なんです。議会の代理人としてのオンブズマンが行政府のやっていることを監視する。そして、間違っていることがあれば、それを正すように行政府に求めるというわけなのです。それがオンブズマンの仕事です。だから、スウェーデンのオンブズマンは、スウェーデンの最高裁判所の判事と同格の地位にあります。

このスウェーデンでできたオンブズマンという制度が、いま、西ヨーロッパ、北米、それから太平洋圏、そしてアジアと、どんどん広がっているのです。そこで、日本でも、そういうオンブズマン制度を国の制度として採用すべきかどうかが論ぜられていますが、日本には、そういう国の制度としての導入のまえに、地方自治体に、このオンブズマン制度がはいってきました。市のレベルでは、川崎市とか鴻巣市とか藤沢市その他がオンブズマン制度を採用しています。また、県のレベルでは、一番最初に採用したのが沖縄県で、平成七年です。宮城県は二番目で、平成八年の一一月にオンブズマン制度を採用しました。そのときに、私は、初代オンブズマンになってくれという交渉を県から受けまして、いろいろ考えましたけれども、結局それを引き受けることになったのです。

宮城県の県政オンブズマン制度というのは、県民の代理人として、県政を正していくもので、県民は、県の行政上の行為によって自分の権利や利益を侵害されたという場合には、オンブズマンに対して、救済の申立てをしてくることができます。この申立てがあると、オンブズマンは、その申立人からよく事情を聴くとともに、その事件を担当した県の職員、それから、その課の課長とか課長補佐を呼んで、県はなぜそういう行為をしたのかということを聴くわけです。そして、両者のいい分をよく聴いたうえで、オンブズマンが判断をすることになります。もし、県のやったことが間違っていたということになれば、それを直すようにという申入れを県にします。もし、県がそれに従わないときには、「こうするのがよい」というオンブズマンの「勧告」を知事に対してすることになります。オンブズマンから勧告された場合には、県は、最大限それを尊重しなければならないということになっています。

現在までのところ、申立てをしてきた人の申立てを全部あるいは一部認めた、だから、とにかく申立人の意向に沿った判断をオンブズマンがだした場合が、五〇パーセントを超えております。したがって、県の行政上の行為が適正でないという申立てをオンブズマンはかなり認めている。要するに、いままでも県民は県に対して不服をのべることはできましたが、県は県の論理で判断するのに対して、オンブズマンは「県民ならばこういうふうに考える」という、県民の常識を十分に尊重して判断をするわけでして、そこの差といえます。

そこで、その場合には、県に対して、適正でなかった行為を改めるようにとオンブズマンから申入れをしますが、現在までのところ、県は、オンブズマンからの申入れにはすべて従っていますので、宮城県では、オンブズマン制度ができて以来、まだ知事に対して「勧告」をした例はないのです。

そこで、そのオンブズマンとして扱った一つの例をお話ししたいと思います。それはですね、特別地方消費税というのがあります。これは、料理屋であるとか、旅館であるとか、ホテルであるとか、飲食店などへ行って、お客さんが一定額以上の飲食とか宿泊料などを払うときに、特別地方消費税というのをとられるのです。その場合、料理屋なんかは、その特別地方消費税をお客さんから徴収して、前月分の金額を毎月毎月、月末までに申告書に書いて県税事務所に提出するとともに、その金額を県に払い込むべきものとされているのです。

ところがですね、こういう事件がありました。ある店の人が月末にちゃんと銀行に行って、払うべき税額を納入したのです。特別地方消費税なんていうのは、大きいところだとかなり金額も大きくなりますが、それを納めたのです。そして、その帰りに県税事務所に行って申告書を提出するつもりをしていたのです。ところが、お金を払ったということでの安心感もあったんでしょうか、つい、街へ行って帰るときのいつものルートに車を走らせて、そのまま自分の店に帰ってきてしまったんですね。そこで、「しまった」と店へ帰ってから思った。申告書を提出しなくてはいけない。ところで、申告書は、郵便で送ることもできます。郵便のスタンプが、例えば何月三一日ということであれば、それは、その納付期限内に提出したことになるんですね。だから、その人は郵便で送ろうかと思ったんですけれども、時計を見たらもう郵便の最後の集配時刻を過ぎていそうだ。それじゃあしょうがないから、明日持って行ったほうが早いだろうということで、翌日申告書を持って行ったんですね。そしたら、県税事務所は、「一日遅れていますから、不申告加算金を課します。五パーセントです」といった。例えば納入税額を八〇〇万円とすれば、八〇〇万円の五パーセントは四〇万円ですよ。一日遅れただけで四〇万円課すると県税事務所がいったのです。それで、その人が「税金はきちんと計算して期限内に収めているのに、これはおかしいんじゃないでしょうか」といってオンブズマンのところへきたわけであります。それで、県を呼びましたら、県のほうは、「一日たりとも申告書の提出が遅れれば、不申告加算金をいただきます」といっているわけなんですね。

それから、いろいろと私も考えたわけですけれども、とにかくこの場合には、払うべき税金はきちんと納入しているのです。税法というのは、きちんと税金を納めさせるための方法を定めているのですね。そして、そのために、まず、申告書で計算させる。ところが、その申告書も取り寄せてみましたら、簡単な一枚の紙なんです。所得税の確定申告書なんていうのは、かなりいろいろとたくさん書かなくてはいけないんです。だから、それはいろいろとチェックしなければいけませんが、この特別地方消費税納入申告書は、記入欄もごく簡単なものなんです。そして、そこに書いた数字と同じ金額はちゃんと期限内に納められているのです。にもかかわらず、その申告書を一枚遅れてだしたということで、四〇万円の不申告加算金になると、県はいうのです。しかも、そういう不申告加算金というのは、これからはちゃんと納めるようにということで、将来への戒めみたいなものとして課せられるのです。しかし、実は、その人はいままで二十なん年間一回も申告・納税ともに遅れたことがない、ちゃんと期限までに全部申告し、納めているという人なんですね。だから、ここで不申告加算金を課さなくたって、ちゃんとこれからもやっていく人なんです。だから、逆に、県の対応にすっかりその人は怒っているんですね。「いままで一所懸命納税につとめてきたのに、申告書をだすのが一日遅れたということだけで、四〇万円とはあまりにもひどい」と。

これは特別地方消費税ですけれども、この特別地方消費税というのは、本来、県がお客さんから徴収すべきものなんですが、それを代わって飲食店などに徴収してくださいといって、頼んでいるものなのです。だから、これは、ちょっと普通の場合の税金とはまた違うわけですね。まあ、日本の場合には納税者からの申告主義をとっているもんですから、それとの関係でも考えなければならない問題がありますけれども、県が徴収を頼んでいる点から考えると、この県の扱いは厳しすぎる。しかも、地方税法の条文を見ましたら、「正当な理由があると認められる場合においては、この限りでない」として、そういう不申告加算金を課さなくてもいい場合が書いてあるんです。ところが、県の説明によると、「正当な理由」についての従来の扱いは、地震があったとか、洪水があったとか、そういう天災みたいなものがあった場合に限るとされて、非常に狭い解釈をしているというのです。しかし、それはおかしい。法律の適用というのは、人びとの常識にマッチするように行なうべきであって、この「正当な理由」は、そうした角度からもっと広く解されていい。「正当」っていうのは「道理に適った」ということなんですね。そして、「道理に適った」ということは、「人びとの常識にマッチした」ということですから、人びとの常識が「こういうときには救済すべきだと考える場合」には、この「正当な理由」を認めていいんじゃないかと考えられます。

そこで、私は、こんなふうに、とにかく二時間近く県の職員に対して説得をしました結果、県はこのオンブズマンの見解を検討しました。そして、結局、「それじゃ、オンブズマンのいうことに従います」ということになって、この人に対する不申告加算金は課さないということになったのですが、こうして、裁判の場合と同様に、行政の場合にも、法との関係で、できるだけ常識にしたがった判断をしていくことが必要なのであります。

4　大学での学生生活

それじゃあ、一体、「常識」というのはなんなのか。これは、さきほど申しましたように、みんなの頭のなかにある共通した意識ですね。しかし、裁判官が裁判をするときに、「こういう事件です、みんなどう考えますか」といって、世論調査をして裁判をするわけではない。行政官も同じであります。すなわち、その裁判官や行政官が、みんなの考えによれば、こういう場合にはこうであろうというふうに、その裁判官や行政官が考えて、それにしたがって判断するわけです。ということは、その裁判官だとか行政官は常識人でなければならないということになります。すなわち、社会の人びとの心を十分に知った人でなければならないということです。往々にして、裁判官なんていうのは六法だけを知っていればいいと思うかもしれませんけれども、そうでは決してないんです。社会の人の心を知らなければならない。そのためには、社会をよく知っているということ、それから、ものについてはいろんな考え方があるということ、これを理解する必要がある。そうでなくて、いわゆる「井の中の蛙大海を知らず」では困るわけです。社会を知らなければならない。

そのためにはですね、大学時代にいろんな小説を読む。それから、いろいろな名著とされている本を読むということが大切であります。小説なんかには、いろんな人の人生、あるいは、いろんな人の人生をめぐって社会で起こってきたことがらが書いてある。それから、いわゆる名著には、いろんな人の「ものの考え方」がそこにあらわれております。これを大学時代に読んでおくというのが、社会にでてからの活動の糧になるのです。私は旧制の高等学校を卒業しましたけれども、旧制高校のときに、私の友人なんかで、岩波文庫を毎日一冊読む、薄くても、厚くても断固として読むということをやっていた者もおりました。とにかく、旧制の高等学校というのは「自由」なんですね。なにをやっていてもいい。だから、その間にみんな思いっきり小説を読み、また、いろんな本を読んだのです。皆さんがたも、いままでは、受験戦争で、中学、高校、大学と、もう受験、受験できた。しかし、いまや、大学にはいって解放されたわけです。「自由」、この「自由」というのは、実は、大学の一番の神髄です。「フライハイト」(Freiheit)。皆さんは、これからは、これまでと違って、自由に自分でなんでもやりたいことができるのです。だから、この「自由」を活用しなくてはならない。

それから、もうひとつお話しなければならないことはですね。いままでは、もし皆さんがたが、名刺をつくるとしたら、「××高等学校生徒」という肩書を印刷したのです。この場合、「生徒」の「徒」というのは、徒弟の徒です。親方のやることを見様見真似でもって、からだにつけていくのが、徒弟です。だから、高等学校、中学校では、先生が話すことをそのまま受け入れるという、他律的な勉強の仕方を諸君たちはしていたわけです。しかし、皆さんがたがこれから名刺をつくるときに、「東北大学法学部生徒」と書いたんじゃおかしいんです。これからは、「東北大学法学部学生」なんです。「学生」の「生」というのは、人という意味です。「学生」とは、学問をする人なんです。すなわち、これからは、皆さんは、主体的に、自律的に自分の学問をしていく、そういう立場に変わったのです。ここに、コペルニクス的転換があったわけでして、いままでの高等学校とこれからの大学では、すっかり違うんです。だから、そのことを十分に理解して、この「大学の自由」というものを十分に活用し、自律的にですね、自分で計画をたてて、学問をしていくということを心がけてほしいと思います。

大学を卒業して社会にでると、もう時間がないんです。毎日毎日仕事に追われて、自分で学問する時間なんて全くなくなってしまいます。だから、この大学の四年間というのを有効に活用する必要がある。これが社会にでてからの基礎になるのです。その点で、なんでもはじめが大切ですね。「一年の計は元旦にあり」といわれますけれども、大学四年間の計は、この四月にある。ここでだらだらしますと、つい一年二年をだらだらと送ってしまいます。そして、もう三年になると就職なんですね。それで四年になって、「いや大変だ。大学にはいって十分勉強していない」というようなことにもなる。だから、就職が決まったにもかかわらず、「私はもう一年勉強したほうがいいと思いますが、どうでしょうか」なんて、私が東北大学にいたときに、真剣になって相談にきた学生諸君もいるのです。やっぱり、肝心なのは最初なんです。ですから、ここで皆さんがたもひとつ一年のはじめに、これからの四年間の計画をたてて、それにしたがって、皆さんがたの自分の道を歩んで行ってほしいと思うのです。

さきほどお話した我妻栄先生と並んで、民法の有名な先生に中川善之助先生という方がおられました。中川先生は、昭和三六年まで東北大学の法学部で民法の講義をされたのですが、この中川先生が「心身技」ということをいわれました。大学では、まず人間としての「心」を身につけなくてはいけないといわれるのです。これは、人としての常識を身につけることです。それから、「身」というのは体ですね。いままでは勉強、勉強で、あまり運動などもしなかったかもしれませんけれども、テニスであろうと、卓球であろうと、水泳であろうとですね、なにかこれからずっと付き合っていけるような運動を大学時代に一つ身につけるようにと、先生は、いわれるのです。先生は、東北大学では、ずっとテニス部の部長をされていて、先生ご自身も退官されるまで大学のコートでラケットを振っておられました。そして、「技」です。これは法学部にはいった以上は法律ですね。法律を身につける。まず法律の知識、それから「法律的なものの考え方」、リーガルマインドを――さきほどの「常識」を基礎にして――体得する。だから、大学時代には「心身技」を目ざす必要がある。まず、人間としての心を養う。それにはさっきお話したような小説だとか、名著をたくさん読む。そして、運動もし、法律の勉強もしっかりやっていく。こういうことを四年間にわたって皆さんがたがこころがけていけば、東北大学法学部にはいったということの意味がでることになるのです。

そして、もしできればもう一つ、大学時代によき友人を得るようになれば望ましい。この点に関して、皆さんがたの先輩の話を一つしましょう。この一番教室とすぐそこの記念講堂との間に道があります。あれを「中善並木」というのです。その「中善並木」というのは、いまお話した中川善之助先生のことを学生たちが親しみをこめて中善教授といっていたことからきています。これはですね、まもなく秋になりますと、東北大学で大学祭というのがありますが、昭和三五年に東北大学の法学部にはいってきた諸君たちが、その大学祭で焼鳥屋をやろうと計画したんです。ところが、大学祭の実行委員会は、「大学の行事なのに焼鳥屋をやるなんていうのは、非知性的だ、けしからん」といって認めてくれないのですね。しかし、その法学部の学生諸君たちはですね、「大学祭といったって、祭、お祭りじゃないか。お祭りならばみんなが愉快にやる。愉快になるにはお酒も飲む。お酒を飲めば、焼鳥も必要だ」と、そういう論法で、自分たちは焼鳥屋をやりたいというのです。そこで、なんとか自分たちの考えを理解してもらえる人はいないかと探していたんです。そしたら、東北大学の法学部の中川教授は非常に学生たちの気持ちを理解してくれる先生だということを誰かが聞き込んできた。

その当時は、この川内に教養部があって、法学部は片平丁にあったんですね。それで、教養部の焼鳥屋を計画している諸君たちがみんな一緒になって片平丁の中川先生の研究室に行って、先生にお会いして、いまの学生諸君たちの気持ちを話したのです。その結果、先生も「それじゃ、みんなを応援してやろう」といってくださったんです。そうすると、焼鳥屋の主人に中川善之助先生がなってくださるということになったわけで、学生諸君たちは、指導教官中川善之助教授ということで、大学祭の実行委員会に届出をしたのです。そうすると、非知性的な集団でも、キャップにはきわめて知性的な中川先生がついたものですから、大学祭実行委員会も、しぶしぶ認めてくれるということになったのです。そしたら、学生諸君のほうもですね、「中川先生まで引っ張りだしたからには、きちんとやらなきゃいかん」ということで、学生諸君のなん人かが、一番町に文化横丁というところがありますが、そこに焼鳥屋がある、そこへ丁稚奉公にはいったわけです。そして、なん日間かにわたって特訓を受けました。鳥の焼き方、タレの作り方をみっちり仕込んでもらったのです。

だもんですから、大学祭で焼鳥屋を開いたところが、うまいということで評判になって、お客さんがものすごくきたんですね。そして、収益がずいぶんあがったのです。そこで、大学祭が終ってから、その収益をどういうふうに使うかをみんなが相談したときに、「これは、自分たちの希望をかなえて、みんなの青春の夢を実現してくださった中川先生が来年東北大を定年で退官なさるということだから、その先生の退官を記念した並木をつくる資金にしよう」ということで衆議一決したのです。当時は、まだ法学部が川内でなくて片平丁だったもんですから、いずれ片平丁から法学部が川内に移ってくることを考えて、そのときの学園の緑化にも資するように並木をつくろうということになったのでして、その収益金で並木をつくったのです。そして、その並木を学生諸君は「中善並木」と呼んだのです。これに対して、中川先生は、大学の構内に一教授の名前を冠した並木をつくることは困るといって、固辞されました。しかし、学生諸君の熱意に押され、また、大学もこの並木の設置を認めたので、先生も、学生諸君の懇請をいれて、並木の起点の石碑に、「若き日の友情と感激のために」と書かれたのです。

そんなことで、中川先生と学生諸君の交流が始まったのですが、すぐ翌年の三月には先生は東北大学を定年で退官なさって、それから東京の学習院大学の法学部長になられたのです。それで、仙台では先生とお会いできない。そこで、「また先生の所に行って先生と話をしようじゃないか。だけれども、ただ列車に乗って東京へ行ったのではおもしろくない。なにか意味のあることをして行こうじゃないか」と話し合って、結局、彼らは夏休みに東京まで歩いて行くということを考えたのです。東京まで、四〇〇キロ。そして、一〇日間かけて歩く。だから、一日四〇キロですね。彼らは、夏休みを使い、真夏の、暑い最中に、みんな歩いて東京まで行ったのです。もう真っ黒になって東京へつきました。それで、中川先生のお宅では、「ともかく風呂にはいれ」ということで、お風呂にいれてくださったのですが、みんな土ぼこりで真っ黒ですから、先生のお宅の風呂場の周りの白いタイルが真っ黒になったと、まあそんな状況でした。風呂からでると、「まあビールでも飲もう」ということで、先生を囲んで話がはずんだ。みんな先生にいろいろな道中のお土産話をして、また先生からもお話を沢山伺ったのです。それで、そういうことを教養部に帰ってから話をしたら、それが翌年入学してきた学生諸君たちの耳にもはいって、「それじゃ、俺達も行こう。中川先生の所まで歩いて行こう。で、前の諸君たちは常磐線周りだったから、今度は東北線周りで行こう」と。そんなことで、以後、常磐線、東北線、常磐線、東北線と……とうとう東北大学教養部が学園紛争で閉鎖されるまで、八年間にわたって法学部の新入生が毎年中川先生の東京のお宅まで歩いて行ったのです。ちょうど、サークル活動みたいな感じですね。

それで、その歩いた諸君が、いま、「東北はぎの会」というのをつくっている。「はぎ」というのは、仙台のシンボルの「萩」と、それから、みんなが歩いて行ったことでの「ふくらはぎ」をかけたんですね。その歩いた仲間が、もう一〇〇人近くもいるんです。それで、その人たちがですね、毎年四月の第二日曜日には、北鎌倉の東慶寺というところに集まるんです。東慶寺というのは縁切り寺ということで有名なんですが、このお寺には、阿倍能成・西田幾多郎・鈴木大拙・和辻哲郎といった、ずいぶんといろんな有名な方のお墓がある。そこに中川先生のお墓もあるんです。この東慶寺というのは非常に自然の豊かな静かなお寺ですが、先生のお墓は、山門をはいってちょっと行って、最初の小道を左に折れたところにあるのです。そこに本を開いた形のお墓があります。このお墓は、先生から教えを受けた門下生たちがつくったのですが、その墓石には、「身分法学の父であり、新民法の母であり、学生を限りなく愛した先生を景慕して」と刻まれています。そして、そのお墓の前には、大きなどっしりした花瓶が置かれているんです。そこへ供花をいれられるようになっていますが、その歩いた連中が、いまはもう局長だとか部長だとかになっているそういう連中がですね、四、五人ががりで、その花瓶のなかに汚い水がたまっているからといって、横に倒して、汚い水を流して、また新しい水をいれてきてくれるんですね。中川先生もきっと喜んでいてくださると思うんですが、とにかく、こうしてきれいにお墓を掃除して、先生ご夫妻のお墓にみんなでお参りをして、それから北鎌倉駅の近くの料理屋へ行って、みんなで昔の思い出話をするわけです。今度の日曜日がそれなんです。私は毎年よばれているもんですから、今度も行く予定ですが、とにかく、そんなことで東北大学時代に一緒になって歩いた諸君の交流が、社会にでてからも、ずっと続いているのでして、そんな君たちの先輩もいるのであります。

そんなことで、せっかく大学にはいったからには、この大学での時間を有効に使うということですね。なかなかこれからの人生で、これだけの時間というのはないんです。これは皆さんがた自身が社会へでてから痛感することだと思いますが、そのときに「しまった」と思わないようにですね、いまのあたえられた時間を有効に使って、そして、できれば良き友人もつくり、有意義な大学時代を送っていただきたいと思います。それでは、時間がまいりましたので、これで私の話を終えたいと思います。

（平成一〇年四月九日、東北大学法学部新入生のための講演、法学六三巻一号、平成一一年）

Ⅱ　現代法と信義誠実・権利濫用

1　信玄公旗立ての松事件

ただいまご紹介いただきました林屋です。

いま、小野寺規夫先生からお話がありましたように、今日は、なにかここで皆さんにお話をするようにとのことであります。そして、小野寺忍先生からは、ためになる面白い話をするようにということなんです。なにをお話しようかと思って考えたわけですが、甲府といえば武田信玄ですね。信玄と法律との関係でいえば、皆さんご存じの「信玄公旗立ての松事件」という有名な判決があります。もっとも、判決では、「旗掛けの松」といっているのですが、旗掛けといいますと、ちょっと旗を立て掛けたように聞こえます。しかし、これからお話するように、一本松の上に信玄公が旗を立てたのでありますので、私は、「旗立ての松」とよんでおります。これは、甲府から諏訪のほうへ行って、ちょうど半分ぐらいのところかと思いますが、日野春という駅があります。そこは、周囲よりちょっと高く台地のようになっておりまして、四方が見渡せるような場所です。そこに一本の大きな松がありまして、それを「甲斐の一本松」とよんでおりましたが、その松の木の上に信玄公が旗を立てたのです。それが四方から見えますので、それによって信玄公が軍事上の指揮を執ったといわれていますが、そんな由緒のある松なのです。

ところが、その松の木のすぐ脇に、明治三六年に中央線のレールが敷設されました。当時は、今日と違って、蒸気機関車ですから、煙を吐いておりましたが、この松の木の場所から、ちょっと行った所で線路が二つに分かれていて、分岐点となっていました。そこで、蒸気機関車は、松の木の脇の場所でちょっと止まる、あるいは、数分止まることがありましたが、そのとき、煙を吐いたままでいるために、大きな松の木の枝がまともに煙を浴びるということになりました。その結果、その煤煙により、大正三年三月に、松は枯れてしまったのです。そこで、大正六年に、その松の所有者が、今日のＪＲ、当時の鉄道院に対して不法行為による損害賠償の請求をしたのです。その損害賠償の請求額は一五〇〇円でした。一五〇〇円というと、当時の内閣総理大臣の俸給が一〇〇〇円でしたから。総理大臣の俸給の一・五倍の額の損害賠償の請求をしたことになります。で、結局、原告は勝つのですが、ただ、その枯れた松の樹齢がどれぐらいであったかを測定しましたところ、約一六〇年ぐらい経っているということでした。そうすると、信玄公のときまでさかのぼりますと、三六〇年ぐらい先でなければならないので、これは、信玄公が旗を立てた松そのものではなくて、どうも二代目ぐらいだということになりました。そこで、そんな事情もありまして、原告は一五〇〇円を請求したのですが、実際は、はるかに少ない七〇円だかになってしまったのですが、とにかく原告は勝訴をしております。

その経緯をちょっと申しますと、民法七〇九条という規定があります。これは不法行為の規定ですが、「故意又ハ過失ニ因リテ他人ノ権利ヲ侵害シタル者ハ之ニ因リテ生シタル損害ヲ賠償スル責ニ任ス」という規定であります。故意というのは、わざとということですが、この故意、あるいは過失、すなわち不注意によって他人の権利を侵害した者は、侵害行為の結果生じた損害を賠償しなければならないというのが、民法七〇九条です。そこで、これを根拠にして、原告は、鉄道院に損害賠償を請求したわけです。

この場合は、民法七〇九条との関係で、原告としては、鉄道院に過失があった、すなわち、鉄道院に不注意な侵害行為があったために、木が枯れて、損害が生じたということを主張して立証していく必要があります。そして、損害賠償請求訴訟の審理では、裁判所としては、まず不法行為が成立するかどうかを判断し、成立するとすれば損害額がいくらかを考える、という二段構えになります。そこで、不法行為が成立するかどうかという点について、裁判所がまず中間的に判決をするというやり方をとることがありまして、こういうのを中間判決といいます。これに対して、最後の所までいって最終的に判断するのを終局判決といいます。いうならば、文章の最後でピリオドを打つのが終局判決であり、その途中のコンマが中間判決ということになります。あるいは、皆さんも大学でレポートをだすときに、一応いままで調べてきたことを中間的に報告して、そのうえで最終的なレポートを提出するということもあるかと思いますが、判決にもそういうやり方があるのでして、中間的にまず中間判決をしてから、最終的な判決をするようにする場合があるのです。

この事件におきましても、原告が訴えた甲府地方裁判所は、大正七年一月三一日に、不法行為が成立するということについての中間判決をだしたのです。ところが、いまは、こうした中間判決に不満であっても、それに不服をのべることは制度上できないのでして、必ず最後の終局判決に対して不服をのべることになっておりますが、大正の頃は、中間判決に対しても不服をのべることができたのです。そこで、鉄道院は、甲府地方裁判所が、原告の言い分を容れて、鉄道院に過失があって、不法行為が成立すると判断した中間判決に対して、それはおかしいといって、当時の東京控訴院、今日の東京高等裁判所に不服を申し立てたのです。第一回目の不服を控訴といっておりますので、この控訴を申し立てたわけです。その東京控訴院の判決が七月二六日にありました。甲府地方裁判所の判決がでてから半年ぐらいですから、いまからみますと随分早いと思います。では、どのような判決をだしたかというと、石炭をたけば煙をだすということを知らない者はいないし、石炭の煤煙は、樹木に害を与えるということも、みんな知っているはずだ。とすれば、鉄道院が、この松の木にきちんと予防をしなかったために損害を与えた以上、鉄道院に不注意があるといったのです。煤煙を松に直接ぶつければ、松が死んでしまうというのは、みんな知っているじゃないか。それなのに、きちんと手当をしなかったことについては鉄道院に不注意すなわち過失があるといって、東京控訴院も鉄道院を負かしたのです。そこで、鉄道院は、今日の最高裁判所、当時は大審院といいましたが、この大審院に第二回目の不服申立て、すなわち上告をしたわけです。

そこで鉄道院がどういうことをいったかといいま

すと、そんなふうにして煤煙で影響を与えたら損害の賠償だといったら、鉄道の沿線には至る所に人がいるし、家畜もいるし、樹木もあるから、それを鉄道がみんな賠償をしなければならない結果になって、とんでもないことではないか。だいたい鉄道院は、レールを敷いて人だとか物を運搬する権利をもっているのであり、そういう権利をもっている者がしたことには違法性はない、ということを鉄道院は主張したのです。これは、これからお話をしますが、当時の考え方として、「権利を行使する者は、悪をなさず」という考え方があったからです。

権利をもって行動している者は、たとえ問題を起こしたとしても不法行為になることはない。「権利を行使する者は、悪をなさず」という考え方がありまして、鉄道院は、大審院でこのことを主張したのです。それに対して、大審院が、どういうふうにいったかといいますと、確かに鉄道の蒸気機関車は山間だとか原野を走っていけば煤煙でいろいろと影響を与えるかも知れないが、今回のように由緒ある松があることを知っているときに、その脇に停車して、煤煙をまき散らした場合は、それと分けて考えなければならないのだ。すなわち、ずっと走っていくときと、由緒ある松があるのがわかっていて、その脇に止まって、煙を吐くというような場合とは分けて考えるべきで、あとの場合には、松の重要性を認識して、たとえば煙が直接あたらないように覆いを掛けるとか、なんらかの手だてをすべきなんだということを指摘したのです。

それともう一つは、いくら権利の行使といっても無制限になんでもできるわけではなくて、やはり社会的に許容される程度を超えたときには不法行為になるんだということを大審院がいったわけです。すなわち、権利も濫用ということが考えられるということ、もっとも、権利濫用ということばは使っていませんでしたが、実質的には権利濫用ということを認めた判決であるのです。これが、「信玄公旗立ての松事件」です。これについで、皆さんご存じだと思いますが、「宇奈月温泉木管除去請求事件」という、大審院の判決の昭和一〇年のものもありまして、そうしたものが一連となって、権利は無制限のものではないのだという考え方ができたのです。

これが、今日の民法第一条に集約されていくわけです。ちなみに、民法の第一条を見てみますと、民法第一条第一項は、「私権ハ公共ノ福祉ニ遵フ」と定めて、私法上の権利も公共の福祉にしたがうといっております。私法上の権利も絶対ではなくて、公共の福祉、すなわち社会の全体的発展と協調しなければならないんだということをいっております。それから、民法の第一条第二項では、「権利ノ行使及義務ノ履行ハ信義ニ従ヒ誠実ニ之ヲ為スコトヲ要ス」るとしています。権利者が権利を行使するときあるいは義務を負っている者が義務を履行する場合にも、お互いに信義というものを基準にして、信義に従い誠実にそれをしなければならないというのです。それから、第三項では、「権利ノ濫用ハ之ヲ許サス」といっています。権利も絶対的ではないから、社会的に許容された範囲を越えたときには、権利の濫用になるんだ。だから、権利の濫用は許さないということがここで規定されているのです。

一般に、第一条というのは一番大事な規定ですが、権利というものも絶対的なものでなくて、社会的制約のもとで、社会との調和のもとに認められるのだということを、民法は第一条で鮮明にしているのです。そして、一昨年の平成一〇年一月から新しい民事訴訟法が制定されましたが、今度の民事訴訟法第二条におきましても、信義誠実というのが明文で定められております。民事訴訟法第二条をよんでみますと、「裁判所は、民事訴訟が公正かつ迅速に行われるように努め、当事者は、信義に従い誠実に民事訴訟を追行しなければならない」というふうにいっています。ここには、権利の濫用ということはでてきませんけれど、今日の民事訴訟の学説では、信義誠実のなかには権利の濫用の禁止がふくまれるというように解されておりますから、当事者は、信義に従い誠実に訴訟を追行するとともに、権利の濫用も慎めということを、内容的には意味しているのだと解されるわけです。そんなことで、現代法の民法や民事訴訟法では、冒頭の第一条とか第二条で、信義誠実、権利濫用を大きく規定しており、それは、重要な原則になっているわけです。では、なぜ、そういうことになっているのか、ということについて、これからお話していきたいと思います。

2　民法と信義誠実・権利濫用

皆さんは、歴史の時代区分というのをご存じだと思います。古代、中世、近世、近代、現代といった時代区分がありますけれど、この中世と近世は一括できるのでして、これは、まとめれば封建社会の時代であります。それと、近代と現代もまとめられまして、これは、市民社会の時代であります。そして、皆さんが勉強なさるのは、この近代と現代の法、すなわち、近代法と現代法であります。だから、皆さんが、六法を勉強なさるときに、市民社会の法というのは一体どういうものであるかという基本をまずしっかりと理解することが、非常に大切なことになるのです。

そのことでちょっと説明しておきますと、封建社会を否定して、近代社会が生まれてくるわけですから、市民社会の法を理解するときには、封建社会の特色がどんなものであったかということをはじめにつかんでおく必要がある。すると、封建社会というのは、ご存じのように、一番上に将軍がいて、その下に大名がいてさらに家来がいてといった関係がずっとつづいて、一番下に農民がいるというピラミッド型の社会であり、ここでは、「支配・服従」という関係が何重にも階層をなしているのでして、この権力関係が封建社会の基本です。ですから、こういう封建社会におきましては、たとえば甲野太郎という人が乙野花子と結婚したいというときに、今日だったら甲野太郎と乙野花子の意思が合致すれば結婚できるのですが、昔は、そうはいかなかったのです。当時は、甲野太郎というのは甲野家の太郎、乙野花子は乙野家の花子でして、「家」というものが社会の単位であり、その甲野家には甲野家の家長がおり、乙野家にも家長がいて、家の構成員を支配していますから、家長が「ウン」といわなければ太郎も結婚はできないし、花子も結婚できないのです。

飛騨の白川村に行きますと、合掌造りという、佛様にお参りするときに手を合わせて合掌する形に似た屋根の家があることをご存じだと思いますが、昔はこういう大きな家に親族一同がみんないっしょに住んでいたのでして、こうした親族の集まりが「家」だったんです。そして、この家族集団には家族集団の長がいて構成員を支配していましたから、その家族集団のなかの一員が自由に結婚することなどはできなかったのです。ここにも、「支配・服従」の関係があったのでして、家の一員は家長の命にしたがって行動しなければならなかったのです。ですから、封建社会の一番の特徴は「団体中心」ということです。そして、すべての人は団体のなかにとりこまれて、みんな支配・服従の関係の下にありますから、平等ということはなくて、きわめて「不平等」であったのです。また、甲野太郎が乙野花子と結婚したくても家長が「ウン」といわなければダメであったことからもわかるように、当時の人には自由がなく、非常に「不自由」だったわけです。だから、団体中心、不平等、不自由が封建社会の特色です。

ところが、これをぶち壊して、近代社会が生まれるわけです。ですから、近代社会の特色はなにかといいますと、封建社会の特色とちょうど反対になっていくわけです。では、今度はどうなるかといいますと、市民社会におきましては、AもBもCもDもみんな団体から解放されて、それぞれが個人として尊重されるようになる。だから、団体中心から、今度は「個人中心」となるのです。また、権力関係がなくなりますから、みんなが「平等」に扱われるようになり、この平等な個人に「自由」を与えることが理想とされる。これが、近代社会の基本原理です。すなわち、個人主義、平等主義、自由主義ですね。そして、こういう人びとを市民といいます。まあ、市民といえば、甲府市に住んでいる人を甲府市民ともいいますけれど、歴史的な概念としては、近代になって個人として尊重され、平等に扱われて、自由が保障される人、これを市民というのです。だから、そういう市民からなる近代社会のことを市民社会というわけです。

そこで、市民社会で一番大事なのは、個人が個人として尊重されるということです。ところで、いま、AとBという人の間の法律上の関係を定めるときに、その定め方に二つの方法があります。たとえば、AがBにお金を貸したというときに、このAとBの関係を定める場合に、一つは、借りた人は返さなければならないという「義務」を中心にしてAとBとの関係を定めるというやり方です。もう一つのやり方は、お金を貸した者は、相手方が返さねば、それを取り立てることができるという「権利」を中心にして定めるものです。だから、人と人との関係を法律が定めるやり方として、義務の面から定める方法と、権利の面から定める方法という二つのやり方があります。

そして、封建社会においては、もっぱら当時の支配・服従関係を反映して、義務の側面から人の関係が定められていたのです。たとえば、「領民は領主に年貢米を納めねばならない」という形でもって、義務を中心にして定められていたのです。それが、近代になりますと、今度は、個人を尊重して自由と平等を基本にしますから、近代は、権利を中心にして人と人の関係を定めることになります。近代法は「権利本位の体系」をとるといわれていますが、これは、権利を中心にして法の体系がつくられているということです。皆さん、民法の総則を思い出してください。民法の第一章は人で、第二章は法人ですが、これは権利の主体としての自然人と法人について定めているのです。つぎに、第三章は物ですが、これは権利の客体です。それから、第四章以下では、権利の主体の法律行為について定めている。だから、民法の総則は権利を中心にして規定しています。それから、第二編は物権で、物に対する権利でして、この物権には、占有権とか所有権、それからその所有権を制限するものとしての制限物権に用益物権とか担保物権がある。それから、第三編には、人と人との関係としての債権が規定されているというように、民法はすべて権利を中心として体系化されていますが、これが「権利本位の体系」ということです。

ところで、近代の初めにアダム・スミスという経済学者がおります。このアダム・スミスは、経済学説として自由放任ということをいったのです。「レッセ・フェール、レッセ・パッセ」、とにかくみんなを自由にすれば、神の見えざる手に導かれて世の中はうまくいくんだという考え方をアダム・スミスは唱えたのです。だから、みんなに権利を認め、みんなを自由にすれば世の中はうまくいくんだという考えが、近代法の基本にあるのです。ここから、「権利を行使するものは悪をなさず」という考えがでてくるわけです。権利を行使している以上、他人に迷惑をかけたって、これは不法行為になるわけではない。すなわち、「権利絶対」という考え方ですが、それは、ここから生まれてきたのです。

それでは、こうしてみんなに権利を認めて、自由放任でやらせたらどうなったかといいますと、アダム・スミスのいったように神の手に導かれて社会がうまくいったかというと、決してそうではなかったのです。なぜかというと、皆さんがたも、たとえば麻雀をしますね。そのときに、ツキがあれば上手くいって、どんどん持っている点数が増える。だけれど、ツキがなければ、どんどん持っているものを減らしてしまう。やっぱり、そういう運という要素もあるんですね。だから、みんなを自由にしてやればうまくいくと思ったんですが、やってみると、ある人はこの自由を使ってどんどん財を蓄えたが、ある人はどんどん持っているものを減らしてしまったということで、そこに階級分化が起こってきたのです。いわゆる資本家階級と労働者階級という階級の分化が生じました。そこで反省が起こってきた結果、権利絶対、「権利を行使する者は悪をなさず」という考え方には問題があるというふうに考えられてきまして、自分の利益だけではなくて、もっと他の人のことも考える必要がある、すなわち「社会」ということを考えることが必要だという考え方がでてきたわけです。

ここで、ちょっと別の話をして、いま申しましたことを、もう少し理解していただくようにしたいと思います。それは、江戸時代の裁判の話なんですけれど、あるところに質屋と、それから紺屋（こうや）が隣り合わせで住んでいたのです。紺屋というのは染物屋です。お客さんから預かった布地に色をつけることを商売とする人です。ところで、「紺屋の白袴」という言葉があります。これはどういうことかと申しますと、紺屋というのはお客さんから預かった布地に色をつけるのですが、この紺屋自身はなにも色をつけていない袴をはいているという様子をいったものです。これは、皆さんがたとえば床屋に行ったときに、床屋さんは皆さんの髪を切ってきれいにするんですが、その床屋さん自身の髪がボーボーであったり、クシャクシャであったりすることがあるでしょう。要するに、人の面倒はみるけれど、自分のことは放っておくということの譬えなんですが、その紺屋なんです。その紺屋は、いま申しましたように、お客さんから布地を預かって染めて干す関係で、非常に広い、陽が燦々と当たる干場を持っていたのです。これに隣りの質屋のオヤジが目をつけまして、なんとかしてその土地を手に入れたいと思って交渉するのですが、紺屋としては、大事な商売道具ですから、話にのってこない。そこで、質屋のオヤジは、一策を講じたのです。で、このオヤジは、紺屋の干場に隣接した自分の敷地に大きな倉を建てることを考えたのです。そうすれば日当たりが悪くなって、干場が使えなくなるから、紺屋もこの土地を譲るかも知れないと思ったのです。

ある朝、紺屋が起きたら、隣の質屋との境のところでガヤガヤしている。行ってみたら大工さんたちが大勢いたので、聞いたところ、ここに質屋が大きな倉を造るんだという。しかし、こんなところに倉を建てられたら干場がダメになってしまう。そこで、質屋のオヤジに、「こんなところに倉を造らないで、他に建てるところがいっぱいあるんだから、他に造ってくれ」と紺屋がいったんです。ところが、質屋のオヤジは、「俺の土地に倉を造るのだから、どこに建てようと俺の自由だ」といって、頑として聞かない。それでしょうがないので、紺屋は、町奉行所に訴えでたのです。江戸の町奉行所には、北町奉行所と南町奉行所があり、南町奉行所には、あの有名な大岡越前守がおりましたが、この事件はその大岡越前守にかかったのです。そこで、大岡越前守が紺屋を呼び出したので、紺屋は、一部始終の話をしまして、「こんなわけで私どもの干場がなくなりますから、どうぞ質屋がここに倉を建てないように命じてください」ということを越前守にいったわけです。そうしたら、越前守しばらく考えていましたが、こういうのです。「紺屋の困るのもよくわかる。しかし、質屋も自分の土地に倉を建てるのだから、これをやめろというわけにはいくまい。となると、その干場は使えなくなり、紺屋の商売を続けていくことはできないから、どうじゃ、ひとつ、商売替えを考えて、隣の質屋との境のところに大きな池を掘ってみたらどうじゃ。いまは、初夏だ。金魚売りの声が聞こえる。大きな池を掘って水を満々とたたえて、そこに金魚を飼って、金魚売りをやったらどうだ」といったと思ったら、大岡越前守は立っていってしまったのです。

それで、「なんだ、有名なお奉行様、大岡越前守といわれているのに、私が倉を建てないようにして欲しいと頼んだのに、倉を建てるのはしょうがないから、隣りとの境に大きな池を掘って、そこに金魚を飼って、金魚売りでもやったらどうか、商売替えをしろとはなんたることだ」、と紺屋はブーブーいいながら家に帰ってきたのですが、その帰る途中で、ハタと気付いたことがあったのです、「あー、そうか」と。それで、家に帰りますと、早速に人夫を集めて、「ここに大きな池を掘るぞ」といって、質屋との境ギリギリのところに池を掘るように命じたのです。外でザワザワするもんですから、質屋のオヤジが行ってみたところ、紺屋がいて、「ここに倉が建つと紺屋の商売をやっていけないから、商売替えをすることにして、金魚売りをするので、ここに大きな池を掘るんですよ」、という。しかし、そんな境界ギリギリの所に池を掘られたら、倉の基礎が揺らいでしまう。傾いた倉なんてものは、大体シンボルとしても質屋の面目にかかわりますし、池の水分がみんな倉の下に浸みてきますから、大事な質物を入れておくことができなくなってしまう。そこで、質屋のオヤジはびっくりして、「それじゃ仕方ない。こっちも倉を建てるのをやめるから、そっちも池を作るのをやめてくれよ」といって、ここに和解が成立したという話なんです。

徳川時代の裁判というのは、なるたけ和解でもって解決するようにしていました。これを内済（ないさい）といって、内済を旨としていたので、越前守としましても、質屋と紺屋の間で内済をさせようと思ったのです。そして、両方の間で手を打たせるためには、質屋が自分の所有地内のギリギリの所まで使って倉を建てるというのですから、これを止めるわけには行かないので、これを止めさせるためには、紺屋にも所有地のギリギリの所まで使って池を掘ることをやらせて、質屋を困らせて、質屋がその計画をやめることをねらったのでして、さすがに大岡越前守であったわけです。すなわち、質屋のほうが一〇〇パーセント自分の土地を使うといえば、相手方の紺屋のほうも一〇〇パーセント使うぞとなって、結局は質屋のほうも困るわけでして、万事がそうなのです。だから、権利を行使するときにも他の人の権利と共存できるようにしていく必要があるということです。人間という字は人の間と書きますが、間というのは複数の存在を前提とするもので、人は、本来一人でなくて複数で存在することを意味しています。この人の集まりのことを社会といいます。英語ではソサイエティー、ドイツ語でゲゼルシャフト、フランス語でソシェーテといいますが、これらの外国語はみんな結びつくという語源からでてきていて、人と人との結びつきが社会です。だから、人は本来一人で住んでいるのではなく、多くの人といっしょに住んでいるのですから、こうした「社会」と共存できるように、人は自分の権利を行使しなければならないんだということになります。

そこで、もう一つ、譬え話をしておきましょう。ある人が地獄と極楽の食堂を見に行ったという話です。まず、地獄の食堂へ案内された。地獄の食堂といえばなにも食べる物がなくて、みんなやせ細っているんだろうと思って、地獄の食堂を見に行った。そしたら、やはり、やせ細った連中がテーブルの周りに群がっている。だけど、テーブルの上には美味しそうなご馳走がいっぱい並べられているというのです。それなのに、そのご馳走を、食べられなくて、みんなやせ細っていたということなんです。では、どうして食べられないのかというと、そこに食べ方のルールが書いてあるが、この食堂では、備え付けの箸を普通の持ち方で食べなければならないとされ、その備え付けの箸というのは、腕の長さより長いものなんです。そこで、おいしそうだなと思ってご馳走を箸でつまんでみても、箸が長くて、箸先が口のなかにはいらないので、食べられない。それでみんなが食べたい物も食べられないで、もがいているというのが、地獄の食堂の様子だったというのです。それで、つぎに、極楽の食堂へ連れて行ってもらった。見たら、すっかり地獄の食堂と同じ設備で、テーブルの上のご馳走も同じだというのです。そこで、ルールを見たところ、それもすっかり同じで、備え付けの箸を普通に使って食べよと書いてあり、その箸の長さも地獄の場合と同じである。ところが、こっちのほうは美味しそうな物をみんなパクパクと食べて、そして丸々と太っているのです。では、どうして食べているのかと思って見たら、みんなが美味しそうだなあと思った物は、つまむと他人の口のなかに放りこんでいるというのです。すると、他人もこっちの口に入れてくれますから、お互いに美味しい物を食べられて丸々と太っていた。これが、極楽の食堂であったというのです。だから、世の中を地獄にするのも極楽にするのも人の心がけ次第だと思った、すなわち、他人のことを考えてやると、こっちにも幸せがまわってくるんだということを感じたというのです。

これは譬え話ですが、しかし、世の中には、そういう面があるのです。自分のことばかり考えていたのでは駄目で、他人のことも考えてやる必要がある。だから、社会を良くすることが自分のためにもなるのだということが、だんだん考えられてきたのでして、その結果が、民法の第一条になったのです。すなわち、「私権ハ公共ノ福祉に遵フ」。私法上の権利であっても自分のためばかりではなくて、「社会」のために使うということを考えなければいけない。そして、「社会」としての他人との関係では、信義に従い誠実に権利の行使や義務の履行をしなければならず、また、権利についても社会的に許容される範囲があって、それを越えれば権利の濫用になる、というような考え方が、現代法ででてきたわけです。これは、近代法の基本原理に対する現代法からの修正の考え方でして、現代法は社会全体の発展を考えるのであり、この考え方をしめしたのが民法第一条であります。

3　民事訴訟法と信義誠実・権利濫用

　ところで、さきほど申しましたように、民事訴訟法第二条でも、信義誠実ということが定められております。そこで、ちょっと民事訴訟法の例をあげてみますが、その前に、予備知識として、強制執行と仮差押えということをお話しておきましょう。いま、Xという債権者がおりまして、債務者をYとします。債権者Xが債務者Yに対して、たとえば三〇万円の貸金債権をもっているが、YがXに借金を返さないというときには、XはYを相手に裁判所に訴えてですね、「Yにお金を貸しているが、Yが返さないので、YがXにお金を返すように命じてください」と求めて、裁判所から、「Yは、Xに三〇万円を支払え」という判決をもらうことができます。そして、もしYが三〇万円を支払わなければ、それにもとづいて、強制執行ができます。ところが、訴訟には時間がかかる。「桃栗三年、公事三年」という諺がありますが、桃も栗も成長するまでには三年かかる、それと同じように、公事というのは江戸時代の民事訴訟のことですが、公事も三年かかるという、そういう譬えがあるくらいに時間がかかる。そうすると、Xが裁判所に訴えを起こしたときにはYに三〇万円分の財産があったとしても、債権者Xから訴訟をされるような債務者Yに対しては、他の債権者たちも訴訟をしたりするから、その財産もなくなってしまうかも知れない。そうすれば、せっかく裁判所から判決をもらっても、そのときには債務者Yの財産はもうなくなっている、ということもあり得るわけです。そこで、そういうことがないようにするために、Xとしては、裁判を起こすときに、この場合でいえばYの三〇万円分の財産を予め押えておく、すなわち、これをYが処分できないようにしておくことをするのです。そうすれば、裁判所から判決がでたときに、すぐにその三〇万円分の財産に対して強制執行をしていけるわけです。そういうふうに暫定的に債務者の財産を一時的に差し押えておくことを「仮差押え」といっています。

　それで、債権者Xが、債務者Yに訴訟をするにさいして仮差押えをしたという事件がありました。Yは商売をやっておりましたので、その店先きの物を仮差押えしようと思って、執行官がYの店へ行ったわけです。そうしたら、Z会社の代表者Aという者がやってきて、「Yの店先きの商品である薪などが差し押えられたらYが困るだろうが、ちょうどウチにYの机だとか椅子を預かっているから、これを差し押えなさい、これを差し押えれば、Yの店先きの物ではないからYも困らないだろう」と、執行官にいったのです。そして、Yもそうだといったものですから、執行官としては判決がでたときに強制執行ができる財産を確保すればいいわけですから、これらを差し押えたわけです。ところが、このZが、執行後に、「第三者異議の訴え」というのを起こしたのです。すなわち、強制執行というのは、債務者の財産に対して強制的に執行をするものですし、仮差押えも、債務者の財産に対して暫定的に執行するものですが、債務者でない他の人の財産に対して執行がなされたときには、その第三者から「それは違うよ」ということがいえるわけでして、これを「第三者異議の訴え」というのです。ですから、この場合には、Z会社は、Xの債務者Yに対する仮差押えがZ会社の机や椅子になされたが、これは第三者の財産に対する仮差押えだからおかしいといって、異議を申し立てたわけです。Z会社のAは、自分のところにある机などがYの物だから差し押えろといっておきながら、Xが差し押えたら、「それはおかしい、間違いだ」といってきた事件なんです。

この異議の訴えが起こされた第一審裁判所は、Zの言い分は認められないと判断し、それから、次の第二審でも認められなかったので、Z会社は最高裁まで争ったのですが、最高裁も、昭和四一年二月一日の判決で、このZ会社の訴えは信義誠実の原則に反すると判決したのです。なぜかといいますと、信義誠実の原則のなかに、「先行行為に矛盾した後行為は許されない」という考え方があります。先にやった行為と矛盾した後の行為を行なうことは許されないというのです。この場合は、Z会社の代表者Aが、Yの財産を自分が預かっているから、これに対して執行しなさいといったので、執行官がその机や椅子に対して執行したんですね。ところが、Z会社は、代表者Aがそういう先行行為をしていながら、今度は、それに矛盾して、「この机や椅子は自分の会社の物だ」と主張したのです。となると、この行為は先行行為と矛盾しているわけで、Aのいったことを信頼したXに対する背信行為ですから、これは信義誠実の原則に反するとして、最高裁は、Zの言い分を認められないと判決したわけです。

また、民事訴訟でも、権利濫用の問題があります。たとえば、忌避権の濫用が禁止されます。いま、XがYに対して訴訟をしていて、Xが裁判官の親戚であって、Xの主張が認められたという場合を考えてみましょう。今日の裁判官は公平適正に裁判をするようにトレーニングされていますから、親戚の者だからといって、その者を勝たせるということは決してあり得ないのですが、しかし、こういう場合に、Xと親戚関係にある裁判官がXを勝たせる判決をしたときには、どうしても、Yとしては、裁判官がXの親戚だからXを勝たせたのだとみると考えられます。これは人間としてしようがない。そこで、こういうふうに当事者と一定の関係にある裁判官は、はじめからその事件に関与できないことに法律で定められており、これを「除斥」の制度といいますが、そういう法律で定められている場合以外でも、不公正な裁判をするおそれがあると考えられるときには、当事者は、裁判官を「忌避」することができます。ところが、当事者は、この忌避権を濫用することがあるのです。たとえば、安い金利でお金を借りているときには、なるべく訴訟を引き延ばすことが、被告には利益となるのです。また、立ち退きを求められている者も、できるだけ訴訟の引き延ばしを考えます。だから、忌避権を乱発する。それは、忌避権が行使されますと、そういう理由があるかどうかを調べる間訴訟はストップするからです。そういうわけで、従来、忌避権の濫用がいろいろとありました。すなわち、不公平な裁判が行なわれるおそれがあるときのために、それを排除する権利が当事者に認められているのですけれど、その認められる枠を越えて濫用するという場合があるのです。だから、民事訴訟でも、当事者が信義誠実の原則に反したり、当事者に認められている権利を濫用するということがありますので、「当事者は信義に従い誠実に民事訴訟を追行しなければならない」と、今度の新しい民事訴訟法の第二条は、これを宣明したのです。

4　信義則・権利濫用法理の適用

そんなことで、これまで、信義誠実だとか権利濫用の禁止ということが現代の民法とか民事訴訟法の基本原理として認められているということをお話してきたのですが、しかし、それが民法の原理になっているといいましても、それが適用されるのは、とくに財産法の分野なのです。皆さんご存じのように、民法はわれわれの財産関係についての財産法の分野と、家族関係についての家族法の分野の二つに分けられますが、財産法の分野では、いま申しましたような、信義誠実などの原則が適用されるのに対し、家族法の分野では、そういう原則の適用については慎重にならなければならないという問題があります。それはなぜかと申しますと、先ほどから申しておりますように、封建社会は、団体を中心とする考え方が基本でしたが、その団体を否定して、近代社会では、個人を中心とする考え、そして権利を絶対視する考え方がでてきたのです。ところが、日本の家族社会は、近代になっても、実は、第二次世界大戦が終了するまで、きわめて封建的色彩が強かったのです。第二次大戦後に、ようやく個人が「家」という団体から解放されたのです。ですから、そういう家族社会のなかで、またすぐに「社会」を持ちだすと、個人の尊厳がきちんと主張されない状態で、また社会の制約に服するようになってしまう。ですから、団体というものがあまりにも強かった分野では、まず「個人の尊厳」ということをはっきりさせて、そのうえで、そこに問題があれば、「社会の制約」という段階を踏むようにする必要がある。すなわち、家族社会においては、いままで封建的な団体的制約が強かったのですから、またすぐ社会の強調へ移ったのではまずい、個人の尊厳ということを十分に根付かせてからでなくては駄目なのだということです。そこで、さきほどの民法第一条のつぎに、民法第一条ノ二という規定がおかれています。それは、「本法ハ個人ノ尊厳ト両性ノ本質的平等ヲ旨トシテ之ヲ解釈スベシ」という規定で、第一条でもって権利の社会性をいうとともに、そうした現代的な考え方の前にきちんと近代的な考え方を確保する必要があることから、第一条ノ二で、民法そのものを解釈するときには、まず個人の尊厳と両性の本質的平等を旨として解釈せよということを注意書きとして、そこに書いたわけなのです。これは主に家族法や労働法の分野で問題になることですが、とにかく、団体的拘束が強くて、個人の尊厳が十分に意識されていなかったところでは、性急にこれらに進んでは駄目で、まずこの基本原理を理解したうえで、権利の社会化へ進めといっているのです。

それからもう一つ、公法の分野の問題があります。憲法とか行政法、ここでも「公共の福祉」についての問題があります。皆さんは憲法を理解しておられるわけですが、憲法の第一二条は、憲法の定める自由・権利について、「国民は、これを濫用してはならないのであって、常に公共の福祉のためにこれを利用する責任を負ふ」といっています。それから、憲法第二九条第三項では、「私有財産は正当な補償の下に、これを公共のために用ひることができる」といっているんです。たとえば、家が建っている土地の上に道路を作る計画を立てるという場合には、権利絶対の時代には、「ここは俺の土地だ。絶対に動かないぞ」と不動産の所有者がいえば、道路を通せなかったのですが、現代法の考えからすれば、土地の所有者も公共の福祉のために権利を使わなければいけないので、この道路が通ればみんなの役に立つということであれば、動かなければならないのですね。そこで、今日、公共工事としての道路工事が盛んに行なわれているわけです。

だが、その通りなんですが、その場合に、自治体などには、公共工事は当然にできるんだという観念がかなり強くあるんです。確かに、憲法第二九条第三項には、「私有財産は正当な補償の下に、公共のために用ひることができる」とあるんですが、その前に、第一項で「財産権は、これを侵してはならない」といっているんですね。ところが、この点がどうも行政をやっている人の頭のなかから抜けている面があると思うのです。といいますのは、私は、いま、宮城県知事から頼まれて、宮城県の「県政オンブズマン」という職務についていています。そこで、県の行政上の行為によって、県民の権利や利益が侵害されたときには、県民は、県政オンブズマンのところに救済を申し立てることができるのでして、この申立てがあると、私どもがその救済に当たるのです。そのさいには、申立人からよく話を聞くとともに、県の担当者や担当課の課長などから、どうしてそのようなことをしたのかと聞くわけですが、それを聞いていますと、県は当然に公共工事ができるのだと考えていて、個人の財産権の尊重についての考えが薄いことが多々見えるのです。ごく簡単な例をいえば、道路を作るための測量をするときなどに、土地を持っている人の承諾も得ずに、土地の境界標を県の職員が勝手に抜いたりすることがあるのです。そこで、県民から苦情がきたりするので、個人の土地の標識を勝手に抜いたりすることはいけない、まず個人の財産権の尊重ということを、公共工事をするものは第一に念頭に置いてやって欲しいということを私たちは常に声を大にしていっているのですが、そういうことをいわなければならないということは、県の職員にどうもその点の意識が薄いということなのです。ですから、公法の分野では、公共の福祉ということをいうときにも、まず近代の個人尊重、権利の尊重を十分にしたうえでの公共の福祉ということをきちんと理解していかなければならないのです。

要するに、団体とか社会が強調され過ぎてもいけないし、個人が強調され過ぎてもいけないのでして、この社会と個人がうまくバランスをとって共存することが大事なのでありまして、民法第一条第一項の「私権ハ公共ノ福祉ニ遵フ」というのも、そういう観点から考えていく必要があるのです。

そして、それとともに、裁判官が判決をするときに、その判決は人びとの常識に反しないことが必要であるということをお話しておく必要があります。では、「常識」とはなにかといいますと、英語ではコモンセンス（common sense）といいますが、このことばのように、みんなの頭のなかにある共通の意識を常識というのです。すなわち、判決がでたときに、人びとがなるほどそうだなあと思って、人びとが納得するものでなければならないのでして、これが人びとの常識にマッチした判決ということです。では、なぜそういうふうにならないといけないのか。

ゲルマン時代には、人びとは、フンデルトシャフトという社会組織で生活していました。フンデルトは英語でいいますとハンドレッドですから、彼らは一〇〇人ぐらいの集まりで村落を構成していました。そこで、村でなにか裁判をしなければならないような事件が起こると、そうした人びとが円陣をなして集まりまして、中心に村長である裁判長が立って、「いま、村にこういうことが起こった。そこで、これから裁判をしなければならないが、この裁判をするに当たってのわれわれの法はなんであろうか」ということを村人のなかの誰か一人、任意の一人に聞くのです。すると、尋ねられた一人は、たとえば「そんな人を殺すようなひどいことをした者は死刑に処されるべきだ」と裁判長にいい、他の人びとが「そうだ！　そうだ！　それがわれわれの法だ！」といって支持すれば、それが自分たちの法であるとして、その法にもとづいて裁判が行なわれることになったのです。これがゲルマン時代の裁判のやり方であったのですが、このことからもわかるように、法は、みんなの頭のなかにある共通した意識なんです。あるいは、法というものは、みんなの頭のなかにある意識に支えられているべきものといってもよいのです。もっとも、現代では、みんながいろいろなことをいいますから、全部の人が同じ考えになるということはありえないでしょう。だから、今日的にいえば、大勢の人びとの頭のなかにある共通した意識、これが常識だと考えていいでしょうが、要するに、法ですから、みんながソッポを向くようなルールでは社会のルールにはならないのです。やっぱり、こういうときにはこうあるべきだと社会の大多数の人が考えることが法になる必要があるわけです。

ところが、法というものを形式的に当てはめていきますと、常識に反する結果となる場合があります。たとえば、さきほどの話で、Z会社のAが、自分の所に債務者Yの財産があるから差し押えなさいといって、仮差押えをさせたわけですね。ところが、もし、その物が本当にZ会社の財産であれば、第三者の財産に対して仮差押えをしたことになるのですから、法を形式的に適用すれば、このZ会社は、第三者異議の訴えを申し立てることができるわけです。しかし、さっきお話したような事情で、Z会社の代表者Aが、「Yの財産が自分の所にあるから、差し押えなさい」といって差押えをさせておいて、「これは第三者の物だ」といって異議を申し立てたということであると、ここで第三者の異議を認めることはおかしい、常識に反する結果となります。そして、こういった例は他にもいろいろありますが、そういうときには、裁判官としては、判決を常識にマッチした結果に導く必要がある。法というものは人びとの常識にもとづいているべきものですから、その法を適用した結果としての判決、そして、これは行政でも同じでして、法にもとづいて行なった行政の結論というものは、みんなの常識にマッチするものでなければならないわけです。

そこで、それをいかにして法の解釈適用の面でマッチさせるかが、いちばん、法の適用のうえで大きな問題となります。これは、法の「一般的確実性」と「具体的妥当性」という問題でして、法がある以上、法は一般的に確実に適用されていかなければならないが、同時に、具体的な事情にマッチするように、法は適用されなければならないということで、この二つの命題をいかに調和させるかが、法の解釈適用での難しいところです。ですから、法がある以上は、それを一般的に確実に適用しなければいけないけれど、同時に具体的に妥当な結果へもっていくという点で、裁判官は、いろんな事件で頭を痛めるわけですが、そうしたさいに、「信義則」とか「権利濫用の法理」が活用されるのです。すなわち、法を形式的にあてはめると、Aの行為は法に適しているようにみえる、あるいは、Aに権利があるようにみえるが、事件を全体的にとらえて、実質的にみると、Aの行為は信義誠実の原則に反しているとか、権利の濫用として許容すべきものではないと考えるのです。

そこで、そういう点から申しますと、裁判官というのは人びとの常識につうじている必要がある。人びとの常識を分け持っている、そういう常識家でなければならない。それと同時に、きちんとした倫理観を身につけていることが大事です。それから、弁護士のほうもきちんとした倫理観をもって法廷で弁論をする。それから国家公務員であれ、地方公務員であれ、やはりきちんとした常識を身につけ、またきちんとした倫理観をもつということが必要になるわけであります。

だから、大学の法学部では、法律の知識だけを身につければいいというわけではない。リーガル・ナレッジ、すなわち、「法的知識」だけを身につける、ただ勉強だけをすればいいというのではなくて、やはり人間としての常識を身につける。そして、同時にきちんとした倫理観をもったうえで、いわゆるリーガル・マインド、すなわち、「法的なものの考え方」に慣れる必要がある。ということは、なにかにぶつかったときに事案をきちんと分析し、適切な資料を集めて考えて、社会の常識と正しい倫理観というものを基礎にしたうえで、それの結論を論理的にきちんとした筋道を立てて導いていくというトレーニングを大学時代にしていくというのが大切なことになります。

ですから、要するに、これまでお話してきた信義則や権利濫用禁止の法理は、法を人びとの常識にマッチした結論に向けて適用するさいの武器として活用されますので、そうした武器を使ううえでも、法を学ぶ者は、しっかりした常識を身につける必要があるということをお話したかったわけであります。

では、時間もきておりますので、これをもちまして私の話を終わらせていただきます。

（平成一二年五月一八日、山梨学院大学法学部学術講演会）

Ⅲ　憲法訴訟と裁判統計のはなし
――私の駆け出しの頃と最近の研究

1　はじめに

いま、河野教授からお話がありましたように、今日が私の東北大学法学部での最終講義ということになります。最終講義といいますと、私は恩師の中川善之助先生の最終講義のことを思い出すのですが、それは昭和三六年のいまごろのことでありました。そのときは、東北大学の法学部は川内ではなくて片平のほうにありました。その片平の法学部の講義棟の一番上の大教室で先生の最終講義があったのです。中川先生は、あとでお話をする東京大学の我妻栄先生とともに日本の民法学界を代表する学者であり、とくに家族法の権威として有名な方でありました。そして、当時、中川先生は、民法のなかの親族法・相続法の講義を担当しておられました。いまは東北大学の法学部は、半期制をとっていますけれども、その当時は通年制だったのです。そこで、中川先生は、四月から一年をつうじて親族法・相続法の講義をなすってきて、その最後の講義を最終講義ということで話されたんですが、その講義のテーマというのが非常に最終講義の名にふさわしいものであったのです。それは、「遺言」でありました。先生は淡々として遺言の講義をされました。そして、一時間ちょっと話をなすって、それが終わってから、今度は、いうならば中川先生の東北大学の学生たちに対する実質的な遺言があったわけなんです。いろんなことをおっしゃいましたけれども、そのなかでですね、こういうことをいわれたのです。

そのころ、北陸線のほうでものすごく雪が降りまして、その豪雪のために列車が立ち往生した。それで、その乗客たちの代表みたいな形で、富山県の知事がいろいろと乗客のいうことをまとめて当時の国鉄と交渉しようとして動いたらしいんですが、乗客がみんな勝手なことばかりを主張していてちっとも話がまとまらない。それで非常に困ったということをその知事が中川先生にいわれたらしいんですね。その話をされてから、中川先生は、「どうも、最近、私が見ていても、自分の利益あるいは権利のことだけを主張して全体ということを考えない、そういう人が非常に多いが、これは大変残念なことだ」といわれたんです。「ただ、私がこういうことをいうと、なにか全体主義のような感じで受けとられるといけないんで、だからそのいい方が難しいんだが、私のいう全体というのはもちろん個人を個人として尊重する、そういう社会の全体ということで、そうした全体をもう少し考えてほしいということだ」と、まあこういうふうに先生はいわれたのです。しかし、これは、すでに民法第一条に書いてあることなんですね。民法第一条には、「私権は公共の福祉に従う」と、すなわち、個人の私法上の権利であっても社会全体の向上・発展と調和するように行使されなければならないということを民法第一条はいっているわけでして、こうした現代法の理想について先生が語られたのだ、と私は思ったのです。

ところで、この中川先生の東北大学でのいわば実質的な遺言の部分を、東北大学の無料法律相談所の雑誌に載せることになりました。当時、私がその編集に関係していたものですから、そのゲラを先生のところにお持ちすることになりました。そのときには先生はすでに東北大学を退官なすって学習院大学教授となり、東京に住んでおられましたが、私の家も東京にありましたので、私が東京に戻ったときに、そのゲラを持って先生のお宅へ伺ったのです。午前九時ごろでしたか、陽がさんさんとはいる先生のお宅の応接間でゲラを見ていただいたのですが、先生は、二、三赤字を入れてから、それを私のところへ返してくださすった。で、先生はそれから学習院大学へ行かれるということでしたので、「それじゃあ、私もお供します」ということで、私は先生と一緒に先生のお宅のそばのバス停からバスに乗ったのです。渋谷へ行くバスでしたが、まだすいておりまして、先生と私はバスの運転席のすぐ後ろのところに並んで座っていたわけです。そのうちにだんだんと通勤客が増えてきて、私たちの前にも人が立つようになりましたが、あるバス停にとまったときに、二人のおばあさんが乗ってきたのです。そしたら、それをご覧になった途端に、先生は人をかき分けて入り口まで二、三歩行かれて、「ああ、おばあさん、おばあさん」と声をかけて、一人のおばあさんをご自分の席に座らせられたのです。で、私ももちろん立って、もう一人のおばあさんを座らせたのです。そして、先生の知っておられる方だと思ったもんですから、「先生がきっとそのおばあさんと話をなさる」と思っていたのですけれども、先生は、おばあさんと話をなさるわけじゃなくて、バスの吊革につかまったまま、さっきの話の続きを私にされたのです。すなわち、全然先生がご存じでない人だったんですね。ただおばあさんが乗ってきたというだけで、先生はさっと立って、おばあさんに席を譲られたわけなんです。

それがわかったときに、私は、これまで中川先生のご著書で読んだ先生の学説、あるいは講義で拝聴した先生のご見解のなにか真髄というようなもの、なんかその基礎にあるようなものをぱっと眼前に見た思いがしたのです。この弱い人に対する思いやりの心、これが先生の学説の基本にあるんだというふうに思ったのです。それと同時に、私はそのとき、先生から返していただいたゲラを持っていたのでして、そのゲラにはさっきお話した、「やっぱりもっと自分のことだけじゃなくて社会のことを考えるべきだ」ということが書いてあるのですけど、それがまさにこれだ、と思ったわけなんです。要するに、みんなが自分のことだけじゃなくて他人のことを考える。そうすれば、他人もこっちのことを考えてくれる。こうして、他人の立場に立ってみんなが考えるようにして、世の中をうまくいくようにすべきだ、と先生がいわれたのだな、というふうに私は受けとめたわけでありますが、先生がこれを単に理論としていわれるだけではなくて、自らそれを実践しておられることに深い感銘を受けたのです。ですから、こうしたこともあったので、私は、中川先生の最終講義のことを非常に強く印象として覚えているのです。

ところで、まあ、中川先生の場合は、最終講義として最後に一番ふさわしいテーマが残っておったわけですが、私の場合には、いまは半期制で、民事訴訟法も全部前期でお話をしてしまいましたので、残っているものがないんですね。それで、「なにをお話しようかな」と思ったわけですが、これまでの定年になられた先生がたの最終講義を思い起こしてみると、やはりご自分の研究について話をされた方が多いように思われますので、私も、自分のこれまでの研究のことをお話することにしました。しかし、それでもやっぱり三十なん年の研究でありますから、いま一時間や二時間でもってすべてのお話をするわけにはいかない。そこで、一つの方法として、駆け出しの頃の研究と最近の研究のことを少しお話しよう、ということになりました。それを具体的にいうと、「憲法訴訟と裁判統計のはなし」ということになるのです。こうして初めと終りの研究にふれれば、その間のこともおおよそご想像願えるのではないかということで、これから少しお話をさせていただきたいと思います。

2　憲法訴訟の研究

そこで、まず、駆け出しの頃の研究のことから始めますが、私がその当時にしたのは憲法訴訟の研究であります。私は、昭和三五年に東北大学の法学部の助手になりましたが、その年に私の指導教官であった斎藤秀夫先生がヨーロッパへ在外研究に行かれたのです。そして、帰国されてから、先生は、その帰朝報告を雑誌の『ジュリスト』に寄稿されました。そのなかで、先生は西ドイツの違憲審査制について ふれられまして、向こうでは、ドイツ民法の一六二八条とか一六二九条という条文に対して堂々と違憲判決がでているということをお書きになられたのです。そこで、私は、日本と対比してみて、西ドイツではなかなか違憲審査が盛んだなあと思いましたので、少し西ドイツの違憲審査制のことを調べてみようと思ったわけです。で、調べてみましたら、西ドイツの違憲審査制というのは、まあ皆さんがたも比較憲法の講義などで理解しておられるかと思いますが、非常に完備した形になっているのですね。その当時、世界の違憲審査制には二つの類型があるというふうにいわれておりました。ご存じのように、その一つはアメリカ型の審査制ですし、それからもう一つはヨーロッパ大陸の、すなわち大陸型の審査制です。

そのうちのアメリカ型の審査制というのは、「具体的事件」との関係において法律などの違憲性の審査をする点に特色があります。そのさい、具体的事件としては、刑事の事件もあるし民事の事件もあるわけですが、民事の事件でいえば、XのYに対する権利主張が、その内容になります。いろんな権利の主張がXからなされますが、通常の裁判所は、そうしたXから主張された権利が認められるものかどうかを法を基準にして判断するわけです。すなわち、「XのYに対する権利主張」を「審判の対象」として、それが認められるかどうかを法を尺度にして判断するのですが、この尺度とすべき法律などに憲法に反しているという疑いがあるときには、それが憲法に反しているかどうかということを通常の裁判所が自分自身で審査できるというのが、アメリカ型の違憲審査制です。憲法に反するような法を尺度にして具体的な事件を解決したのでは、正しい解決、正しい権利の保護にならない。だから、違憲の法を適用しないようにして、個人の権利の正しい保護をはかろうというのが、アメリカ型の審査制です。すなわち、「個人の権利保護」、これがアメリカ型の審査制の目的だということになるのです。だから、この場合には、法律などの違憲性を審査しますが、それはある「具体的な事件」との関係での審査ですから、ある法について憲法に反するという違憲判決が裁判所からでたときにも、その法についての違憲判断というのは、この事件との関係でだけ効力を生ずるということになるわけでして、こうした違憲判決の効力を「個別的効力」といいます。

それに対して、大陸型の審査制というのは、こういう通常の裁判所ではなくて、特別に設けられた憲法裁判所が、具体的事件と関係なしに法律などの違憲性を審査する点に特色があります。すなわち、憲法裁判所に対して、ある法について違憲だという主張がありますと、そういう「法の違憲性の主張」自体を「審判の対象」にして、憲法裁判所が判断をするという形になる。すなわち、具体的事件と関係なしに、抽象的に法の違憲性の審査をするというのが、大陸型の審査制です。だから、これは「個人の権利保護」ではなくて、ひろく「憲法の秩序維持」を目的とするということになります。そこで、この審査制の目指すところは、もし違憲の法があるときには、これを法秩序から排除して憲法の秩序を守るということですから、ある法について違憲の判断がでたときには、この問題を提起した人との関係だけではなくて、ひろく一般的にこの判決の効力は及ぶということになるのです。こうした違憲判決の効力を「一般的効力」とよびます。

そのように、従来、非常に対照的なアメリカ型と大陸型の違憲審査制があったわけですが、それでは、西ドイツの違憲審査制はその二つの類型との関係においてどのようなものであったかといいますと、それは、両者を包みこんだような非常に完備したものであったのです。わかりやすくいえば、湖にはいろんな川が流れ込んできますが、ちょうどアメリカ型の川とそれから大陸型の川が一緒に流れ込んだ大きな湖にも例えられるようなもの、これが西ドイツの違憲審査制であったのです。そこで、それをちょっと説明しますと、西ドイツの違憲審査制としては、まず第一に、「抽象的規範審査」というのがある。これは、いうならば大陸型と同じなんですね。特別の憲法裁判所というものを設けて、具体的事件と関係なしに法についての違憲性の審査をするものです。このさいに、法律などについての違憲性の主張をすることができるのは、連邦政府であるとか、ラント政府であるとか、あるいは連邦議会議員の三分の一以上などですが、そういったものから、ある法について違憲だという主張がなされると、憲法裁判所がそれを調べて、判断を下すことになります。そして、違憲の判断がでれば、これは一般的な効力をもつ。すなわち、これは具体的な事件と関係なしに「法律の違憲性の主張」自体を「審判の対象」にするわけでして、「憲法の秩序維持」を目的にする。だから、ちょうどさきの大陸型の違憲審査制と同じような形になるのです。それから、つぎのは、「具体的規範審査」とよばれているものです。さきに見たアメリカ型の審査制の場合には、通常の裁判所が具体的な事件を審判するときに、尺度とすべき法に違憲の疑いがあるさいには、自分でその法の違憲性を審査できたのですけれども、西ドイツの場合には、具体的な事件を裁判するときに、その事件に適用する法が違憲かもしれないという疑いをもっても、通常の裁判所自身がその点を審査するわけにいかないのです。そういう場合には、必ずその通常の裁判所は、憲法裁判所に対してその法についての違憲性の主張をして、憲法裁判所の審判をまたなければならないのでして、このさいに、憲法裁判所が行なう法律の違憲性の審査が「具体的規範審査」なのです。この場合は、「抽象的規範審査」のときと異なって、具体的事件との関係もあるので、「具体的規範審査」とよばれるのですが、これも憲法裁判所がする点からいえば、「憲法の秩序維持」ということを目的とします。だけれども、この場合には、通常裁判所が具体的事件を審判するさいの尺度となる法律についての違憲性を憲法裁判所に審査してもらうということですから、この通常裁判所までの過程を念頭において考えると、正しい法にもとづいて具体的事件を解決するという意味で、同時に、やっぱり「個人の権利保護」という、そういう目的ももってくるということになるのです。だから、これには、いうならばアメリカ型の要素が大陸流に修正されながらはいってきていっているということになります。

そういうような二つの審査制のほかに、さらにもう一つ、「フェルファッスングスベシュベルデ」(Verfassungsbeschwerde)という形のものがあります。これの訳語はいろいろあるんですが、まあ、ここでは、仮に「憲法抗告」というふうにいっておきましょう。これも憲法裁判所に対して持ち出すのですが、さきほどの具体的規範審査とか抽象的規範審査というのが、連邦政府とかラント政府だとか、あるいは通常の裁判所という、要するに、国家機関が申立人になるのに対して、今度は、個人が、たとえばある違憲の法律が制定されたことによって自分の基本権を侵害されたというような「基本権の侵害の主張」

を憲法裁判所に対してするという形のものです。そこで、これは、「憲法秩序の維持」というよりも、むしろ「個人の権利保護」ということに目的があるというふうにいわれておりますけれども、それと同時に、やっぱりこれも憲法裁判所が判断する点からして、「憲法の秩序維持」という目的ももつんだというふうに解する学説もあります。

だから、とにかく、これでお分かりいただけるかと思いますが、従来のアメリカ型あるいは大陸型がもう一緒に混在してですね、この道からもあの道からも、とにかく違憲な法というものを排除して憲法秩序を守るという方策が西ドイツの違憲審査制ではとられているのです。そこで、私は、それを調べてみまして、「これは非常に完備した違憲審査制だ」というふうに思いましたので、そのことを私の指導教官である斎藤秀夫先生に報告したわけです。そしたら、斎藤先生が「それなら、それを基礎にして助手論文を書いたらいいのではないか」と、まあこういうふうにいわれました。それで、私はこの西ドイツの違憲審査制における違憲判決の効力の問題を助手論文にして、それとの関係で日本の違憲審査制のことを考えていこうと思ったわけです。

ところで、以上は世界の違憲審査制の傾向ですが、それとくらべて、日本の違憲審査制、憲法八一条の違憲審査制をいったいどういうふうにみるべきかという問題があるんです。この日本の違憲審査制についての当時の通説と判例の考え方というのはどうであったかと申しますと、日本の違憲審査制はアメリカ型の審査制をモデルにして作られておりますから、それはアメリカ型の審査制と同じように考えるべきであるというのが、通説と判例の考え方でした。だから、ここで違憲判決がでたときには、これはその事件についてだけ効力を及ぼす、すなわち、「個別的効力」だと、こういうふうに当時考えられていたのです。

それに対して、私は、「それでいいのかな」というふうに思ったのです。というのは、なぜ西ドイツでさきに見たような完備した違憲審査制がとられているのかというと、それは、要するに、非常に民主的とされていたワイマール憲法のもとからもヒットラーの独裁が生まれて、その結果戦争になって、ドイツはめちゃくちゃになってしまったのだから、あれと同じことをこれから繰り返してはならないのであって、憲法が完全に守られていく体制をとらなければいけないというドイツ国民の気持ちが、こういう非常に完備した違憲審査制になっている、と考えられるからです。そうだとすれば、日本もまさに同じ敗戦国で、戦争でもって手痛い打撃を受けており、そこから二度とやっぱり戦争はすべきでない、憲法は守られなければならないという気持ちがその当時の国民には横溢している。とすれば、憲法に反した法があるというときに、それはその事件との関係でだけ違憲になるんだという個別的効力ということだけで満足していていいのだろうか。いや、そうではなくて、そういう違憲の法があったときにはそれを法秩序から排除して憲法の秩序維持を守るという目的がやっぱりこの憲法八一条の違憲審査制のなかにはあるとみなければならないのではないか、というように、私は考えたのです。だから、従来の通説は「個人の権利保護」だけが目的だとしましたが、私は、それと同時に「憲法の秩序維持」という目的も憲法八一条のなかにはあると考えるべきではないか、と思ったわけです。

それは、たとえばAという国のある制度がBという国に移された場合に、この制度はB国でもA国におけるとすっかり同じに発展するのかという問題で、それは違うんではないかと私は考えたのです。ものの考え方が違う国であれば、A国におけると同じ発展をB国においても期待することはできないのであって、違った発展というものが考えられるのではないか、というふうに私は観念的に思ったのです。

ところが、あとでですね、破産制度の歴史を調べていましたときに、このことがよくわかりました。破産制度というのはローマに起源があって、このローマから北イタリアの諸都市に移って行くのですが、北イタリアの諸都市では、皆さんご存じのように貿易が盛んでして、それでその貿易とともに破産制度がイギリスに移り、また、フランスやドイツへも移って行ったんです。この場合、ローマからきた北イタリアの破産制度というのは、破産者を犯罪人と同様に考えるものでした。すなわち、破産をしたことによって債権者に弁済することができない、すなわち法秩序を犯したという点で、破産は刑法上の犯罪を犯したのと同じように考えられていたのです。だけれども、北イタリアでは、大商人が諸侯にたくさんお金を貸していまして、その諸侯が返済できなくなって、大商人が倒産し、そのことから、ちょうど将棋倒しみたいに中小の商人がばたばたと倒産するという現象が非常に多く発生したのです。そうすると、たしかに債務者が自分で不始末をして返せないというときにはこれを犯罪者として扱うことが秩序の保持という点からもっともと考えられるとしても、この大商人が倒産したためにその被害を受けて倒産していったというような、自分に過失がない、そういう商人までも犯罪人と同じに扱うというのは適当ではない、そういう者は保護してやらなきゃいけないという、そういう考え方がでてくるのでして、そういう扱いも、この北イタリアの破産制度には見られたのです。

この北イタリアの破産制度が一方はフランスへ行ったのですが、このフランスでは、さっきの破産者は犯罪者だというそういう側面が非常に強くだされまして、「懲戒主義的な破産法」という形になりました。それに対して、イギリスでは、産業革命後の資本主義の発展のもとで、倒産は不可避的にでてくるものであり、ばたばたと将棋倒しで自分に責任がなくて倒れた者は保護してやるべきだと考えられるようになって、その立ち直りのために、負担している債務の免除を認める「免責主義的な破産法」が発展してくるのです。だから、フランスとイギリスでまったく相反する破産制度になるのですけれど、しかし両国にはいった原形は同じものなんです。とすれば、その受け入れるところの状況いかんによって、同じ制度だからといっても同じように発展するとは限らないわけなんであります。

しかし、私は、当時は、そんなことを知らなかったのですが、とにかく観念的に考えて、同じ制度だからといって同じように発展しなければならないと考えるのはおかしいと思って、いくらアメリカの制度をモデルにしたからといっても、日本では日本固有の発展というものがあるというふうに思ったわけです。それで、憲法八一条の違憲審査制の目的としては、通説が「個人の権利保護」とみるのに対して、私は、やっぱり当時の日本社会の思想的な背景を考えるならば、「憲法の秩序維持」という目的がもう一つ考えられなければならないだろう、というふうに思いました。すると、日本の違憲審査制における違憲判決の効力についても、通説・判例とは異なった結論がみちびかれることになります。すなわち、判決の効力は、裁判制度の目的との関係において、それに適わしいものであることが必要となるからです。その見地から、私は、西ドイツの違憲審査制における違憲判決の効力のことを『法律時報』に書くとともに、日本の違憲審査制のもとでの違憲判決の効力についての私の考えは、私が学習院大学の講師になりましてから、学習院大学法学部の『研究年報』に書いたわけであります。

そしたらですね、しばらくしまして、アメリカでの違憲審査制に対するいまご紹介したような考え方がアメリカ自体で変化してきたのです。すなわち、アメリカの違憲審査制は従来「個人の権利保護」ということだけを目的とするというふうに考えられていたのですけれども、アメリカの学者が、「そうじゃない」、「アメリカの違憲審査制にも憲法の秩序維持という目的が考えられなければならん」ということをいいだしたわけであります。では、どうしてそういうことになったのかといいますと、たとえば黒人がある具体的な事件の訴訟でそれに適用されるべき法が人種差別で違憲だと主張するような場合には、単なるその黒人の事件との関係だけではなくて、もっと黒人一般の問題としても考えられてくる。しかも、アメリカでは、「クラスアクション」という大量の共同訴訟的なものがありますから、訴訟がそうした形をとる場合には、もう個人だけの問題じゃなくなってくるわけです。その結果、アメリカの違憲審査制にも「個人の権利保護」だけではなくて「憲法の秩序維持」という目的もあるというふうに考えるべきだという学説が支配的になってきたわけです。

そうなると、日本の学者も驚いてですね、「アメリカでの違憲審査制の理解が変わってくると、日本でも同じようにやっぱり考えなければならない」ということで、今日では、この二つの目的が日本の憲法八一条の違憲審査制についても考えられるようになってきました。しかし、私は、もうその前からこの二つの目的があるということをいっていたわけです。ですから、京都大学の憲法の佐藤幸治教授は、その著書のなかで、「今日、日本の憲法八一条にはこういう二つの目的が考えられるべきだ」とされたうえで、「アメリカではそういっている。だけど、日本でだって、ちゃんと前からその二つの目的があるということを指摘していた見解があるんだ」という趣旨のことをのべて、私の論文を引用しておられるのです。しかし、たしかに、こうした私の見解があったことは事実であり、また、こうした形で引用していただくというのは大変名誉なことなんですけれども、「あったぞ」と胸をはっていえるくらいにですね、私の見解が憲法学界に影響をあたえていたという事実は決してなかったのです（笑）。まったくの少数意見であったんですが、しかし結果的には私の見解がですね、今日では支持される方向にきているわけです。

そうだとするとですね、私の考え方では、憲法八一条に二つの目的を認めることとの関係で、違憲審査が問題になるいわゆる憲法訴訟では、「審判の対象」が二つあると考えるべきではないかということになります。すなわち、さきほど見ましたように、従来は、アメリカ型の審査制では「個人の権利保護」を目的として、そこでの審判の対象は「個人の権利主張」としての具体的事件でした。それから、大陸型の審査制では「法の秩序維持」を目的として、そこでの審判の対象は「憲法の違憲性の主張」としての憲法問題でありましたが、この二つの目的が日本の憲法八一条の審査制にあるとすると、日本の審査制では、「具体的事件」と、それから「憲法問題」という二つの「審判の対象」を考えることができるのではないか、と思うのです。しかし、今日の通説はそうは考えていないのです。二つの目的は認めるけれども、やっぱり審判の対象は一つで、「具体的事件」だと、そういうふうに考えているようであります。そして、判例も、「具体的事件」だけを審判の対象とみています。

先年、岩手靖国訴訟というのがありました。この岩手靖国訴訟の事件は複雑ですが、なるべく理解しやすいようにその一部を単純化して申しますと、岩手県民一一人が、岩手県が靖国神社へ玉ぐし料をだしたことは憲法の政教分離の原則に反するから違憲だとして、県が玉ぐし料としてだした九万円を県知事は県へ返せという訴えを盛岡地裁へ行なったのです。で、第一審の盛岡地裁はですね、玉ぐし料を靖国神社へだしたというのは違憲でないと判断し、したがって、県知事に九万円返せという請求は認められないといって、原告らの請求を棄却したのです。そこで、県民側はそれに不服で、仙台高等裁判所へ控訴したのです。これに対して、仙台高等裁判所では、政教分離の原則との関係において、玉ぐし料を県がだしたことは違憲だといって、違憲の主張を認めたのです。だけれども、玉ぐし料をだすかどうかなんていうことは県知事がいちいち決めることじゃない、それは県の課長が決めることだから、こういうものをだしたことについては県知事には責任がないとして、県知事への県に九万円返還せよという請求は棄却したのです。しかし、その前提としての玉ぐし料をだしたことが違憲だという原告側の主張は認めているのです。そこで、この控訴審の判決に対して、被告である県知事のほうが、具体的事件では勝ったけれども、問題は玉ぐし料を県がだすことが違憲かどうかなんだといって、この点について最高裁判所の判断を仰ごうとして上告したのです。ところで、上告の場合には、直接最高裁へ上告するんじゃなくて、原審の裁判所に上告状を提出することになります。だから、被告側は仙台高等裁判所へ上告状をだしたのです。では、仙台高裁がどのような応答をしたかといいますと、まあ分かりやすく結論的にいえばですね、こういう憲法訴訟であっても、具体的な事件の結論だけが問題になるので、具体的事件で勝っている者には上告する利益はないんだということで、県知事の上告を認めなかったのです。

で、その後にもまだ問題があるのですけれども、まあとにかく、この仙台高裁の判断からお分かりのようにですね、今日の裁判所は、憲法訴訟でも「原告の権利主張」としての「具体的事件」だけを「審判の対象」とみており、だから具体的事件で勝った者はたとえ憲法問題では負けていても、それについての不服を最高裁へのべることができないというふうに考えているわけです。しかし、はたしてこれでいいのかという問題があります。この点について、私のように二つの「審判の対象」があるというふうに考えますと、「憲法問題」のほうの審判の対象についても裁判所の判断で負けている者には、これに対して不服をのべることを認める余地があることになります。要するに、裁判所で審判する問題については、裁判所の判断をチェックするために、三回裁判所の判断を仰げることになっており、これが三審制ですが、もし裁判所が判断すべき「審判の対象」が二つあるなら、いずれの問題についても、他方とは独立に不服をのべることができると考えうることになります。憲法八一条によれば、「最高裁判所は、一切の法律、命令、規則、又は処分が憲法に適合するかしないかを決定する権限を有する終審裁判所である」というふうにいっており、最高裁判所は憲法問題について判断する終審裁判所とされるのですが、いま紹介したような扱いだったら、裁判所に聞きたいという憲法問題があっても、具体的事件で勝っていれば持ち出せないことになる。そこで、はたしてそれで憲法の趣旨に合うのかどうかということが問題になります。この事件は、法ではなくて、県の行為の違憲性についての問題でありますが、仮にこれが違憲の法律の問題であったとしたらどうでしょうか。ある法律の違憲性が論議されているときに、それについての最高裁の判断が聞けないということで、ほんとにその「憲法の秩序維持」という目的を達するような違憲審査制になっているといえるのだろうかということです。で、まあ、私は、現在は、これからお話をするような他の研究をやっているものですから、なかなか手が回らないんですが、もうちょっと時間ができましたら、「憲法訴訟」とはなにかということから始めて、訴えの提起から判決の確定にいたるまでの「憲法訴訟の手続理論」についても私なりの考えをまとめておきたいというふうに思っているわけであります。

で、私はそんなことでですね、駆け出しの頃に通説や判例に反するようなことをいったりしたわけですが、そういうことを私が主張したことには、東京大学の民法の我妻栄先生がいわれたことがかなり影響しているのです。我妻先生は、「横のものを縦にする時代は終わった」ということをいっておられたのです。すなわち、「横のもの」っていうのは英語だとかドイツ語だとかフランス語ですね。で、それを日本語に訳するのが「縦にする」ことになります。要するに、「横のものを縦にする」というのは、外国語を日本語にただ翻訳することでして、それだけじゃもう駄目なんだということを我妻先生はいわれたのです。たしかに日本法の近代化の過程では、日本はドイツやイギリスやフランスなどの国の法制度をまねてきました。そこで、そのときには、そういったヨーロッパの諸国の学説を大いに参考にしなければなりませんから、横のものを縦にする必要があった。だけど、もうそうした吸収の時代は終わって、日本は日本人の頭で独立に考える時代になっている、ということを我妻先生はいわれたのです。で、そのことが私の頭にあったし、しかもまだ駆け出しのことで怖いもの知らずでしたので、大胆に自分の考えを主張することになったわけです。それが、結果的には認められたから、まあ、よかったわけですが、とにかくそういうようなことがいえたのは、我妻先生がおっしゃっていたことが頭にあったからなんであります。

ところで、私は、我妻先生にはいろいろとお世話になっております。私は、直接講義を拝聴したわけではないんですけれど、先生のご著書をつうじていろんな手ほどきを受けております。皆さんがたのなかにも、司法試験の論文式の試験のときに自分の書こうと思うことがなかなかスラスラと論文にならないということで悩んでいる人もあるかもしれませんが、私もまさにそうした一人だったんです。どうもうまく自分の思っていることが筆にできない。そこで、どうしたらいいのかを考えたのですが、そのときに、我妻先生の『民法講義』を読みますと非常に論理的に書かれているので、「ああ、こういうふうに書けるようになればいいんだな」と思いました。で、そのコツが頭にはいるようにしたいと思って、それで先生の『民法講義』の総則の文章をひとつひとつ赤鉛筆や青鉛筆を使って、前提から結論をみちびく過程を私なりに分析して、「こういうふうに考えを展開していけばいいんだな」と理解するようにしました。そして、その論理のすすめかたを要約してノートにとることをやっていったのですが、それをやったら、非常に論理的に物を考え、あるいは書くことができるようになったのでして、そういう点でも、我妻先生には非常にお教えを受けているのです。

もっとも、いま、我妻先生から講義を伺ったことはないというふうにお話したんですが、私は、学生時代に一度ご講演を拝聴したことがあります。それは、我妻先生が日本学術会議の副会長として、東北大学の片平の講堂で講演をなさったときです。そのときの演題は、「法律における理屈と人情」というのでした。この講演で、先生は、こういう趣旨のことをいわれたのです。まず、法律というものがある以上、その法律は必ず適用されなければならない。これが、法の「一般的確実性」である。ところで、法にもとづいて行なわれる裁判、それから法による政治の結論は、人びとの「常識」にマッチするようにすることが望まれる。ところが、法を適用していくと、その結果が人びとの常識にマッチしないこともでてくる。そこで、そのときには、人びとの常識をもとにして、その具体的な状況に妥当するようにうまくその結論を修正していくことが必要になる。これが、法の「具体的妥当性」の問題で、この法の一般的確実性と具体的妥当性の二つを調和させることが法を扱う者にとっての一番重要なことだ、というお話をされたのです。

すなわち、この講演の演題の、法律における「理屈」というのは「一般的確実性」のこと、それから「人情」というのが「具体的妥当性」のことですが、この「法律における理屈と人情」のお話を伺って、私は法学部の学生として、得るところが非常に大きかったのであります。だから、我妻先生からは非常にいろいろな面でお教えを受けてきたのですが、ついでに、我妻先生の有名な自己紹介をご紹介しておきましょう。先生は、こういわれる。「私の名前は我妻栄です」。「我が妻は栄える。じゃあ、夫はどうなるのか」。「夫は私です。我が妻が栄える、さらば夫は衰えるというのが反対解釈です。しかし、ここは反対解釈をすべきではない。我が妻が栄える、さらばもちろん夫も栄えると勿論解釈をすべきところでありますと。まあそういうような法学者としての我妻先生らしい自己紹介を我妻先生はなすった、と聞いております。

3　裁判統計の研究

まあ、そんなことで、私は、駆け出しの頃には、憲法訴訟の問題に関心をもっていたんですが、最近はどういう研究をしてるかといいますと、裁判統計の問題を研究することをやっております。日本では、昭和二七年以降『司法統計年報』というのが最高裁判所から公刊されておりますが、これは、民事編、家事編、それから刑事編、少年編と四冊もでているのでして、こんなに立派な統計年報がでている国は世界でも例がないのです。ところが、それが、わが国で、研究だとか教育の面で十分に使われていない。まあ、立派な統計年報があるといったって、かなりの分量のものですから、なかなか簡単に調べにくいというような問題もある。だから、まず、もっと簡単にそれが使えるようにする必要があると思いました。そこで、いま福島大学の行政社会学部の助教授をしている菅原郁夫君が東北大学の私の講座の助手をしていた頃から助力をしてもらって、この統計年報を使って、いろんな重要な事項ごとに、ずっと年代的に統計表を作って、それをグラフにする作業をしてきたわけです。グラフにすれば、一目で分かるようになる。そして、その統計集を昨年の暮れに『ジュリスト』の増刊という形でだしたのです。

そのタイトルは、『データムック民事訴訟』となっています。この「ムック」ということばは出版社の有斐閣のほうでつけてくれたんですけれども、それを見て、「あれはミスプリだ」、あれは「データブック」のミスプリだという説がでました。これはかなり有力だったたんですけど（笑）、しかし決してミスプリではないんです。『ジュリスト』は毎月二冊ずつでる定期刊行物で、「マガジン」ですが、私の統計集は

『ジュリスト』増刊で定期刊行物ではない。さればといって、雑誌ですから単行書すなわち「ブック」でもない。こうした種類の出版物について、最近は、「マガジン」と「ブック」の合いの子ということで、エム、オー、オー、ケーの「ムック」ということばがあるんですね。これは英語の辞書には載ってない、ジャパニーズイングリッシュですが、とにかく、そんなわけで、有斐閣は、この本を「データムック」というふうに名づけたわけなんです。

ところで、日本では、戦前も、司法省が『民事統計年報』というのをきちんとだしています。そこで、この『データムック民事訴訟』には戦前の数字も必要に応じて収めてあるのですが、いま、この本のグラフによりまして、日本における民事第一審の訴訟事件数がどういう状況であったかということを見てみますと、第二次大戦前に急激に事件数が増えている山が四つあるのです。そして、それらの山を年表と対照してみますと、その一番ピークになっている年か、その前年、あるいは前々年あたりに、いずれの場合にも経済恐慌が見られるのです。では、なぜ経済恐慌があると訴訟の事件数がぐっと跳ね上がるのかといいますと、こういうわけなんです。民事事件のなかには家庭事件と、それから経済生活に関する財産事件がありますね。ところが、訴訟になってくる家庭事件というのはきわめて僅かでして、民事訴訟の大多数は財産関係の事件です。この財産関係の事件のなかには、物権関係のものと債権関係のものとがありますが、財産関係事件のなかで圧倒的に多いのは債権関係のものです。そして、この債権関係事件のなかでは、金銭関係のものが大多数なんです。すなわち、貸したお金を返せという貸し金に関する請求だとか、売買代金の請求だとかですね、そういうのが民事事件では大多数を占めているのです。そうなると、経済恐慌が起こって債務者が債務を支払わないということで債務の滞りがでますと、債権者としては債務者に対して強制執行をして取り立てるために訴えを起こすことになる。したがって、恐慌になると民事事件の事件数が急激に増えるということになるわけでして、こういうことがグラフを見ていくとすぐ分かるのです。

ところで、戦争中は訴訟なんかすることはけしからんということで訴訟事件数も少なくなっていますが、第二次大戦後はまた事件数が増えてきます。そして、昭和五〇年くらいからさらにどんどん上がって、昭和六〇年がピークになります。これが従来の一番最高の山となっていますが、では、なぜここでこんなに事件数が多くなったのかというと、皆さんがたが知っておられるように、べつにこの頃に経済恐慌があったわけではないですね。それでは、なぜかっていいますと、日本の社会が消費者信用取引社会になったことのためなんです。物を買うときに、それまではお金を払わなければ物が買えませんでしたけれども、この頃から、皆さんも持っておられるようなクレジットカードで、すなわち、人の信用で物が買えるようになったのです。さきに物を取得できる、そして、そのあとからお金は月賦などで払っていけばいいのです。これは、もう大変都合がいいことで、払わなくても物が手にはいるわけですから、みんな大いに利用するようになる。そのさい、計画性にとんでいる人は、ボーナスでいくら払って、毎月いくら払うというように、ちゃんと計画を立てる。しかし、世の中っていうのはなかなか思う通りにはいかないのですね、急に病気になって入院したりして出費がかさんだために払えなくなる人もでてくる。あるいは、ボーナスをあてにしていたんだけれども、会社の経営状況が悪くなってボーナスがでなくなってしまった、だから払えない、というような人もでてくる。それから、欲しい物がなんでも手にはいるので手当たり次第に買ってしまったが、なんの支払い計画もなしに買ったので、それで払えないという、まあそういう浪費癖の人も、いるわけですね。そんなことで、消費者信用取引社会になると、お金を払えない者がいろいろとでてくる。それからさらに、こういった社会にはいった当初は、その社会の構造がよく理解されなかったために、それでトラブルも起こる。しかも、こういう社会になりますと、恐慌までいたらなくても、不況というようなことでも、ぐんと敏感に反応してくることにもなります。そんなことが関連して、昭和六〇年に事件数が最高になったのです。それがバブル経済のおかげで、その後に事件数がぐっと下がってきましたけれども、平成二年から、今度はバブル経済の崩壊で、またぐんぐん上がっています。現在の一番新しい統計は平成四年のものですが、かなり再び上昇していますし、平成五年は依然として悪いわけですから、ことによると昭和六〇年のピーク時を突破しているかもしれない。まあ、こういうような状況なんですが、これでおわかりのように、民事の訴訟事件数は、経済変動ときわめて密接な関係をもっているのです。

日本の状況はこういうわけなんですが、それじゃ、外国は、どうなっているのでしょうか。そのさい、日本で最高の数字をしめしたのが昭和六〇年ですから、この頃のほかの国の状況が調べられると具合いがいいわけです。そこで、私は、まず、西ドイツとくらべてみようと思ったんです。その当時は、ドイツは西と東に分かれていました。ところで、ドイツっていうのは日本法にとってはずっと先生格でしたから、きっと素晴らしい統計があると思っていたんですが、ドイツには、日本のように立派な統計はないのです。だから、西ドイツの連邦議会で、野党のほうから「裁判制度について議論したいけれども統計がきちんとできてないから、連邦政府がきちんとした統計集を作ってくれ」という要求をしまして、それで一九八四年に西ドイツの連邦政府から議会の資料として最近の数字をまとめた統計集が公刊されたのです。この一九八四年というのは、昭和でいいますと昭和五九年で、日本のピーク時であった昭和六〇年に接着していますから、私は、その年の西ドイツの状況と日本の状況をくらべてみることにしました。で、くらべてみたらどうであったかといいますと、まあ細かい数字でいうと却って分かりにくいでしょうから大まかな数字でいいますと、民事の第一審の訴訟事件数は、日本は四〇万件であるのに対して、西ドイツは一五〇万件となっています。そのさい、日本と西ドイツは人口で申しますと、日本は一億二〇〇〇万人、西ドイツは六〇〇〇万人、だから西ドイツの人口は日本のそれの半分であります。そうだとすると、日本とくらべるときには、やっぱり人口との関係を考えれば、西ドイツの事件数を倍にする必要があります。そこで、そのようにして計算すると、三〇〇万件ということになるんですね。するとと、日本の事件数は、西ドイツの事件数の一割ちょっとということになる。そうなると、もし日本の事件数のほうがノーマルだとすれば、西ドイツのほうが異常に多すぎるということになります。それから、通常このくらいの人口であれば三〇〇万件がノーマルだということになれば、日本のほうが異常に少なすぎるということになります。とすると、この点について判断するには、少なくとももう一つ、第三の国とくらべてみる必要があるということになります。

では、どことくらべるか。ドイツは大陸法の国ですから、くらべるとすれば英米法の国とくらべるといいわけです。ところが、アメリカは、ご存じのように、いま異常な訴訟社会になっております。よく例にだされるのですが、高校生が学校の体育館の屋根の上につけられているものが欲しいということで盗みにはいったんですね。カリフォルニアの高校でして、屋根を伝わって行ったところがガラスの天窓があったのですけれども、その天窓がですね、屋根の色と同じ色で塗られていたもんですから、そのまま歩いて行ったら、その窓ガラスを踏み破って下に落っこって、大怪我をした。そしたら、その盗みにはいった生徒たちが、学校を相手にして、「そういう上を歩いたときに見まちがうような天窓にしていたのは学校の落度だ」といって損害賠償の請求をしたのですね。普通に考えれば、盗みにはいった人間がそういった訴訟をするということはとっても考えられませんけれども、そういったようなことすら行なわれるくらいの訴訟社会になっているというわけなんです。しかも、このアメリカの裁判所には連邦と州のものがありますから、ちょっと両者の事件数を集めるのは大変なんですが、前にアメリカのクエール副大統領が日本にきたときにいった数字によると、アメリカの民事事件数は一七〇〇万件だとされています。とすると、アメリカの人口は二億四〇〇〇万人で、日本の倍ですから、事件数を日本とくらべるときには、半分にする必要があります。すると、八五〇万件ということになりますね。そうすると、やっぱり西ドイツの三〇〇万件のほうがあるべき数字に近くて、日本はちょっと異常に少なすぎるのかなという感じがするんですが、アメリカはどうも訴訟社会で異常すぎますから、それで私はイギリスとくらべることにしたのです。

イギリスの人口は西ドイツとあまり変わりがなくて、六〇〇〇万人弱です。それから、裁判制度も、正確にいうといろいろと違うんですが、まあ、だいたい日本と同じような三審制みたいな形になっていますから、それでくらべることにしました。くらべてみたら、西ドイツの事件数とかなり似ているのです。そうなってくると、やっぱり、日本ぐらいの人口のときには、三〇〇万件ぐらいの事件数があってもおかしくないというふうに考えられるわけです。そして、たしかに、日本でも、最近は、裁判外紛争処理制度、すなわち、訴訟以外の場で紛争を処理する制度が非常に多くなってきています。それから、新聞なんかを見ておりますと、暴力団が債権の取り立てをしたとかの記事もあり、要するに、訴訟以外で紛争を解決するやり方もいろいろととられている。だから、この訴訟事件の四〇万件の周辺にももっと紛争事件があることはたしかなわけです。それじゃ、どのくらいの数があるのか。それをやっぱり、これからは学問として科学的に推測していく必要がある。そこで、私は、ドイツとイギリスと比較しましたけれども、これからはですね、せめてサミット国、だから、ドイツのほかにはフランス、イタリア、それからイギリスのほかにはアメリカ、カナダ、まあそういう六か国の調査をしたい。さらに、できればオランダ、ベルギー、それからスウェーデンなどの北欧ですね、それからスイス、オーストリアからスペイン、そしてオーストラリア、まあその辺まで調査を広げられればと思っているんです。そこで、いま、東北大学を中心にしながら、学外の方にも力を貸していただいて、共同研究としてその調査をすすめたいというふうに思っております。そして、世界の主要国の訴訟状況を調べて、それの人口だとか経済力だとか文化度とかとの関係を分析して、その基準とくらべたときに、日本の場合にはおよそどのくらいの事件数が考えられるかを考察し、これとの関係で裁判官数や弁護士数もふくめていろいろと今後の訴訟政策を考えていくべきだと思うのです。要するに、世界のなかで日本の司法制度を眺め、日本の特性も考えながら、こんごの問題を検討していこうと思うのです。経済学では経済政策、社会学では社会政策という学問分野があるんですが、法律学においては、まあ刑事政策だとか、最近、立法政策なんてのがいわれておりますけれども、全体的に政策学は重んじられていない。しかし、訴訟においては、もっと統計的数字や隣接分野の学問的成果を利用した「訴訟政策学」というものが展開されていく必要があるだろうと、そういうふうに思っておるわけでして、これからは、そういうような問題も研究することができればと、いま考えているところです。

ところで、これまでの話からみても、日本で四〇万件の事件数というのは少なすぎるんじゃないかといった推測がでてくるんですが、それじゃ、なぜ日本の場合に事件数が少ないんでしょうか。その点について従来から指摘されているのは、訴訟に時間がかかりすぎることと、費用がかかりすぎることとなんですが、ここでは、ちょっと時間の問題を考えてみることにしたいと思います。さきほどの『データムック民事訴訟』にも審理期間の数字がでているんですが、簡易裁判所のほうはまあ三か月くらいで処理されておりますけれども、地方裁判所の事件ということになると、やっぱり一年は平均してかかっているんです。だけど、一年も事件の処理にかかるということでいいんだろうか、という基本的な疑問があります。というのは、江戸時代でもだいたい訴訟は一年かかっていたのです。二年かかったのもあるし、「公事三年」なんていうのは室町時代の頃ですが、三年かかっていたことによるものです。とにかくずいぶん時間が訴訟にかかるというのは昔からの例なんです。しかし、それだからといって、今日でも一審で一年もかかっていていいのでしょうか。

江戸時代には各藩に裁判所がありました。だから、例えば仙台藩には仙台藩の裁判所があった。ところが、仙台藩の人と会津藩の人というような、違う藩の人びとの間で争いが起こったときには、江戸の奉行所や評定所へ行って、そこで裁判をしてもらうということになったのです。そのさい、いままでしたら新幹線で行って口頭弁論期日に出席して帰ってくることができますけれども、昔はそうはいきませんから、江戸の奉行所などのそばの宿屋に泊まって、それで裁判を受けたわけなんです。その有名なのが馬喰町というところにあった宿屋ですが、こうした訴訟にきた者が泊る宿屋のことを「公事宿（くじやど）」といいました。「公事」というのは民事事件のことですが、馬喰町には各藩指定の公事宿があったというふうにいわれております。それで、仙台藩指定の公事宿があったり、会津藩指定の公事宿があったりするわけで、そこにみんな訴訟に行く人は泊まるのです。だから、「国々の　理屈を泊める　馬喰町」なんていう川柳がある。訴訟ですから理屈を持って行くわけで、国々の理屈を持って行く人達を泊めるのが馬喰町の公事宿だという意味です。だから、例えば仙台藩の公事宿では、「んだ、んだ、そうだべな」とか、まあそういったような方言でみんなしゃべっているわけですね。だけど、いびきだけは万国共通だ。だから、「いびきには　国訛りなし　馬喰町」なんてのもある。こうして、とにかくこの公事宿に泊まって奉行所などに行って裁判を受けるのですが、この訴訟がだいたい一年はかかったのです。というのは、徳川時代には、今日の和解にあたる「内済（ないさい）」を旨とせよとされて、なるべく白黒をつけて決着するんではなくて和解でもって紛争を解決するようにすることが奉行所などの考えだったんですね。だから、当事者が「いま相手と話をしています」なんていうと、裁判はされないので、長引いたのです。それから、さらに、「公事師」という職業の人がいたんですね。以前、京都で「私の先祖は公事師だった」ということを名乗りでた人がいました。この人は、「師」っていうのは「師範」の「師」だから、自分の先祖はきっと訴訟の先生だったんだろうと思ったんですね。ところが、この「師」はですね、先生のほうの師じゃなくて、「詐欺師」「ペテン師」のほうの師だったんです。すなわち、社会からあまりおもしろく思われていなかった人達のことだったんですが、とにかくそういうのが間にはいってさらにいろいろ利益をむさぼろうとして訴訟を延ばしたりすることもありまして、だいたい一年ぐらいはかかったようです。だから、その当時の川柳に「麦飯の　味を忘れた　長い公事」というのがあります。長いこと公事宿の御飯ばっかり食べていたもんですから、田舎で食べていた麦飯の味も忘れてしまったという意味で、そういう川柳があるくらいに長くかかっていたわけです。

ところが、今日のこの平成の世の中でも、一年もかかっているのです、民事裁判がですね。いったいそれでいいのでしょうか。ちなみに江戸時代に陸上で京都から江戸まで一番早く走るとどのぐらい時間がかかったかをみてみましょう。当時、「十七屋」という商売があったんです。これはなにかといいますと、満月の十五夜のつぎが十六夜で、これは「いざよいの月」です。それから十七夜の月のことを「たちまちの月」といいますが、これをかけて十七屋を「たちまち屋」とよんだのです。すなわち、京都から継飛脚（つぎひきゃく）、いわばリレー式の飛脚で行きますと、江戸へたちまち着くという意味なんです。では、どのくらいで着いたのかといいますと、京都から江戸まで六八時間でありました。ですから、三日弱であります。これは、江戸幕府の公用の飛脚なんですが、それでも、三日弱が一番最高だったんです。では、今日では、京都から東京までどれくらいかというと、三時間弱であります。とすると、江戸時代に三日弱かかった距離が今日では三時間弱で行くのに、訴訟だけがいぜんとして一年もかかっているということになりますが、こうした人びとのスピード感覚とくらべても、訴訟が一年もかかるというのではおかしいと思うのです。ですから、私は、地方裁判所関係の民事事件は少なくとも半年でする、もちろん難しい事件は仕方ないですが、「一般的な事件は六か月で処理する」という頭が裁判官と弁護士の間にできなきゃだめだ、そういう法曹の間に共通の意識ができなければ、いくら制度をいじってみても訴訟は早くならないように思うのです。試験だって、試験の期日があるから、それまでに勉強をすることになるんで、いつまででもいいということになったら、ちっとも勉強しないでしょうね。きりがないと駄目なんです。だから、「六か月」という目標を立ててやらないかぎり、日本の訴訟は早くならない。

そして、この訴訟に時間がかかることと、さらに費用がかかることの問題をクリヤーできないかぎり、国民の期待にこたえた裁判制度はできないのではないか、と思ったりしているわけです。

4　おわりに

まあそんなことで、以上で駆け出しの頃と最近の研究のことをお話したわけですが、いまお話したことを聞いていただければ、私のこれまでの研究の傾向はお分かりいただけたかもしれないと思います。要するに、私には、あんまり人のやってることはやりたくない、逆にいえば未開拓の分野へ挑戦したい、という気持ちがあったと思います。憲法訴訟の研究者も、あの当時は東京大学の芦部教授とそれから大阪大学の覚道教授ぐらいだったんですね。ですから、とくに手続法の面からアプローチするなんていう研究はなかったのでして、その点では私がはじめてであったわけです。それから、裁判の統計にしても、これを使ってとくに比較法的に研究しようというようなことはこれまでなされてきていないのでして、そういう未開拓の分野へ挑戦したいというのが私のこれまでの一つの生き方であったと思いますが、そういう生き方を私がとるようになったということについては、一つには、私の指導教官でありました恩師の斎藤秀夫先生からの影響があります。

東北大学の民事訴訟法の講座は、昭和二四年に作られたのです。それまでにも講座設置をいろいろと申請していたんですが、文部省がそれをなかなか認めなかった。「訴訟法の講義なんてものは、裁判所の裁判官が片手間にやればいい」という、そういう考え方があったくらいでして、実体法が主法、訴訟法は従法とみられて、重要視されていなかったこともあります。それが昭和二四年に認められて、斎藤秀夫先生がはじめての教授になられたのです。斎藤秀夫先生には、民事訴訟法だとか強制執行法についてのご研究や判例批評なんかがたくさんおありになるんですが、斎藤先生は、そういった本来の手続法の分野だけでなくてですね、裁判をする主体としての裁判官についての研究をされて、『裁判官論』というご本をだされたり、あるいは、司法権と立法権との関係についての『国会と司法権』などのご著書を著しておられます。すなわち、いままであまり研究されていない、手続法の周辺領域にまで目を広げられるといった研究をなすったのであります。私もその『裁判官論』などの校正のお手伝いをしたりしまして、いろいろと斎藤先生の書かれたものを読ませていただいたわけですが、それが糧となって、訴訟法と憲法のグレンツゲビートとしての憲法訴訟の研究と取り組んだり、あるいは、生きた裁判に対する関心から裁判統計の研究をするようになったというわけなんです。

ところで、斎藤先生は非常に朝が早いんですね。まあ学者には朝早くから研究される朝型と夜遅くまで研究をする夜型とありますけれども、先生は朝型で、だから早くから研究室にきておられる。それですから、民事訴訟法の講義は第一時限目にありました。昔の先生っていうのは概して朝早くから講義をなさった方が多かったようですね。この教室なんかは教官と学生の出入り口が同じですが、片平の頃は教壇の後ろに教官専用の出入り口がありました。ちょうど裁判所の法廷と同じでして、裁判官は裁判官席の後ろからでてきますね。そして、東京大学の教室も同じように教壇の後ろに教官の出入り口がありますが、東大の民法の教授でした穂積重遠先生は、その出入り口のドアの後ろに、いつも十五分くらい前から待っておられる（笑）。それで時計を見ておられて、時間になるとぱっと教室にはいられたという話が残っております。

まあそんなようなことで、斎藤先生の民訴も第一時限目にあったのですが、民訴っていうのは分かりにくい法分野ですから、なるたけ分かりやすく説明しようということで、先生は、訴訟の手続をよく野球のルールと比較しながら話をされました。例えば、「責問権」なんていう、相手方当事者あるいは裁判官に違法な行為があったときには、当事者には、異議をのべてその責めを問えるという権利がありますね。しかし、それはすぐにしなければいけないんで、しばらくたってから「あれはおかしかったぞ」なんていうのでは手続の安定性が損なわれますから、タイミングを失すると責問権は喪失したものとなる。「これは野球のルールでいうと、順番でない打者が打ったときには、つぎの打者に第一球が投げられるまでに、打順の間違いをアピールしないかぎり、その不正打者は正位打者と認められて、試合が続行されるというのと同じ趣旨のものです」、といったような説明をされたのです。先生は、民訴を分かりやすく説明するにはどうしたらいいかと苦心されておりましたが、私もそういったことを見ているもんですから、講義ではできるだけ皆さん方に分かりやすく説明しようと努力してきましたし、また、私の概説書『民事訴訟概要』もそうした見地から書いていますが、これも、斎藤先生からの影響のもとにあります。

それから、私がそういう未開拓の分野に挑戦しようとしたことの動機になったものに、もう一つのものがあります。それは、東北大学の商法の教授でありました小町谷操三先生の最終講義なんです。小町谷先生は、非常にパンクチュアリーな生活をなすったことで有名です。哲学者カントは時間どおりの生活をしたので、カントが散歩にでてくると街の人が時計を合わせたという話が伝わっていますが、小町谷先生も同じでして、だから「ドクタークロック」という名でよばれていたというふうに聞いております。そして、小町谷先生も朝早くから研究室にでてこられる。この小町谷先生は、とくに商法のなかの海商法の研究をなすったことで有名なんですが、午前中は例えばこの海商法の研究をなさるのです。で、お昼になると、当時は片平の研究室でしたけれども、お宅が大学のそばだったもんですから昼食をとりに戻られる。それで食事を終えられるとまた大学へこられて、午後は、例えば会社法の研究をなさる。それで夕方の一定時刻になりますと、テニスコートへでてテニスをされる。終わるとお宅へまた戻られて、夕食を食べてからまた大学へこられて、今度は保険法の研究をされるというように、まあそういうようにいろいろな分野の研究を平行してなすった先生のようであります。その小町谷先生が最終講義で、私はそのとき法学部の学生だったんですが、こういう趣旨のことをいわれたんです。

「私は海商法の研究にずっと携わってきた。いうならば、私の前に海商法の森があった、まだみんなが開拓していない森だ。なにがこの森にあるか分からないので、とにかくそこに一本の道をつけなければいけない。私はもう無我夢中で木を切って、そしてやっと一本の道ができた。これによってその森がどんな森であるかということがだいぶ分かるようになった。しかし、振り返ってみると、ただ無我夢中で木を切ってきたから切り株がたくさん残されている。だから、願わくば後に続く諸君たちが一つずつ、この切り株を抜いてちゃんとした道にしてほしいんだ」と。まあこういうような話をなすったのでありますが、これが私には強烈な印象として残っています。未開拓のところをパイオニアとしてやっていくというのは大変な苦労があるけれども、しかしそこには開拓の喜びがあるということなんですね。この小町谷先生の最終講義も私の頭のなかにありまして、まあ「できるならば新しいことを自分なりにやっていきたい」という気持ちが強かったわけであります。

しかし、そのときには、学者になるなんてことは少しも考えておりませんでした。もっともですね、その当時の学生向けの法律雑誌に、固い話の間に息抜きの欄なんかがあって、こういう話が載っていたりしたのです。「日本の刑法学者の名前を見ていくと、動物の名前をつけている人が非常に多い」というんです。京都大学の刑法の滝川幸辰教授は「辰」です。東京大学の平野龍一教授は「龍」だ。東北大学の木村亀二教授は「亀」だ。中央大学の草野豹一郎教授は「豹」だ。それから、まあこれは学者ではありませんが、東大の講師をして、大審院長なんかなすった泉二新熊（もとじしんくま）裁判官は「熊」だというような例をあげて、「刑法学者と動物の名前は非常に密接な関係がある」なんていう話があった。それから、「法学者の名前には漢数字のついたのが多い」というのがありました。東大の主観主義刑法の牧野英一教授、客観主義刑法の小野清一郎教授、民訴の兼子一教授はみんな「一」、それから刑法の木村亀二教授、商法の小町谷操三教授、憲法の清宮四郎教授なんかは「二」「三」「四」で、そういう漢数字が多いなんていうんです。そうすると、私も林屋礼二で「二」ですから、「ひょっとして学者に関係があるかな」と思ったりしたこともないではないんですけれども（笑）、さすがになろうなどとは夢にも思っていなかったのです。

それがまあ、学者になる道にすすむようになって、今日は東北大学での最終講義ということになったわけでありますが、私が今日まで研究者として研究をしてこれたことについては、いまお話したようないろんな先生方からの学恩を受け、それに導かれながらやってきたわけです。そこで、今日は、そういう私が学恩を受けた先生方のことを皆さん方にお話しながら、私が駆け出した頃とそれから最近の研究生活を少し振り返ってみたというわけであります。ちょうど時間にもなっておりますので、これで私の東北大学における最後の講義としたいと思います。ご静聴どうもありがとうございました。

（平成六年二月一八日、東北大学法学部最終講義）

Ⅳ　民事訴訟の比較統計的考察

1　第一審の新受件数

　ただいま斎藤秀夫先生から過分なご紹介を頂戴いたしまして、恐縮をいたしております。斎藤先生は私の恩師でありまして、斎藤先生からこの会でぜひお話をするようにということでありましたので、参った次第であります。いまご紹介いただきましたように、本日の演題にしております「民事訴訟の比較統計的考察」というのは、もうあと数日で書店にでると思いますが、私がこれまで書いてまいりましたものをまとめた本の表題と同じものであります。そういう本を近く作りますということをまえに斎藤先生に申し上げたものですから、先生がそれを覚えておられて、ぜひここで少しお話をするようにということになったわけです。

　さて、すでに皆様よくご存じのように、最高裁判所の事務総局から『司法統計年報』というのがでております。民事・行政編、家事編、それから刑事編、少年編、と四冊ありますが、こんな立派な司法統計が作られている国というのは、実は、世界を見渡しても見当たらないのです。ところが、こんなに立派な充実した統計資料がありますのに、残念なことに、日本の法律の研究、あるいは教育の面で、その司法統計年報が必ずしも十分に利用されていないように思われます。それは、なにせ昭和二七年からの統計でして、かなりの冊数になりますから、なにかある項目について調べようと思いましても、毎年毎年について見ていかなければなりませんので、なかなか大変な作業となるためです。

　それで、私は、その貴重な統計を利用しやすくする必要があるのではないかと思いまして、それで、ここに持ってまいりましたけれども、昨年の暮れに、『ジュリスト』の増刊として、『データムック民事訴訟』という本を作りました。これは、私が東北大学におりました頃の助手をしておりました、いま福島大学の行政社会学部の助教授をしております、菅原郁夫君にずいぶん手伝ってもらって作ったもので、昭和二七年以降の『司法統計年報』にもとづきまして、重要な項目ごとに表を作って、昭和二七年から今日に至るまでの状況が数字で分かるようにしまして、それをグラフにしたものであります。まあ、これで昭和二七年からの重要な事項の統計ははいっております。それから、さらに、それ以前の明治二三年ぐらいからの司法省の統計などもありますから、それも事項によりましては加えてありますが、まず、今日お手許に差し上げております一枚目の「民事訴訟第一審新受件数の推移」という資料をご覧いただきたいと思います。これは、その『データムック民事訴訟』のなかの一つのグラフであります。

このことからお話をさせていただきたいと思いますが、このグラフでは、左側の一番下の黒い線が、地方裁判所の新受件数です。それから、その上の点線が当時の、区裁判所ないし簡易裁判所の新受件数の推移であり、一番上の太い黒い線が、この地方裁判所の新受件数と、区裁判所ないし簡易裁判所の新受件数の合計であります。これを見ますと、非常に

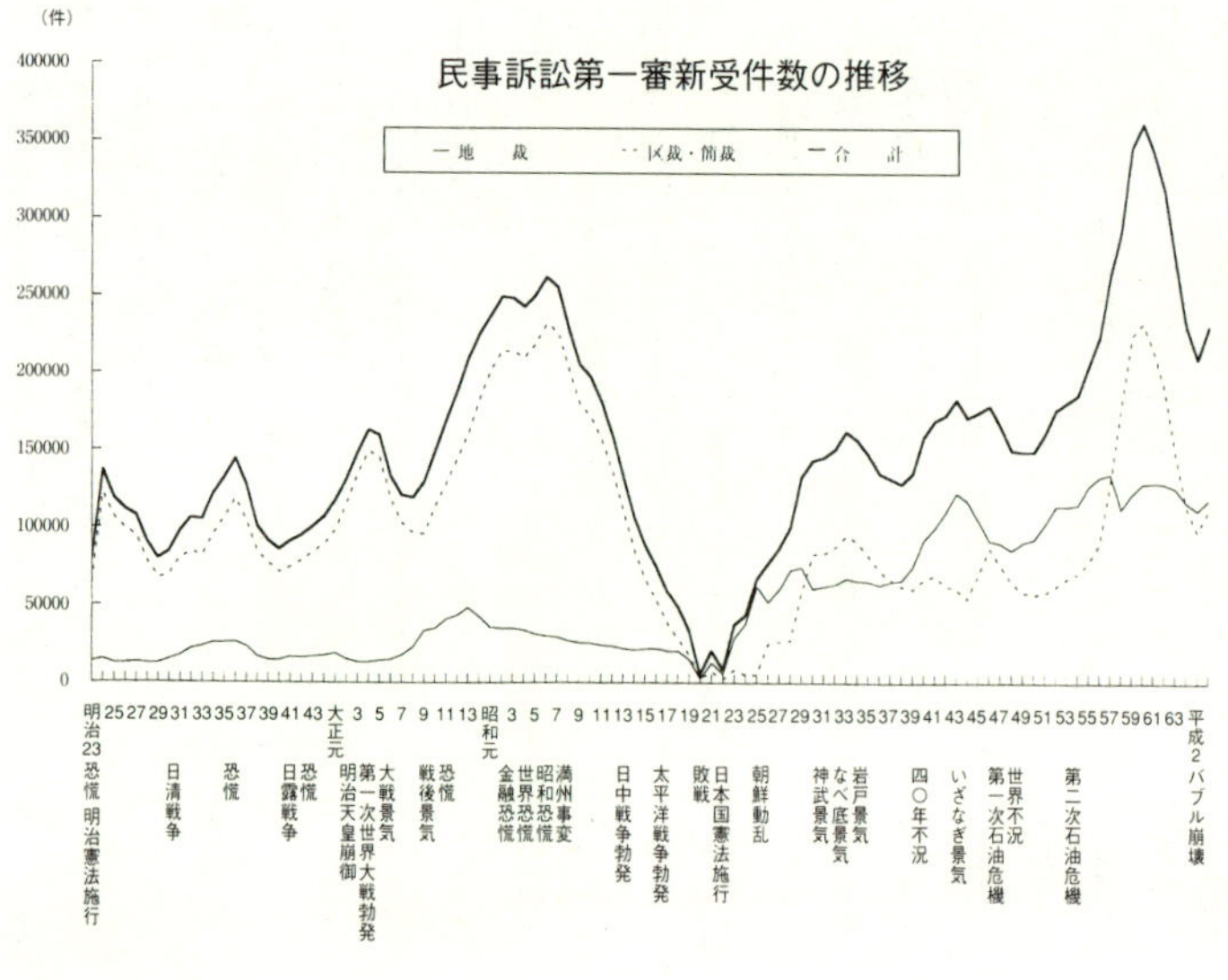

事件数が急激に増加している山が第二次大戦前に四つあります。この山が生じました年あるいはその前年あたりを、下に書いてある事件と関係をさせて見てまいりますと、明治二三年に日本で初めての経済恐慌がありました。これが影響しまして二四年にぐっと事件数が増えております。それから、明治三六年にも山がありますけれども、これは、三五年から三六年にかけてやはり第二次の経済恐慌があったためで、これで事件数が増えております。それから、大正四年にまた山がありますが、これは、明治の末に経済恐慌があり、また、明治天皇の崩御その他によりまして、この山ができております。そして、昭和に入りますと、ご存じのように昭和五、六年に金融恐慌、世界恐慌、昭和恐慌などがありまして、この昭和六年の大きな山ができているわけであります。そんなわけで、経済恐慌がありますと民事の新受件数がぐんと増えるというのが、このグラフから分かります。

じゃあ、なぜそういうようなことになるのかと申しますと、それは、民事訴訟の事件のなかで、家事事件、家庭に関する事件というのは——調停も経由しますので——非常に少ない、ほとんどが財産関係の事件であることによります。財産関係の事件のなかでも、土地建物などの事件は少ないのでありまして、金銭に関する事件が大多数でありますが、その金銭に関する事件のなかでは、代金だとか貸金の請求、そういった事件が多いものですから、経済恐慌になって債務者が支払えないということになりますと、債権者のほうからの裁判所への事件の申し立てが増えるという関係になることが、ここで分かるのです。ところが、日中戦争、それから太平洋戦争が始まりますと、訴訟をするなんていうのは非国民だということで、事件数はぐっと減ってきます。そして、第二次大戦後になると、日本の経済社会の伸びに応じまして、また事件数も増えてきます。それで、昭和三〇年くらいになりますと、日本は第二次大戦前の経済状況に戻りまして、それで、その後、好況と不況の波に左右されながら若干の変動をしていきます。そして、昭和五〇年ぐらいから、このグラフでお分かりのように、ぐんと事件数が伸びてきているのであります。これはなぜか。

いままでの、第二次大戦前の考え方からすれば、ここに経済大恐慌でもありそうな感じですが、これはもうわれわれの体験で分かるように、そんな経済大恐慌というものはないわけです。では、なぜこういうふうになったのかといいますと、これは、ご承知のように消費者信用取引社会に日本が移りまして、それでお金がなくても、お金を払わなくても物が買えるという時代になったことが関係しております。信用でもって物が買えるのでして、非常に便利な社会になったのです。

そこで、欲望の赴くままに欲しいものをどんどん買うと、その結果として払えなくなるというような人もでてきますし、それから、きちんと計画を立てて毎月いくら、それからボーナス時にいくらと、そういうふうな計画を立てていたのですが、不況になって会社がボーナスをくれない、その結果支払えない、こういうような人もでてくる。それから、さらに、こういうクレジット社会において、求償金などの関係が十分に理解されないままに、いろいろなトラブルも発生する、というようなこともあります。そのために、このころ、第一次石油ショック、第二次石油ショックという、恐慌には至りませんが、不況というような状況がでてきますと、それが敏感に反映してきて事件数がふえるというようなことで、昭和六〇年に最高のピークを迎えるというわけであります。その後バブル経済で状況が良くなりまして、それで事件数が少なくなりますけれども、バブルが崩壊するとともにまた事件数が増えてきます。このグラフは平成三年までですが、その後に事件数がぐんと増えております。

そういうふうに見てまいりますと、新受件数というのは、経済恐慌でぐっと増えますし、また、今日のような消費者信用取引社会というものを基盤にしますと、経済恐慌までいかなくとも経済不況というようなことでかなりの事件数の増加を生ずるというようなことが理解できます。そして、一番いままでのところでわが国の新受件数が伸びたのが昭和六〇年ということになりますが、この昭和六〇年の事件数がどのくらいであるかを、左のほうに件数欄がありますのでそれを見てみますと、三五万件を越えています。三六万件ぐらいに昭和六〇年はなっておるのであります。

それでは、この三六万件という民事の新受件数は、事件数として多いのだろうか、ということを考えてみたいと思います。それには、ほかの国とくらべてみる必要があるので、一体ほかの国の新受件数というのはどのくらいあるのだろうかということが問題になります。昭和六〇年の一年前の昭和五九年というのが一九八四年になりますが、この一九八四年に、西ドイツにおきまして、民事についての裁判統計がまとめられました。これは、民事だけではなくて刑事も含めたものですが、ドイツは日本の裁判制度のモデルをなしておりますから、われわれの感覚だと、日本でこういう裁判統計が完備しているということになりますと、ドイツでも恐らく完備しているのだろうというふうに思うのですが、実は、西ドイツあたりは、週刊誌みたいな薄いのが二、三冊あるという程度でして、日本のような立派な、さっき申しましたような司法統計などはそろっていないのです。

そこで、西ドイツの議会で、野党の人が、これから司法改革の問題をいろいろ議論したいんだけれどもなにせ資料が足りない、だから連邦政府のほうできちんとした統計集を作ってくれということを要求しまして、それで一九八六年に議会の資料として連邦政府から統計集がだされたのであります。それは、一九八〇年、八一年、八二年、八三年、八四年の五年間と、一九八〇年から五年前の一九七五年と、それから一〇年前の一九六五年と、こうした七年分について、連邦司法省が、連邦とラントの数字を集めたのであります。

そういう統計集がまとめられましたが、その厚さも日本の司法統計の一年分くらいのものでして、そんなに詳しいものではないのですが、しかしそれでも西ドイツの状況がこれでかなり分かるようになりました。そこで、それによって、この一九八四年の数字を見てみますと、一九八四年には、西ドイツの第一審の民事の新受件数は一五〇万件なのです。そういたしますと、西ドイツの人口は六〇〇〇万です。日本は一億二〇〇〇万ですから、日本の半分であります。その日本の人口の半分の西ドイツで一五〇万件ということは、日本とくらべるときには、それを倍にして考える必要があります。そうしますと、西ドイツでは三〇〇万件となりますが、日本では、さっき申しましたような三六万件です。しかし、比較をするときには、その比較をする事件の内容を同じくしないといけないので、そういう点で内容を同じくしますと、西ドイツが一五〇万件で、日本は四〇万件ということになり、人口との関係で、一五〇万件を倍にして考えますと、西ドイツは三〇〇万件であるのに対し、日本は四〇万件なので、日本には西ドイツの事件数の一割ちょっとしかないということになります。

そうだとすると、かなりの差があるわけです。かたや三〇〇万件、かたや四〇万件。そうすると、日本のほうが異常に少ないのか、それとも、西ドイツのほうが異常に多いのか、どっちかということになってきます。では、どっちか。

それを見るためには、少なくとももう一つ、第三の国とくらべてみる必要がある。そこで、私は、西ドイツは大陸法系でありますから、できれば英米法系の国とくらべてみたいと思いました。英米法系といえばアメリカがでてくるのでありますが、アメリカはご存じのように訴訟社会でして、ものすごい事件数があります。さらに、アメリカの場合には連邦と州の裁判所がありますので、なかなか事件数を総合的にとらえるのが難しいのですが、ちょうどクエール副大統領が日本へまいりましたときに、アメリカの民事の新受件数は一七〇〇万件だというふうにいっております。すると、アメリカの人口は二億四〇〇〇万でして、日本の人口の倍ですから、日本とくらべるときには、一七〇〇万件を半分にする必要がある。ですから、八五〇万件ぐらいがアメリカだということになる。すると、アメリカが八五〇万件、それから西ドイツが三〇〇万件で、日本が四〇万件ということになるわけですが、どうもちょっとアメリカは訴訟社会で異常すぎますので、それで私はイギリスと比較することにしました。イギリスは西ドイツとちょうど人口的にも同じくらいです。それから、日本と同じような三審制がとられておりますので、比較に適する。

そこで、イギリスの状況を見てみましたところ、イギリスでは新受件数が二〇〇万件を越えております。そうなりますと、人口は日本の半分ですから、日本とくらべるときには倍にしますから、イギリスには四〇〇万件の事件数がある。そして、日本は四〇万件ですから、その一割ということになるわけです。そういう点を見てまいりますと、どうも西ドイツと日本をくらべたときにどちらが異常かという点では、西ドイツのほうが少なくともイギリスなどとくらべてみても、事件数としてはむしろ普通で、日本のほうが異常に少ないのではないかと感じられるのであります。

それで、私は、もう少し比較する国を広げてみたいと思いまして、今年は、共同研究で、差し当たってサミット国を対象にして新受件数その他を調べてみたいと思っております。すると、ドイツ、フランス、イタリア、アメリカ、イギリス、カナダが対象となりますが、ドイツとイギリスを見ましたので、その他の国を数字的に見たいと思いますが、実は、この間その研究会を開きまして、フランス、イタリア、カナダの新受件数もそこで報告されましたので、ちょっと申し上げますと、フランス、イタリアなどは、イギリス、ドイツとほとんど人口的には同じくらいのレベルになりますが、フランスでは一四〇万件の事件があります。そうすると、これも日本とくらべるときには倍にしますから、二八〇万件というようなことになる。そうだとすると、西ドイツに近いわけです。それから、イタリアは八〇万件ですから、これも倍にすると、一六〇万件あるわけです。カナダは、どうも統計がきちんとしておりませんので、つかまえにくいのですが、主要な都市との関係でいろいろ推測をしてみますと、カナダというのは人口的には日本の四分の一から五分の一ですが、そこでも四〇万件はあるのです。そこで、そういう点を見てまいりますと、どうも少なくともサミット国、他の六か国とくらべてみましても、日本の事件数はかなり少なすぎるのではなかろうかということが分かるわけです。

2　上訴審の新受件数——西ドイツの場合

では、さきほどの問題に戻しまして、ドイツ、イギリスとの関係でですね、第一審はいまご紹介しましたので、今度は、その第二審、第三審、すなわち上訴審がどうなっているかをちょっと見てみたいと思います。差し上げております二枚目の資料をご覧いただきながらご説明したいと思います。目で見て理解しやすいようにと思いまして、事件数を柱にしてみました。西ドイツと日本とイギリスであります。まず、西ドイツの場合は、第一審は、AGとありますが、アムツゲリヒト（Amtsgericht）、すなわち区裁判所と、それからLGであるラントゲリヒト（Landgericht）、すなわちラント裁判所あるいは地方裁判所と訳されていますが、これが第一審の裁判所です。そこで、アムツゲリヒトのほうを見ますと、横に長い柱の一番右端に書いてある数字が新受件数でして、一二一万七〇七六件で、これは、さきほど申しましたように、一九八四年、昭和五九年の数字

1984年（昭和59年）事件数比較図

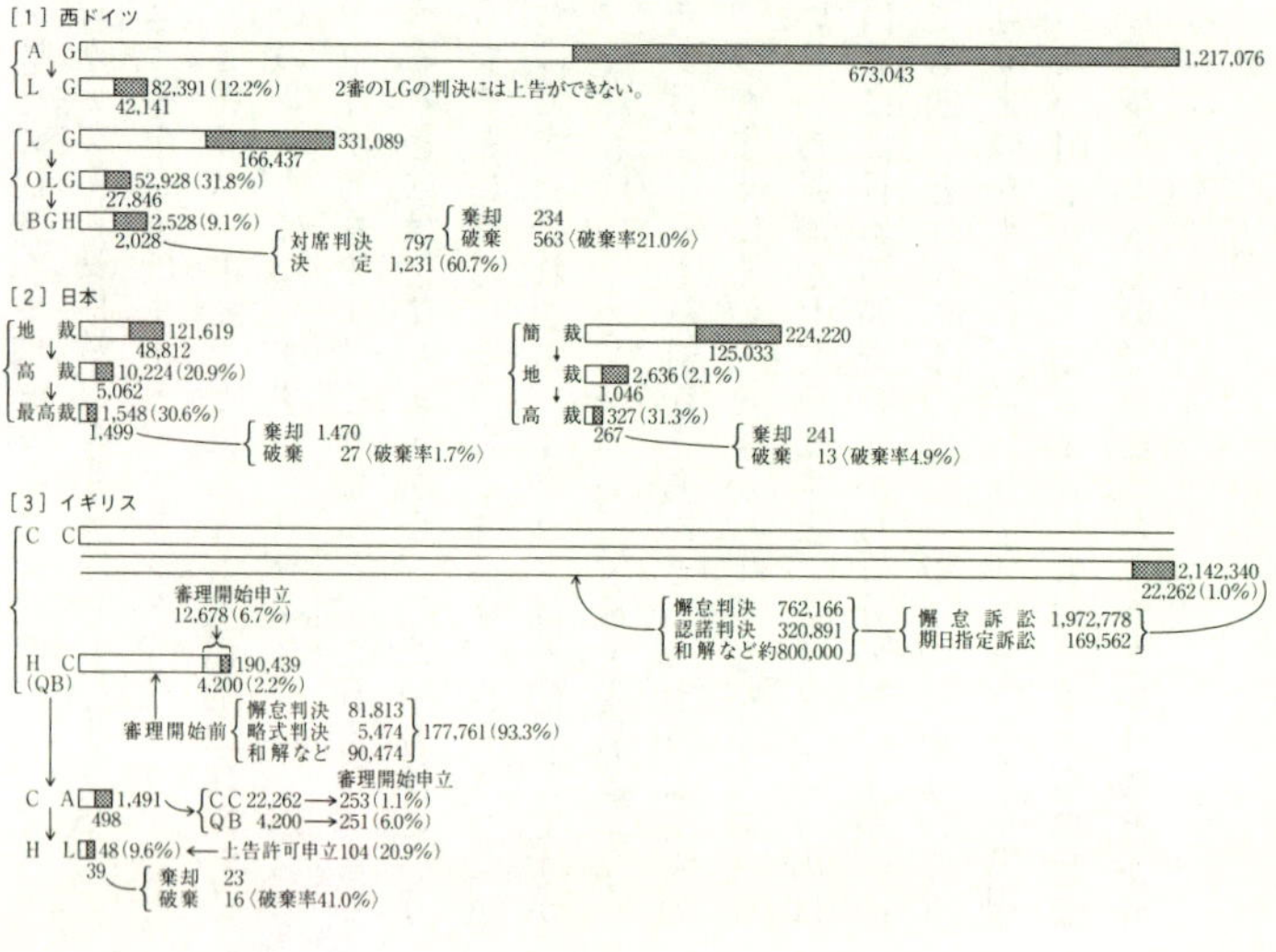

です。日本で一番事件数が増えたのが昭和六〇年で、この日本が一番背伸びをした年のすぐ一年前の西ドイツの数字なので、これとくらべてみたいと思います。これは今日からはもう一〇年くらい前の数字ですが、事件数のほうはそれほど変わっておりませんので、今日の状況もこの数字から理解していただこうと思います。で、アムツゲリヒトが一二一万件です。それから、そのもう一つ下の括弧でくくってあります一番上のラントゲリヒトの新受件数が三三万の一二一万件とラントゲリヒトの三三万件を加えますと、さきほど申しましたような一五〇万件ほどの西ドイツの第一審の新受件数になるわけです。そして、アムツゲリヒトのほうを見ますと、一二一万件の新受件数のうちの大体半分ちょっとが黒くなっておりますが、これが判決で終結した事件数です。これが六七万三〇四三件で、残りの白い部分が結局和解であるとか、あるいは訴えの取下げなどで事件が終結しているということになります。

こういうアムツゲリヒトの事件の判決について、控訴審のラントゲリヒトへどのくらい控訴がされているかというのをAG→LGとして表しているのですが、ただ西ドイツの場合には、アムツゲリヒトの事件についてすべてラントゲリヒトへ控訴できるわけではありませんで、アムツゲリヒト限りという事件などがありますので、アムツゲリヒトからラントゲリヒトへの控訴率といっても決して正確ではないのですが、控訴審としてのラントゲリヒトの新受件数は八万二三九一件ですので、かりにアムツゲリヒトの六七万三〇四三件の判決との関係で、ラントゲリヒトの新受件数を比率的にみれば、一二・二%というようなことになります。この控訴審のラントゲリヒトの新受件数八万二千件のうちで、これもだいたい判決で終わっているのは半分ぐらいの四万二千件ということです。

つぎに、ラントゲリヒトからオーベルランデスゲリヒト、そしてブンデスゲリヒツホフへいくコースですが、ラントゲリヒトの新受件数は三三万一〇八九件で、その半分くらいの、一六万六四三七件について判決がでています。そして、この一六万件の判決について上級ラント裁判所、すなわちオーベルランデスゲリヒト（Oberlandesgericht）のほうへどれくらい控訴がなされているかというと、このオーベルランデスゲリヒトの新受件数は五万二九二八件ですから、この控訴率を計算しますと、三一・八％、まあ三〇％ぐらいの控訴率で、一〇件のうち三件ちょっとの控訴ということになっています。それで、オーベルランデスゲリヒトの新受件数五万二千件のうち、判決で終結しているのが二万七八四六件です。この二万七八四六件との関係において、そのベーゲーハー（ＢＧＨ）、すなわちブンデスゲリヒツホフ（Bundesgerichtshof）、ドイツの最高裁判所ですが、このベーゲーハーへの上告を見ていきますと、そのベーゲーハーの新受件数は二五二八件ですので、オーベルランデスゲリヒトの二万七八四六件という判決数との関係で上告率をだしますと、九・一％ということになります。そして、そのうちの二〇二八件について裁判がなされています。この二〇二八件の内訳を見ますと、判決だけではなくて、対席判決が七九七件、それから決定——これは却下の決定なんですが——が一二三一件でして、ベーゲーハーが受理した後に却下の決定で処理しているのが実に六〇・七％もあることになります。そして、判決の七九七件の内訳は、棄却が二三四件、それから破棄が五六三件でして、破棄率は二一・〇％ということです。

ところで、ラントゲリヒトからオーベルランデスゲリヒトへの控訴率が三一・八％もあるのに、なぜオーベルランデスゲリヒトからベーゲーハー、ブンデスゲリヒツホフへの上告率が九・一％なのかと申しますと、これはもうご存じだと思いますが、西ドイツでは上告制限が課されております。この当時は、四万ドイツマルクが基準になっております。現在は六万ドイツマルクですが、この四万ドイツマルクは、当時の円との関係ではだいたい一マルクが八〇円くらいになっておりますので、それで計算しますと四×八＝三二となりまして、三二〇万円くらいとなりますが、これが基準になって、四万ドイツマルクを越えない事件は上告ができない、四万ドイツマルクを越える事件が上告できるものとなります。しかし、四万ドイツマルクを越えない事件でも、そのオーベルランデスゲリヒトのほうで、この事件については上告してもいいということを自分の判決で許可することができるのでして、第二審の判決で上告してもいいという許可をした場合には、四万ドイツマルク以下の事件であっても上告ができるということになっております。

それでは、オーベルランデスゲリヒトはどういう場合に判決において上告を許可できるかといいますと、これは上告審が法律問題を扱うわけですから、重要な法律問題、基本的な、原則的な法律問題に関するときには、自分の判決のなかでこの事件については上告してもいいということを許可できるのです。それからもう一つは、自分のだしました判決が、ベーゲーハー、すなわち最高裁判所などの判決などと抵触している、違った判断をしているという場合には、自分の判決のなかで上告できるといえるのであります。

そこで、こうした四万ドイツマルクを越える事件などがベーゲーハーへ上告されてくるわけで、そういうふうにして上告されたのが二五二八件なわけです。で、そういうことで上告制限が加わっておりますので、上告率が九・一％という数になるのですが、この二五二八件の新受件数に対してもさらに、ベーゲーハーのほうで、その事件が重要な法律問題を含んでいないと考えるときには却下という形で処理ができるということになっております。そこで、その却下決定で処理されてしまったのが二五二八件のうち一二三一件あるのでして、すなわち六〇・七％のものが却下決定で処理されている。そこで、残りの七九七件について、このベーゲーハーによって判断がくだされているというわけなんですが、これはかなり法律問題として重要なものが上告審にもたらされてそこで判断がなされますので、破棄率も二一・〇％というような数字になっております。

そこで、いまのことをちょっと日本とくらべてみますと、日本の場合は、地方裁判所からの事件と簡易裁判所からの事件とがあるわけです。簡易裁判所の新受件数は、二二万四二二〇件、それから、地方裁判所の新受件数は一二万一六一九件なので、これを合わせますと、三四万件ぐらいです。さきほど申しました四〇万件というのは、西ドイツの事件数を構成した内容と同じようなものとして日本の事件数を構成した場合の数字ですが、通常訴訟と人事訴訟と手形訴訟を合わせた司法統計にのっている数字でくらべますと、簡裁のほうが約二二万件、地裁が約一二万件となります。そして、簡裁のほうの二二万件の事件のうちの半分くらいの一二万五〇三三件について判決がだされております。それについて、地方裁判所へ控訴されているのが二六三六件です。もっとも、これは厳密にその一二万件の判決で処理された事件が地裁へどれだけいっているかということではなくて、こういうような場合はすべてその年度の第一審判決の数と、その年度の控訴審の新受件数で比較をすることになっておりますので、形式的な数字の対比ですが、それで見ますと、二・一%の控訴率ということになります。そして、その地裁では、二六三六件のうちの一〇四六件について判決がでて、これについて高裁へ上告がなされておりますが、高裁の新受件数は三二七件ですから、三一・三%の上告率です。そして、二六七件について判決がでておりまして、そのうち、棄却が二四一件、破棄が一三件でして、この破棄率は、四・九%であります。

これが簡裁からの事件ですが、つぎに地裁からの事件を見ますと、地裁の新受件数が一二万一六一九件、そのうちの半分以下ですが、四万八八一二件について判決がでて、それで高裁に控訴されたのが一万二二四件なので、控訴率は、二〇・九%ということです。そして、その一万件のうちの半分ぐらいの五千件について判決がでて、最高裁へいくのですが、最高裁の新受件数は一五四八件ですから、三〇・六%の上告率になります。そのなかのかなりの数である一四九九件について判決がだされておりますが、その判決の内容は、棄却が一四七〇件で、ほとんどが棄却です。破棄は二七件ですから、破棄率は一・七%ということです。ですから、ドイツと日本とをくらべてみますと、例えばラントゲリヒトからの控訴と地方裁判所からの控訴をくらべてみますと、控訴率は、ドイツのほうが三一・八%で、日本の二〇・九%よりも多くなっております。しかし、上告率は、ドイツのほうが上告制限がありますために九・一％なのに対し、日本のほうは三〇・六％でして、上告率は日本のほうが断然高い。しかし、この破棄率を見ますと、いろいろなものが日本では上告されますので結局破棄率は一・七％ということですが、西ドイツのベーゲーハーのほうはかなり重要な問題にセレクトされて上告されておりますので、破棄率は二一・〇％と、こんなような数字になっているということが分かります。

3　上訴審の新受件数——イギリスの場合

今度はイギリスを見てみますと、イギリスのＣＣというのはカウンティコート（County Court）でして、県裁判所というように訳されておりますが、この事件数は二一四万二三四〇件でして、西ドイツのアムツゲリヒトの倍くらいあります。ところが、西ドイツや日本ではだいたい新受件数の半分くらいに判決がでているのですが、イギリスの場合には、審理——すなわちトライアル——を経て判決に至るのはわずかに二万二二六二件で、一・〇％にしか過ぎないのでして、いままでとくらべますと非常に違った現象がここではでてきております。では、それはどういうことかと申しますと、この新受件数二一四万件をイギリスの訴訟類型にしたがって分けてみますと、そこに書いてありますが、懈怠訴訟と期日指定訴訟との二つの類型に分けることができます。懈怠訴訟というのは、確定している金額についての請求でして、五〇万円支払えとかいうような金額がはっきりしているものが懈怠訴訟のほうでして、金額がはっきりしていない、だから裁判所が額を裁定する賠償請求なんかはこの期日指定訴訟のほうにはいります。確定額債権請求は懈怠訴訟、賠償額裁定請求は期日指定訴訟といった感じになるのですが、この懈怠訴訟のほうが断然多いのでして、二一四万件のうちの一九七万件が懈怠訴訟です。

その懈怠訴訟が一体どんなふうに進んでいくかを代表的に眺めてみますと、トライアルを経て判決に至る前に、そこに書いてありますが、懈怠判決が七六万件もある。それから、認諾判決が三二万件、さらに、和解などが約八〇万件もあります。

それでは、懈怠判決というのはなにかということですが、イギリスでは、カウンティコートのときには原告から裁判所に申立書が提出されると、裁判所が被告に対して召喚状をだすのですが、そのときに一緒に裁判所から被告に答弁書の用紙が送られまして、被告はその答弁書の用紙に必要な事項を書いて裁判所へ戻すことになりますが、そうした手続をきちんと被告がとらなかったときには、手続を懈怠したということで、それだけで原告から事件の終結を求める判決を裁判所に求められるのでして、この判決が懈怠判決なのです。それから、原告がなすべき手続をきちんととっていませんと、被告のほうからも懈怠判決をだしてくれと求めることができるのでして、イギリスでは、手続をきちんと守らない相手方の当事者に対して懈怠判決という形で訴訟を終結することが求められるのですが、この判決が七六万件もあるのです。

それから、認諾判決というのは、原告からの申立書が裁判所に提出されて、裁判所から召喚状が被告へいったときに、その答弁書のなかで原告の請求を認めるということを被告がいった場合には、原告のほうから裁判所に認諾判決をだしてもらうことができるのでして、これが三二万件あります。

それから、和解が八〇万件もあります。日本の事件数の四〇万件の倍ぐらいの和解があるわけです。これはどういうことかと申しますと、イギリスでは弁護士費用の敗訴者負担という制度がとられております。これは西ドイツでも同じでして、訴訟で負けた者は、勝った者の弁護士費用も負担しなければならないということです。そうなりますと、イギリスの場合には、バリスターとソリシターという弁護士がおります。それから、さらにバリスターには上級の弁護士がおりまして、勅選弁護士という、クイーンズカウンシルというような者もついていることがあります。カウンティコートの場合にはそんな上級の弁護士はつかないかもしれませんが、そのあとのHCと略するハイコートの場合には、そういう勅選弁護士がつくことがある。そうすると、負けますと二人分ないしは三人分の弁護士費用を払わなければならなくなる。これはかなりの負担になります。だから、審理を経て判決がでて負けることになると、かなりの経済的な損失になりますので、早く和解で事件を収拾しようとする気運がうまれてきます。

そういうようなことで、事件が懈怠判決とか認諾判決とか和解というようなことでドロップしていきまして、そして残ったのがトライアル、審理にいって、そして審理にいってもなおかつまた和解などが行なわれる結果、最終的な判決がでるのが二万二二六二件で、したがって、判決は事件数の一・〇％というような形になっているのであります。

これがカウンティコートのほうですが、イギリスの第一審の裁判所には、もう一つ、ハイコート(High Court)があります。これは高等法院と訳しておりますが、そのHC、ハイコートのなかには、クイーンズベンチディビジョン(Queen's Bench Division)——略してQB——いわゆる女王座部があります。これが、国王のときはキングズベンチディビジョンになるわけですが、今日はクイーンズベンチディビジョンです。このハイコートのなかには、このほかに、チャンセリーディビジョン(Chancery Division)、すなわち衡平法部とか、あるいはファミリーディビジョン(Family Division)、すなわち家事部というのがあるのですが、民事の一番代表的なものは、このクイーンズベンチディビジョン(女王座部)です。そこで、ハイコートについては、このクイーンズベンチディビジョンの状況を示していきます。それと、家事部などはかなり事件数があるんですが、遺言検認事件というようなものが非常に多いですから、非訟的なものがはいっておりますので、ここでは、女王座部の事件を扱うことにします。

これを見ますと、一九万四三九件の新受件数がある。しかし、ここでも、いまカウンティコートで申しましたと同様な状況がありまして、トライアルが開始する前に懈怠判決が八万一八一三件あります。それから、略式判決というのがありますが、これはカウンティコートにもあって、「和解など」のなかにはいっております。さっき申しましたように、カウンティコートの場合は原告から裁判所へ申立書を提出して、裁判所から召喚状を被告に送り、被告から答弁書が戻るんですが、ハイコートの場合には原告が直接に呼出令状を被告に送達して、被告が原告へ送達確認書や答弁書を直接に送ってきます。だから、ちょっと形態は違うのですが、こうして答弁書で被告が争ってきた場合であっても、原告のほうが被告には争う根拠がないんだと考えたときには、裁判所に対して、日本でいうところの支払命令の申立てをすることができるのでして、これは督促手続的な要素をもっているのですが、この申立てにもとづいてだされるのが、略式判決です。

ですから、イギリスとくらべるときには、そういう支払命令的な要素がはいりますので、日本の事件についても、そういった督促手続的なものを加えていかなければならないというようなことにもなるのですが、この略式判決が五四七四件あります。それから、また和解がやはり同じような状況で九万件ぐらいありますので、新受件数一九万件のうち、一七万七七六一件、すなわち九三・三%が審理開始前に終結しているということです。そして、審理として の、トライアルの開始申立てがなされるのが一万二六七八件、すなわち六・七%であって、そのなかで判決がでているのが四二〇〇件ですから、二・二%であるというような状況ですが、やはり、カウンティコートについて申しましたと同じような弁護士費用敗訴者負担ということが、ハイコートの場合にもかなり大きな影響をきたしているのであります。

なお、西ドイツも弁護士費用敗訴者負担ですが、西ドイツの場合には弁護士強制主義がとられていて、必ず弁護士をラントゲリヒト以上では頼まなければならない。それに対して、イギリスの場合は本人訴訟ですが、実際上は弁護士をほとんどつけているということで、負けますと勝訴者のほうの弁護士費用を負担しなければならないという心理的な負担から和解に落ちるということになっております。

イギリスのそういったカウンティコートやハイコートという第一審の事件については、つぎのコートオブアピール（Court of Appeal）という控訴院に控訴がなされ、そして、ＨＬと略してあるハウスオブローズ（House of Lords）、すなわち貴族院に上告がなされるということになります。そのさい、ハイコート全体の事件数や判決数がはっきりしておりませんので、ここではクイーンズベンチ関係だけの数字を掲げておりまして、正確なことを申し上げられません。どうも、イギリスの場合は、日本のような統計集が完備していないのです。日本の場合にはほんとにきちんと数字が合わせせられておりますから見ていくのに楽なんですが、イギリスの場合には必ずしもそうはまいりませんので、ラフなことを申し上げるより仕方がないわけです。

そこで、コートオブアピールの新受件数は一四九一件です。これについて、カウンティコートとクイーンズベンチと書いてありますが、これは、さっきのカウンティコートの判決が二万二二六二件と、クイーンズベンチの判決が四二〇〇件ですので、そういうものを含んだものとしての第一審判決に対するって、控訴院への新受件数ということになります。したがって、このほかにも、衡平法部などの判決に対してもまたコートオブアピールへ控訴されるのですが、とにかくこうしてコートオブアピールへいって、そして審理開始の申立てがなされたのが、カウンティコートのコースでいったのが二五三件、クイーンズベンチのコースでいったのが二五一件です。そして、コートオブアピールの一四九一件の新受件数に対して、ここでは三分の一くらいにあたる四九八件について判決がでています。

その判決に対して、ハウスオブロ一ズ、すなわち貴族院に上告がなされておりますが、この上告率は九・六％でして、ハウスオブローズの新受件数は四八件です。ドイツの場合でもオーベルランデスゲリヒトからブンデスゲリヒツホフへの上告率が九・一％でしたが、イギリスでも九・六％でして、ということは、ここにも上告制限がかかっているわけであります。すなわち、イギリスの場合にも、コートオブアピールで上告の許可を求めて、それでコートオブアピールが上告してよいという許可を与えますと、ハウスオブローズ、貴族院へ上告することができます。ただ、イギリスの場合にドイツと違いますのは、控訴院で上告が認められなかったときでも、もう一度ハウスオブローズで直接上告の許可を求められるという手順が作られているという点です。とにかく、そういった形で上告の許可がなされたとき、これもやっぱり重要な法律問題について上告の許可がなされるのですが、そういうときに貴族院へ上告ができることになります。

貴族院というのは立法機関ですから、司法機関の最高が貴族院というのはおかしなことですが、これはイギリスの歴史によるものでして、貴族院が生まれた王会が立法・司法・行政の権力を未分化の状態で行使していたということが背景になっておりまして、立法院でありながら司法府になるということになっております。そこで、大法官というのは最高裁判所長官ですが、同時に貴族院議長であり、また内閣の構成員であったり、それからさらに控訴院の院長を兼ねたりということで、大法官というのは非常にいろいろな役目をもっておりますが、これもみなイギリスの歴史からでてきているわけです。

そんなわけで、ハウスオブローズ、貴族院へ上告がなされるのでして、四八件の新受件数がありますが、そこに上告許可申立て一〇四件と書いてありますのは、ハウスオブローズへの上告許可の申立てが一〇四件ということです。ですから、さきほど申しましたように、これとはべつにコートオブアピールへの上告許可の申立てがあるのですが、これは統計集には載っていないのです。そういうようなことで、上告された四八件のうちで三九件について判決がだされておりますが、そのうち、棄却が二三件、破棄が一六件ですから、破棄率は四一・〇%であります。ドイツの場合は二一%でしたが、やっぱり重要な問題が上告されてくるということで、それに応じて破棄率も高くなっているというわけです。

4　訴訟政策学の必要

こういうようにみてまいりますと、欧米の先進諸国の状況とくらべたときに、日本の、さきほどご紹介しました一番背伸びをしたときの件数は四〇万件ですが、この数字はかなり少ないような感じを受けるのです。その点から考えますと、日本の社会にはもっと事件があるというふうにみるべきではないかと思います。現に、裁判外紛争処理制度というものも最近いろいろとでてきておりますし、また、暴力による取立てということも新聞記事などで見るところです。そうだとすると、もっと事件をやはり日本でも裁判所へ持ち出せるようにする必要があるのではないかと考えられます。もちろん、アメリカのような訴訟社会になるということはいいことではないのですが、ただ、裁判所へ持ち出してくるべき事件があるにもかかわらず、それが裁判所へ持ち出せないでいるというような社会であるとするならば、それは是正していかなければ駄目だと思うわけです。

そのさいに、さきほどのグラフをご覧いただきますとお分かりになるように、西ドイツだとかイギリスで事件数が多いというのは、アムツゲリヒトとかカウンティコートすなわち日本の簡易裁判所に当たるところの事件数が多いということです。すなわち、簡易な少額事件が西ドイツとかイギリスでは裁判所へすぐに持ち込まれている。ところが、どうも日本の場合には、必ずしもこの点がうまく機能していない面がありそうです。

そうだとすれば、日本でも、もっと少額事件が手軽に裁判所へ持ち出せるようにする必要があるように思います。イギリスとかアメリカとか西ドイツなどでは、紛争当事者が裁判所に行きまして、テーブルをはさんで両当事者が座り、両当事者の言い分を裁判官が聞いて、それならばこうだと、いくら払えと、もうそこで裁判所の判断がでるのですが、やはり、こうした処理がかなり重要なのではないか。時間がだいぶかかるというのでは、当事者としては裁判所へ行かなくなる。ただですら日本人には裁判所の敷居が高いようですので、さらにそういうところへ行って時間がかかるということになりますと、裁判所に行くのが億劫になるわけです。

ですから、そういう面でいろいろ改善をしなければならないと思うのですが、その点で、最近では、大阪であるとか、東京の簡易裁判所の様子がだいぶ違ってきたようです。私も二週間程前に大阪へまいりましたので、大阪の簡易裁判所を見てこようと思ったのですが、ちょうど日曜日だったものですから見る機会を失したのですが、なんか玄関のロビーも広く、カウンターがあって、そこには女性の案内人もいて、いろいろ聞けばそこで案内をしてくれるようで、大変ソフトな感じになってきているということです。それから、法廷も弁論兼和解で使うようなラウンドテーブル方式になってきているというような話も聞いておりますので、もしそうであるとすれば大変いいことだというふうに感じております。簡易裁判所にもっとわれわれの身近な問題をすぐに持ち出せるということになってくると、やっぱり裁判所に対するイメージが違ってくると思います。

それと同時に、地方裁判所の事件についても、このグラフを見てくらべてみたときに、日本の地裁が一二万件なのに対し、西ドイツではラントゲリヒトが三三万件あります。それから、イギリスではハイコートが一九万件ですが、さっきも申しましたようにさらに衡平法部だとか家事部の事件がありますから、もっとハイコートの事件の柱が長くなるわけです。しかも、イギリスや西ドイツは日本の人口の半分ですから、その点から考えても、日本の地方裁判所の事件がもっと伸びていいのではなかろうかという感じがします。

では、なぜ伸びない、ブレーキが掛かっているのか。その原因は、やっぱりひとつには今日のようなスピード化の時代において、第一審の事件が一年もかかることにあるのではないかと思います。統計的に見ますと、地方裁判所の事件が一年かかっておりますが、一年かかるというのは、やはりわれわれの市民感覚からして少し長いのではなかろうかと、そういう感じがします。

江戸時代でも、裁判は一年かかっております。訴える者は、奉行所の近くの公事宿へ泊まって、一年も裁判所へ通いますので、「麦飯の　味を忘れた　長い公事」なんていう川柳がでてきたりするのです。ところが、平成の世の中でも一年かかっている。それでは、一体スピード感覚はどれくらい江戸時代と今日とで変わってきているかを考えてみましょう。江戸時代にたとえば京都から江戸まで陸の上を走って一番早く行くにはどのくらい時間がかかったかを調べてみましたところ、幕府の公用の書類を運ぶときに、飛脚がリレー式で江戸まで走っております。これを「十七屋」といいました。満月の十五夜、それから十六夜の月が「いざよい月」で、十七夜の月を「たちまちの月」といったので、それをひっかけて、十七夜ではなく、十七屋をたちまち屋と呼んだのです。すなわち、京都から江戸までたちまちにつくぞということだったようでありますが、ではどのくらいが「たちまち」だったのかといいますと、その当時、京都から江戸までこの十七屋の飛脚が走って行って三日弱だったそうです。それでは、今日京都から東京まで陸の上を一番早く走ってどのくらいでつくかといえば、これは新幹線でありまして、三時間弱であります。ですから、江戸時代の三日弱が今日の感覚では三時間弱になっている、それだけスピード感覚の点で変わっているのに、訴訟事件が江戸時代も今日も一年というようなのでは、ちょっとそこに審理期間についての感覚の関係で問題があるのではないかと思われます。

私は、地方裁判所の通常の事件はなんとか半年で、もちろん、難しい事件は別ですが、通常の地方裁判所の事件は半年で処理するというふうになると、ずいぶん違ってくるのではなかろうかと思います。しかし、それには、法曹の、したがって裁判官それから弁護士の方の頭のなかで、「民事事件は半年で処理しなければならない」という共通の認識ができないと駄目だと思います。現在の法曹の共通の認識では、恐らく一年ということではなかろうかと思いますが、それを半年ぐらいに短縮していただけると、かなり人びとの裁判所に対する考え方も違ってくる。それから、同時に、できるだけ訴訟の引き伸ばしをはかれないようにする必要があるわけですから、そのためには、さきほど申しました、ドイツであるとかイギリスにおけるような弁護士費用の敗訴者負担という制度についても検討してみる必要があるのではないかと思います。やはり、負ければ勝訴者の弁護士費用を負担するという心理的な圧力があれば、かなり違ってくるかもしれませんし、それからまた、ドイツやイギリスにおける、さきほど紹介しましたような上告制限ということも、日本で考えてみる必要があろうかと思います。そして、そんなふうにして簡易裁判所あるいは地方裁判所の状況が改善されて、事件が簡裁あるいは地裁へくるようになる流れができてきますと、かなり事態は変ってくると思います。

ところで、今日の消費者信用取引社会というのは今後ずっと続いていくわけですが、そういうなかで、もしさきほど申しましたような経済恐慌が発生したとしますと、一体事件数はどうなるか。さきほどご覧いただきました昭和六〇年の山を越えて、もっと未曾有の事件数というものが生じてくる可能性があると思われるますが、そういうときに、現在の日本の裁判所の状況で、それをすべてうまく処理することができるかという問題があろうかと思います。日本の裁判官は非常に勤勉な方ばかりですので、恐らく的確に事件を処理される、これは疑いのないところだと思いますが、ただそうした結果として、やはり未済事件というのがかなり残るわけです。

統計を見てまいりますと、ある年に未済事件がものすごくでますと、その後、これが、ちょうど大きな借金を抱えると支払いがずっと負担になるのと同じように、ものすごく裁判所の負担になってきます。ですから、ものすごく事件数が増えると、ことによると大都市の裁判所はパンクする恐れがあるかもしれないし、もしそれを乗り切れたとしても、かなりの後遺症が残るだろうということが予測されます。そうだとすれば、そういった問題に対してどのようにわれわれとしては対処していけばよいか、こういうことも考えていくことが必要なわけです。

すなわち、「訴訟政策」ということを考えていく必要がある。経済学では経済政策、あるいは社会学では社会政策が学問になっておりますが、法律の分野では、どうも政策学が弱い、とくに訴訟の場合には、訴訟政策ということをもっと考えていかなくてはならないのではなかろうかと思います。そのさいに、立派な裁判の統計集があるのですから、それを利用して事態を分析して、どういう問題がこれから起こるか、そういう問題に対してどういうふうに対処していくべきかを考えていく。分からないことが起こるのは仕方無いですが、ある程度予測できることが起こってきてしくじるというのでは、大変残念なことでありますから、そのへんをきちんと押えていくようにしたらいいのではないかということで、私は、民事訴訟の比較統計的考察を始めたわけであります。日本の民事訴訟の統計を考え、また、世界の民事訴訟のなかで日本の民事訴訟のことを考える。もちろん日本の独自性というものがありますから、日本の問題は日本の問題として考えなければなりませんが、井のなかの蛙大海を知らず、ということにならないように、世界のなかで考えていく必要があるのではなかろうかということで、『民事訴訟の比較統計的考察』という本を書いたわけであります。そこで、今日は、その一端をちょっとお話させていただいたしだいでありますが、ご静聴いただきましてありがとうございました。これで私の話を終わらせていただきます。

（平成六年九月二九日、日本法律家協会仙台支部講演会）

第二部　法学者の生活四十年

――私の履歴書

プレリュード　中学（尋常科）・高校時代

古き良き時代

われわれが府立高校（旧制高校）の尋常科に入学したのは、昭和十八年の四月であり、すでに太平洋戦争の真只中であったから、われわれもカーキー色の制服に草色のカバンをかけ、ゲートルを巻いて登校した。府立尋常科自慢の赤カバンを兄さんたちからゆずりうけて、誇らしげに肩からかけていたのは、ほんの僅かだったと思う。朝は、校庭での朝礼にはじまり、体操ののち、授業に入った。教練で、鉄砲をかついだり、匍匐前進などをさせられたりした想い出もある。しかし、幸せなことに、われわれの学年は、あまり戦争に毒されずにすんだ。戦争が終ったときに日本の知的水準を維持するという高邁な目的のために、七年制高校は一般にかなりの優遇をうけたが、そのなかでも、われわれはその恩典に浴した組である。動員されたのは僅かに二回、しかも、各一週間ていどですんだ

第一回目は、東横線の当時の駅名でたしか「工業都市」とかにあった会社の工場で、通信機の部品の組立てに従事した。第二回目は、泊りがけで御殿場まで行くことになったが、仕事は、そこの輜重聯隊で、馬にたべさせるまぐさを倉庫から倉庫へ積みかえる作業であった。すでに戦況われに利あらず、馬のまぐさはあっても、人間どもは深刻な食糧難に陥っていた。だから、おかずといってもでてくるのはフキばかりで、腹をすかした連中は作業中の休憩時間になると、聯隊の構内にあったグミの木にむらがって、実をむさぼりたべたから、みんな人食い人種のような真赤な唇をしていた。夜は田舎家に分宿したが、そこで分配された赤い蒲団に寝た連中は、夜中に全身火のつく思いで目をさまし、ノミは赤いフトンに集まるという新事実を発見して、慄然としたりもした。この御殿場では、富士山を目標にやってきたB二九の編隊がわれわれの頭上で方向転換をして、東京めざして飛び去るのをなん度か目撃した。

しかし、この二回の動員をのぞいては、八雲ケ丘の校舎では、授業がまったく平静に行なわれた。このころ、高等科の松田智雄教授（のちに、東大経済学部教授）から、歴史の講義をきいた想い出もある。当時、空襲で家を焼かれて、遠くから通っていた者もかなりいたが、みんな、物質生活には困窮していたものの、心は自由に、のびのびと精神の糧を身につけることにはげんでいた。岩波文庫を毎日一冊ずつ読破すると豪語して、それを着実に実行していた者もいたし、漢詩や俳句をつくったり、絵をかいたり、実に多士済々であった。

やがて、終戦。われわれの尋常科三年の夏のことである。平和な生活をとりもどしたわれわれは、翌年秋の記念祭では、シラーの「群盗」を上演したが、これで演劇にやみつきとなった連中は、余勢を駆って、同じくシラーの「ドン・カルロス」を演じたりもした。「尋常科文芸同好会」という文化サークルが発足したのも、このころである。戦争中校舎に入っていた海軍の技術研究所が立ち退いたことから、そのあとの一室（もとの国漢教官室）を部室にもらうことができ、ここで、文芸に関心をよせる連中が、放課後集っては読書会を開いたり、議論をしたり、ダベったり、まったく自由な雰囲気で思いきり青春を謳歌できたことは本当に幸せであったと思う。

こうして、われわれの尋常科時代には文化熱が強かったから、高等科へすすむときには、尋常科の連中が大挙して文甲（文科甲類）を選ぶことになった。そのために、尋常科時代の文化熱は高等科までも尾をひき、昭和二十四年の春には、宮崎晴美教授の指導の下で、文化研究会が主催して、「国文学史土曜講座」が一ヵ月にわたって開かれた。東大の国語国文学会の後援をえて、久松潜一・池田亀鑑・守随憲治の三教授をじめとして錚々たる講師が集った。戦後における国文学隆盛のさきがけをなしたものともいえる。

また、このころは、音楽熱もすこぶる盛んであった。昭和二十三年の高等科の全学年が顔をそろえた旧制高校最後の記念祭では、想い出にのこるものを企画しようということで、私が責任者となって、巌本真理のヴァイオリン演奏会を開いたところ、なにせ音楽会などはめずらしい時代のことであったから、府立の講堂は立錐の余地なき聴衆でうまり、大盛況であった。それが刺戟となって、八雲ヶ丘では、つづけて、テニス部主催によるクロイツァーのピアノ独奏会が開かれ、また、府立の同窓会主催でわが国でははじめての試みである「ベートーヴェン十大ヴァイオリンソナタ全曲連続演奏会」（巌本真理・野辺地瓜丸）が三回にわたって催されることにもなった。それだけではなく、音楽部も日比谷公会堂で日響特別演奏会を開いたりした。

このようにみてくると、戦後の文化の荒廃した時代に、われわれはわれわれなりに日本の文化の復興のために活動してきたと評価できるかもしれない。それも、八雲ヶ丘の学園につちかわれてきた文化をもとめる自由なそしてアカデミックな雰囲気のせいであったと思う。しかし、この学園、「府立高等学校」（当時は都立高等学校と改称されていたが）も、昭和二十五年三月のわれわれの卒業とともに、ついに永遠の終止符をうつ運命となった。われわれは、送る者もなく、送らるる者のみの卒業式に出席し、府立の終焉を見届けて校門を去った。

今年（昭和五十三年）の四月に、尋常科入学三十五周年と銘うって、卒業後はじめての尋常科の会が東京のホテルニューオータニで開かれた。集まった者約四十名、恩師も十名ちかくの方が参会され、大盛況であった。一見して誰だかわからぬ者も続出したが、胸の名札をみて、「ヤアヤア」となり、会場では、定刻を三十分すぎても開会ができぬほどの二十数年ぶりの感激の嵐が波をうった。そこには、あの七年間の「精神の自由」の結晶があった。あの七年間で心の自由をえ、また、多くの良き友人をえることができたのは、本当に幸せなことであったと、いま、しみじみと思う。それにくらべると、受験勉強だけに追われて心のゆとりのない生活を強いられている現代の学生諸君は気の毒だと思うとともに、いまや府立のような学園が姿を消してしまったことに、日本にとってのとりかえしのつかない損失を感ぜずにはいられない。われわれの府立での青春時代は、本当に、「古き良き時代」となってしまったようだ。

（府立高等学校五十周年記念誌、昭和五四年）

Ⅰ　大学時代の回顧

手続法学の研究と教育（座談会）

平成五年一〇月三日　開催

出席者

林屋　礼二（東北大学教授）
（司会）河野　正憲（東北大学教授）
山本　和彦（東北大学助教授）
山田　　文（東北大学助手）

1　学生・研究室時代

河野　「座談会・林屋礼二先生に聞く」を始めさせていただきます。私が司会させていただきますが、山本さんや山田さんからも適宜ご発言をいただければと思います。林屋先生はこの三月にご退官になりますが、その前にこれまでの研究生活、それから教育、行政などにつきましていろんなことがおありになりますので、その点をぜひお尋ねしたいと思います。

まず初めに、東北大学の学生時代のことなどを、特に学者の道をお選びになった経緯などにつきまして、お話をいただければと思います。

東北大の学生時代

林屋　私はあんまり学生時代は大学の講義にきちんと出ていませんで、あまり勤勉な学生でなかったのですが、それは、東北大学に入って間もなく、私のおやじが死去しました関係で東京にいる機会が多かったということと、もう一つは、大学というのは自分で勉強するところだと、そういう考えがあったからです。こうした大学に対する考え方はいまの大学の学生諸君とは非常に違うところだと思います。私が入った旧制の高等学校というのは非常に自由なところで、まさにフライハイト、何をしてもよかった。だから、人によっては哲学の本ばかり読んだとか、あるいは音楽をもっぱら聞いたとか、とにかく自由なものですから何をしてもいい。そういう過程で自分を見つめるということをして、それで、これから自分がどういう方向に行くべきかということを、高等学校三年の間に培養したわけなんです。こうして、自分で自分の道を考えて、そして大学へ行くわけですから、大学っていうのは、そういう自律的な勉強の場というふうに当時は考えられていたわけですね。だから、私も大学というのは、そういう自分で勉強するところだと思っておりましたので、それで東京におりましたけれども、まあ一応、法律についてのいろんな課目は自分なりに基本書で勉強をしていたわけです。

そんなことでいろいろと法律の本を読んでみますと、経済なんかの場合には、経済学説史というのが非常に重要な役割を果たしているんですけれども、法律の場合には、法学説史というようなものがきちんとした講義の課目になっていないということがわかったので、このへんをもっと体系的にまとめていくことが必要なのではないかなどと思ったりしたのです。個々の法律の学者についての研究はあるんですけれども、それを流れとしてずっととらえている本がないのです。そこで、私は私なりに、例えばグロチウスだとか、サヴィニー、イェーリング、ギールケ、ケルゼンといったような人たちについてのいろんな研究書を読んで、それを法学説史として自分なりに書いてみたりしたこともあるんです。これが、実は、あまり大学の講義に出ていなかったんですけれども、試験を受けるときに非常に役に立ったりしました。

当時の法学部の授業には外国書講読なんていうのがありまして、それは英語講読でしたが、試験場に行ってみたら英文のわら半紙一枚ぐらいの問題が出てるんですね。幾つかアンダーラインかなんか引いてあったと思うんですけれども、その部分について論ぜよと書いてある。それは、見たところケルゼンについての文章なんですね。そうすりゃもう、法段階説と見当がつくんですが、まさにその法段階説の一番重要なところにアンダーラインが引いてあるのです。だから、自分なりにケルゼンなんかについてまとめていたことがありますので、まあ得々として書いたりしたんです。そしたら九十何点だったか、そういうような点数をもらったりしたんですね。実は、授業には全然出ていなかったんですけれども。

それから試験の思い出としては、その当時、刑事訴訟法は鴨良弼助教授だったんです。私は団藤重光先生の『刑事訴訟法綱要』をひとわたり読んでいたんですけれども、個々のことは何となくわかるんですが、全体がモヤモヤとしてて、はっきり頭に入っていない。そんな状態で鴨先生の刑訴の試験を受けなければならなかったんです。鴨先生はその当時『法学』に書かれた論文をまとめて、『訴訟対象論序説』という本を有斐閣から出されていたんです。それを私も買っていたのですが、それを積んでおいたのです。しかし、鴨先生の試験を受けるのに、鴨先生の書かれたものを読まないで行ったら申しわけないという気持ちがあって、試験の前の日の夜の八時ごろからそれをペラペラめくり出したんです。そのご本を見ると、訴訟対象すなわちプロツェス・ゲーゲンシュタントについてのドイツの学説と日本の学説の紹介があって、それを批判することを通じて鴨先生の見解が述べられているのです。これを全部読むのは大変だから、鴨先生の見解の部分だけ読もうと思って、それを読み出したら非常におもしろいんですね。要するに、検察官が公訴の提起をする、何について公訴の提起をするかというと、それが「審判の対象」になるわけですが、これが「事件」すなわちザッヘだと、鴨先生はいわれる。それで検察官から提出された審判の対象であるザッヘについて裁判官が審理し、そして裁判をしていくという、そういう、審判の対象を基準にして公訴から判決に至る過程が鴨先生流に興味深く描かれているわけです。ああ、これはおもしろいなと、何かいままで非常にばらばらだった刑訴についての理解が一挙に体系化してくるという感じがしまして、それで、翌日の朝、二時か三時ごろまでかかってその理論を図にしたりなんかして頭に入れて試験場に行ったところが、その日の試験はそのものずばりが出たというようなことで（笑）、いろいろと私の試験では僥倖が重なりました。

それで、訴訟法、手続法というのも、これまで考えていたよりおもしろそうだなという、そんなような感じを受けたりしたんですね。そして、そこから、私が訴訟法の研究者になるというようなきっかけもできたんです。だから、この話を学生諸君にもして、「試験の前の晩に読んだ一冊の本が人生を決めるということもあるんだから、試験の前にもうだめだと思って手を上げないで、どんな本でも食らいついてみたまえ」というようなことを言ったりしているんです。

研究者の道へ

林屋　ところで、いまの諸君は就職を決めて、それから卒業するわけですけれども、私は就職先も決めないで卒業してしまったのです。それで、東京におりまして、おやじが残してくれた家を処分したりなんかしてたんですけれども、その当時はまだ昭和三〇年代の初めで、不動産なんかそんなに動いてないんです。だから、随分苦労をして家屋を売ったりしたんですけれども、そのときに、私の旧制の高等学校時代からの友人の戸田善明君というのがおりまして——彼は東大の法学部を出て日本銀行に行ってたんですが——この戸田君、まあみんな呼び捨てで呼んでいますので戸田と言いますが、その戸田が盛んに私に「早く就職しろ、お前は学者に向いてるからぜひ東北大学に行って、何か学者への道がないか斎藤秀夫先生にお尋ねしろ」と、こう言うんです。

なぜ、戸田がそんなことを言ったかと申しますと、旧制の高等学校時代に、よくいろんなレポートを書かされたんですが、その中に論理学のレポートがありました。論理学には同一の原理・矛盾の原理・充足の原理といった三つの原理がありますが、これについてレポートを書け、と夏休みの宿題になったことがあったんです。そこで、書かなければいけないと思ってたんですが、どんなふうに書いたらいいか、論理学なんていうものですから扱いかねていたのです。そのうちに夏休みの終わり間近になってしまったのですが、私の旧制高校時代の友人に西田二朗というのがいまして——これは三菱銀行に入って現在は三菱マテリアルの監査役をしておりますが——その西田のうちに行ったところがねじりハチマキをして、レポートを英文で書いてるんですよ。それで「えっ、お前、何書いてるんだ」と言いましたら、上野の図書館に行って、論理学の同一の原理・矛盾の原理・充足の原理に関するいろんな本を探して、それをいま英文で書いてる」と言うんです。「なぜ、どういうふうにしてこんな原理についての資料を集めたんだ」といろいろ聞いてみたところ、「いろんな本の後ろの索引から探していくんだ」ということなんです。そこで、「なるほど、そういうふうにしてやればいいのか」と私にもわかったもんですから、うちに帰って、私の父がインド哲学の研究者だったんで、その書庫に入って見たら、かなりいろんな哲学者の本があるんですね。アリストテレスだとか、カントだとか、ヘーゲルだとかの本だとか、その解説書がいろいろあるわけです。「ああ、これはいいな」と思って、早速それらの本の索引を見ていったわけです。

私は哲学史に前から関心がありました。その当時は波多野精一博士の『西洋哲学史要』なんかを旧制高校生はみんな読んだものです。ミレートスのターレスにはじまって、アナクシマンドロス、アナクシメネエスなどから、ソクラテス、プラトン、アリストテレスなどと、いくわけなんですが、そういう哲学の流れが頭にあったものですから、それに沿って私のおやじのところにあった哲学者の本の、同一の原理・矛盾の原理・充足の原理に関する部分を全部抜き書きしまして、それで古代から近代までの哲学者がどんなふうにこの論理学の原理をとらえたか、というのをレポートに書いたんです。実は、最近戸棚の整理をしてたらそれが出てきたんですけど、題名は「根本原理の史的展開」となっていました。その「根本原理の史的展開」というレポートは、ちょっと原稿用紙が普通のと違って私の父の原稿用紙だったものですから、「一体何字くらい書いたのか」と思って計算してみたら、二〇〇字詰めの原稿用紙にすると六〇〇枚ほどのものでした。それを論理学の教授に提出したら、一〇〇点満点で一二〇点くれました（笑）。そんなことがあったものですから、戸田が「お前はどうも学者に向いてる」とか言ったわけなんです。私は全然、そんな学者になるなんていう自信はなかったんですけれども、戸田が盛んに「お前は学者に向いてるから、東北大学に行って、そういう道がないかどうか、斎藤先生にお願いしてこい」と言うんです。

実は、私のおやじは三菱系の会社の社長をしていまして、それから一念発起してインド哲学の研究者になって、東京帝国大学で文学博士の学位をもらったりしています。戦後は倒産会社が非常に多くなったものですから、商法三八一条以下の会社整理をおやじが頼まれましてやったところがうまくいったものですから、それ以来、東京地裁、横浜地裁、静岡地裁と、出てくる整理会社の事件はみんな、おやじのところに来るというようなことで、おやじが死んだときにはもう、つぶれかけた会社ばかり一〇近くの整理委員や管財人をやっていました。その会社整理をしていたときに、中央大学の金子文六教授がおやじのところで一緒にしておられました。だから、金子先生は私のうちによく来ておられて、おやじが亡くなりましたときにも金子先生は飛んできてくださって、「きょうは実は中央大学で講義があったんですけれども、私にとっておやじと同じような方が亡くなったんで、休講にしてくれ、と学生諸君に頼んで休んできました」と言われたんですが、そうやって金子先生がよくうちに来られていたものですから、私が東北大学に入ったということを聞かれて、「それじゃあ、斎藤秀夫先生にご紹介するから」と言ってくださって、それで私は学生時代から斎藤先生にいろいろとお世話になっていたわけです。だから、戸田は「斎藤先生のところに行って、ぜひ研究者になる道がないかどうか、ご相談しろ」と、まあそういうことだったわけです。

あまりしつこく言うものですから、「それじゃあ」ということで、夏休みの終わるころだったと思いますが、仙台へ来て、斎藤先生の片平丁の研究室をお訪ねして、事情をお話ししたわけです。そしたら、先生が「まあ、そういうことなら、丁度明日が助手の締切り日だから、何だったら助手の採用願いを出したらどうか」と言ってくださったものですから、慌てて書類を書いて出すようなことになりました。さっきお話ししたように、あまり授業にも出ていなかったんですけれども、いろいろと運よく点数なんかもまあまあ、何とかあったもんですから、幸いに助手に採用されることになって、それで研究者への道を進むことができるようになったということなんです。だから、学生諸君でよく就職のときに「どこに行ったらいいかわからないので」と悩んでるひとがいるもんですから、そのときには、私の経験を話して、「それなら、いま、君の一番の親友に聞いてみろ。本人がどこへ行ったらいいかわからなくても、案外親友のほうが、お前はここがいいんじゃないか、ということを示唆してくれるかもしれない」と、自分の体験からして言うんですけど、そんなことで、私の場合には戸田が言ってくれたのがきっかけになって、学者の道に進んだと、まあ、そんなことなのです。

河野　見識のある親友をお持ちで大変お幸せだと思いますし、もう一つは、やはり旧制高等学校というものの性格というか、それがいまの高等学校、ないしは大学とはだいぶ違うというふうな印象を私などは受けるんですけれども。

林屋　まさにそうだと思いますね。いまの若い人は幼稚園は小学校へ入るため、小学校は中学へ、中学は高校へと、こういうことでくるものですから、もう大学に入るとやれやれということになってしまって、ここでもう休もうということになる。ところが、さっきお話ししたように旧制の高等学校というのは本当に自由なわけです。だから、思いっきり何でもできる。そして、ここで十分に方向を見据えた上で、大学に行ってやろうということになる。だから、大学に入ればみんな自分で勉強したんですね。そこで、旧制の高等学校というのは、マントを着て、高下駄を履いて、汚い醤油で煮しめたような手拭いをぶら下げて、町を闊歩していたわけですが、そうやってきたない格好をしていたやつに限って、大学に入るとピシッとした学生服に着がえて、学問をやるんですね。だから、そこにコペルニクス的転回があったわけですが、それができたというのはやっぱり、高校時代が非常に自由であったということによるのです。

ただ、旧制高校は自由なんだけれど、そこには非常に自己規律の原理が働いていまして、これが今日とはかなり違うと思うんです。よく最近大学では私語が多いといわれ、何か『私語の研究』なんて本まで出ているそうですね。ところが、昔の高等学校では、自由だったけれども規律があったんです。だから、教授が授業でいろんな話をして、聞いていて関心のあることがらなんかがでてくると、つい隣の人間としゃべったりしますが、教室の中がザワザワしてくると「黙れ、うるさいぞーっ」と誰かがどなるんですよ。私も何度も言ったことがありますが、要するに、自由なんだけれども反面できちんとブレーキがかかるようになっていたんですね。

山本　最近は先生のほうが「うるさい」と言うとか（笑）。

林屋　先生が「うるさい」と言ったたって黙らないという、まあそういう状況のようですけど、昔は学生がちゃんとブレーキをかけたわけで、やっぱり自治というのはそういうものだと思いますね。

河野　ちなみに先生の高等学校は旧制の東京都立高等学校で。

林屋　正式な名称は都立高等学校といいます。その昔は府立高等学校でしたが、東京府が東京市と一緒になって東京都になったものですから、都立高等学校になったんです。東京都がつくってるわけですから東京都立高等学校といってもよさそうなんですが、もう一つ国立の東京高等学校というのがあったために、東京は除いて、都立高等学校と言ったのです。その東高と一高が一緒になって東大になったわけです。そのとき都立も一緒に東大にという話がきたのを東京都は蹴っちゃったのです。都立大学をつくりたいからということで。

大学の助手時代

河野　そういうようなことで研究室にお入りになったわけですが、当時の研究室にはどんな方がおられたのでしょうか。

林屋　私が入ったときには、都立大学に行った憲法の針生誠吉さん、山口大学に行った商法の永倉勲君、熊本大学に行った民訴の富樫貞夫君、それから大阪大学に行った西洋法制史の林毅君、いま東北大学の法学部長をしている小山貞夫君なんかがおりました。それから、上智大学に行きました労働法の山口浩一郎君やいま筑波大学にいる民法の安藤次男君や阿部徹君も一緒でしたね。あとからは、千葉大学へ行った花村治郎君とか弁護士になった橋本岑生君たちも入ってきました。

山田　研究室は昔の片平ですか。

林屋　そうなんです、片平丁の研究室です。

河野　その後、研究室の時代を終わられてからは。

林屋　私は三年間助手をして、助手論文を書いて、さらに一年延長してもらったわけですけど、そのときに法学部の助手と教養部の講師を兼ねまして、法学部の教養部にいた諸君にドイツ語講読をしたりしました。

河野　先生のお書きになった『法律時報』の「西ドイツにおける違憲判決の効力」の肩書を拝見しますと、助手兼教養部講師という形になってるんですが、それがその講読のときのことですか。

林屋　そうなんです。当時は憲法訴訟の勉強をしていたもんですから、ドイツ語講読も憲法訴訟のものを読んだりしたんですが、もう一つ、工学部の教養部の学生に「法学」も講義しました。これが私にとっては、その後の民事訴訟法を研究する上でも非常に役に立ったと思うんです。そこでは、近代法というのはどんなふうな内容の法かを中心にして話しました。そのためには、まず近代法の基本原理が何かを考え、封建法と対比しながら、個人を個人として尊重するという個人主義と、そうした個人が自治的にやっていく関係で、国家はできるだけ個人の間の生活に関与することを控えるという意味での自由主義の二つが近代法の基本原理になるということを説明し、だから、憲法では基本的人権主義と三権分立主義が基本になり、刑法では罪刑法定主義、民法では私的自治の原則、民事訴訟法では処分権主義だとか、弁論主義が基本になっていくと、要するに、近代法の基本原理としての個人主義と自由主義がすべて六法の基本にあるというような形で、法律全体を見ていくようにしましたが、これは、やっぱり私自身にとっても大変、その後のいろんなことを考えていく上で役に立ったと思います。東大の憲法の芦部信喜教授が支持してくださった憲法三二条と八二条の関係についての私の考え方の底にだって、これがあります。

ところで、そのときに、とにかく相手が工学部の学生ですから、なるべくわかりやすく話をしなければいけないということで、難しい法律用語を分析して、わかりやすくしたり、論理的に話をするようにしましたが、これが、その後の私の講義のやりかたの基礎をつくることになったと思うんですね。それから、どうも、いま、多くの大学の法学部で、「法学」というものを教えることについてちょっと消極的なんじゃないかと思うんですけども、法学を教えるということは、教える側にとっても専門の領域をこえて法全体を見渡すことで役に立つし、それから教えられるほうでも民法とか刑法といった個々の分野だけをバラバラに教えられるんじゃなくて、その全体像を、近代法とか、その現代法による修正という形で教えられれば体系的に理解できるようになりますから、僕は「法学」というものの必要性がもう一度見直されてもいいんじゃないかと思うんです。

その工学部の学生に法学を教えたときに、一番前で熱心に聞いていた学生がいまして、その後私が学習院大学へ行って五、六年もたってからだったと思いますけれども、その学生が突然学習院大学の私の研究室に訪ねてきて、結婚しますので媒酌人になってほしいというのです。法学の講義の中で結婚なんかについてもいろいろと話したので、あの先生に媒酌人になって貰おうということになったのかもしれませんが、とにかく、そんなことが機縁になって、媒酌人をやって、いまだにつき合いがあるというようなことも、この講師時代の思い出としてあります。

2　学習院大学と東北大学

河野　いま、学習院のお話が出ましたが、先生は学習院には昭和三九年の四月に行かれて、恐らく若い講師としていろんな方々とご交流がおありになったことと思いますが、特に中川先生には学生時代からいろいろと教えをお受けになっていたので、学習院でも同じく先生のご指導を受けるという機会がおありになったんでしょうか。

学習院大学時代

林屋　はい、中川先生が昭和三六年に東北大学を定年で退官なさって、学習院大学へ行かれて、そこに法学部をつくられたんです。そして、その法学部をつくられたときに私にも学習院に来るようにと言っていただいて、それで学習院にまいりました。もうそれ以来ずっと私は先生のご指導を受けたわけです。学習院大学というのは東京の環状線の中にある大学ですけれども、緑が非常に豊かなんですね、とても自然的環境がいい。それから、いまは私立大学ですけれども、昔は文部省の管轄ではないけれども、宮内省の管轄の国立学校だったので、非常に国立大学的な雰囲気がある。しかも、まじめな、いい学生がたくさんおりまして、中川先生にいい大学に就職をさせていただいたものと、私はありがたく思っておったわけです。

中川先生を中心にして学習院大学の法学部ができたわけですけれども、この法学部には、民法の遠藤浩教授とか三藤邦彦教授、刑法の香川達夫教授とか、国際法の波多野里望教授、それから政治のほうにも飯坂良明教授だとか、香山健一教授だとかおられて、多士済々でした。しかも、中川先生を中心にしてみんなで旅行をしたり、非常に和気あいあいと学問もし、また遊びもエンジョイできるような雰囲気がありました。だから、中川先生のご指導をいただきながら、しかも大変愉快な大学生活を送らせていただいていたのです。

山田　中川先生には学問的にも、人格的な面でも、大きな影響を受けられたというふうに伺っておりますが、特にみなさんで金沢に旅行に出かけられたときに、非常に強い印象を受けられた思い出がおありだと伺っていますが。

林屋　遠藤教授、飯坂教授、香山教授、それから経済学部の島野卓爾教授なんかとみんな一緒になって金沢に行きました。これは中川先生が金沢大学の学長になられてからですね。中川先生はとても歓待をしてくださいました。金沢はゴリが有名で、それを食べさせるゴリ屋なんていうのがあるんですけど、そこに特に泊めてくださったりして、実にそれは私たちにとって非常に思い出のある旅行になったわけなんです。中川先生っていうのはいつも相手の立場に立って物事を考えようとされるんで、せっかく金沢までみんなで来たんだからということで私たちの喜ぶようなことをしてくださる、そういう先生なんですよ。だから、中川先生が亡くなってその追悼会のときに、そこにたくさんの人が出席していてみんなが思い出話をしたんですけども、みんながそれぞれ「中川先生がこんなことをしてくださった」ということを、自慢げに言うんですね。たとえば、遠藤浩教授の息子さんが手にけがをして、急に病院に入院したということを遠藤教授が大学の中での昼食会のときに話された、そしたら翌日、中川先生から病院にお見舞いの品が届いた、それは手を使わないで遊べるという、そういうおもちゃを先生はちゃんとデパートに行って買って送ってこられたというわけです。それで遠藤先生は本当に感激しておられましたが、そういうように相手の立場に立って物事を考えてくださるんですね、中川先生は。

万事がそうですから、やっぱり先生はいつも学生の立場に立っても考えてくださるわけです。そこに学生と先生との間の交流が生まれる。我々に対してもそうであったし、学生との間でもそうであったわけです。だから、本当にヒューマニズムの権化みたいな先生だったと僕は思いますね。

中川先生のことなど

河野　先生は「中川先生とヒューマニズム」ということで、『法学セミナー』に書いておられますが、学生との交流につきましても、有名な中善並木のお話などが見られますが、ちょっと聞かせていただければと思うんですが。

林屋　私が東北大学の助手をしていたころのことですが、中川先生の東北大学での最終講義を法律相談所の雑誌に載せるために、私はそのゲラを持って東京の中川先生のお宅へ伺ったことがあるんです。朝でしたけれども、先生はお宅の応接間で、私が持っていったゲラをごらんになって、赤字を入れられて、それで私のところに返してくださった。で、これから学習院大学に行かれるというものですから、私もお伴をして一緒に先生のお宅の近くのバス停からバスに乗ったんです。それは世田谷の野沢というところから出てくるバスで、その次ぐらいのバス停だったものですから非常にすいていて、運転席のすぐうしろのシートに先生と私とが座っていたわけです。ところが、だんだん人が込んできまして、東横線の中目黒という駅のバス停にとまったときにはもう人が立っていました。そのときに、入口からおばあさんが二人乗ってきたのですね。先生はそれをごらんになるや、「ああ、おばあさん、おばあさん」と言って入口のところまで立っていかれて、それでおばあさんをご自分の席に座らせられたんです。おばあさんは二人だったから私もすぐ立って、もう一人のおばあさんを座らせたんです。そして、これは先生のお知り合いの方だと思ったもんですから、「先生はきっと、そのおばあさんと話をされる」と思って、私はしゃべるのを控えていたわけです。ところが、先生はおばあさんとしゃべるわけじゃなくて、前の話の続きを私にされたのです。それは全然知らない人だったんですよ。ただおばあさんが乗ってきたというだけで、先生はまさに反射的に席を譲られたんですね。

私はそれを見たときに、「ああ、こういう弱い人を保護するという、そういう先生の気持ちが基礎にあったから、先生の学説が出てきたんだなあ」と、いままで大学の講義や先生の著作を通じて伺った先生の学説が、パッと、一つの体系として頭に理解できたような、そういう感じを受けたんです。この先生のヒューマニズム、これが先生の学説の基礎にあるという実感です。「言うはやすく、行なうはかたし」で、なかなか実行が伴わないのが普通ですが、先生の場合には言われることと実行がしっかりと結びついている。僕はそのとき、本当に感激をした覚えがあるんですね。

そういうのがやっぱり学生との間でも出てくるわけで、それがあの、「中善並木」の話になるわけです。さっき申しましたように、中川先生は昭和三六年に定年で東北大学を退官されたのですが、その前年の三五年の秋の大学祭のときに、東北大学の法学部に入ってきた諸君が「大学祭で焼き鳥屋をやろう」と考えたわけです。ところが、大学祭の実行委員会は「焼き鳥屋なんていう知性のないことはだめだ」と言った。その学生たちは「いや、大学祭だってお祭りじゃないか。お祭りならば楽しくやろう、楽しくやるにはお酒も飲み、それには焼き鳥も必要だ」と、まあそういう論理だったわけですね。で、何か自分たちの気持ちをわかってもらえないだろうかと言ってたら、だれかが「法学部の中川善之助先生というのは非常に学生のこともよく考えてくださる先生だ」ということを聞き込んできたわけです。

その当時はこの川内に教養部があって、法学部は片平丁だったので、「それじゃあ先生のところに行こう」ということになったわけです。その当時は下駄を履いていた学生が多かったんですね。旧制の高校が下駄だったからそれにあやかっていたのかどうか知りませんけれども、とにかく下駄履きでみんな片平丁の法学部の研究室へ行ったわけです。その片平の研究室というのはいまはもうないのですけど、廊下が板敷だったんで、まさか下駄で入るわけにはいかんということで、みんな下駄を脱いで、裸足でピシャピシャ歩いて、それで中川先生の部屋の扉を叩いたのです。先生が返事をなさったので、彼らはぞろぞろ入っていったわけですね、先生はびっくりされたと思うんですけど。そこで「実はこれこれ、しかじか」と経緯をお話しして、「先生なら、あるいは自分たちの気持ちがわかっていただけるかもしれないと思って伺ったんです」と言ったわけです。そしたら、先生はそれをジッと聞かれていたんですが、学生たちの純な気持ちにうたれたからか、「それじゃあ、ひとつ力になってやろう」と、すなわち「焼き鳥屋の亭主になってもいい」というふうに言ってくださったわけです。

そうなってくると、非知性的な集団のキャップに極めて知性的な先生が座られるということになったものですから、大学祭の実行委員会としても知性がないとも言い切れなくなっちゃって、それでやむなく許可をしてくれたということらしいんですね。それで、学生のほうも「先生までかつぎ出して認めてもらったんだから、それならばきちんとしたことをしなきゃいかん」ということで、一番丁の文化横町にあった焼き鳥屋へ四、五人がでっち奉公に入ったわけですね。で、一週間の特訓を受けたわけです。焼き鳥の焼き方、タレのつくり方なんかの特訓を受けたものですから、大学祭で焼き鳥屋をやったところが大変な繁盛ぶりで、それでものすごく資金ができたわけです。

それで、このお金をどう使うかということが問題になったときに、「それならば、自分たちの気持ちを理解してくださった中川先生が、来年定年で退官されるという話だ。聞くところによるとこの川内にはいずれ東北大学の文科系が片平から移ってくる。そのときにこのキャンパスの緑化に少しでも役立てるために並木をつくろうじゃないか」と、そういう話になって、それで並木をつくったんです。初めは教養部のほうにけやき並木としてつくったんですけれども、ちょっとうまくけやきが根づかなかったものですから、その後、先輩たちも協力して、それでいま見るような桜並木になったわけなんです。これが「中善並木」と呼ばれているものです。

そして、その後も、学生と先生の間で交流が続いていたんですが、やがて先生がいよいよ東京へ移られたので、彼らはさみしくてしかたがない。そこで、今度は「東京の中川先生のお宅へみんなで伺おうじゃないか」という話になってきたんです。だが、その場合にも、ただ列車に乗って行くというのでは意味がない、何か意味のある形をとって東京へ行こうじゃないかと、彼らは考えたのです。そしたら、だれかが「じゃあ、ひとつ走って行こうか」となったんですね。しかし、東京まで四〇〇キロあるんです。走りきれるかどうか。途中でダウンしたんじゃみっともないということで、「まず松島まで走ろう」ということになって、それで走ったらみんなダウンしちゃった（笑）。「これはとてもだめだ。走るのがだめなら、じゃあ歩いて行こう」ということになったわけです。

十何人ですけれども、夏休みになってすぐに、そろいの編みかさ、そろいのわらじ履きで、あそこの中善並木の碑のところから出発して、常磐線回りで東京の先生のお宅まで一〇日かかって行ったんです。

だから、一日に四〇キロを、暑い最中に歩いて行ったわけです。そのリーダー格だったのは、弁護士になった三原一正君や輸銀に行った堀口正明君なんかです。一方、先生のところが大変なんですよ。先生の奥様は朝から風呂を沸かしておいて入れてくださるんだけど、なにせホコリと汗で真っ黒になったやつが十何人も来て、もう先生のお宅の風呂場の白いタイルが真っ黒になっちゃうわけですね。それで彼らは風呂から上がって先生を囲んで車座になって、それで飲むわけです。先生に一〇日間の苦労話をして、先生からもいろんなお話を伺って、それで大いに飲んで楽しくやって、その晩は駒場の東大寮に泊まるわけです。それで仙台に帰ってからそういう話をみんなにしたもんだから、それが伝わって、翌年東北大学に入ってきた連中がそれを聞いて「そんなら、ことしもやろう」ということになって、それで第二回目の連中が中川先生のところに行ったわけです。これはもう中川先生のお顔も知らない、お名前だけ知ってるだけの連中ですよ。それで「第一回が常磐線で行ったから二回目は東北線回りにしよう」とかいって歩いて行ったんですが、そういうことで、毎年毎年、とうとう八回まで、東北大学が学園紛争による封鎖で教養部がだめになるまで、ずーっと毎回、毎回、常磐線、東北線、常磐線、東北線と交互に続いていったんですね。

そういう連中がOB会をつくった。それを「東北萩の会」というんです。萩というのは東北のシンボルだし、その歩いた連中のふくらはぎをかけてね(笑)。それで、学生たちが毎年歩いてくるときには、こうしたOBも一緒になって先生のとこで騒ぐわけです。先生はそういう学生たちが歩いてくるというときは、皇居前広場まで迎えに出られるんです。彼らは、その最後の日のお昼に皇居前広場で昼飯を食べる。それからラストスパートで世田谷の野沢の先生のお宅までまた歩いて行くわけなんですけれども、その皇居前広場に先生が行かれるときにはいつもアイスクリームを持って行かれるんです。なぜ、アイスクリームかというと、これもやっぱり先生のヒューマニズムなんで、暑い最中に歩いてくるわけですから水を飲みたいわけだけども、しかしまだ歩かなければならないのですから、おなかにたまる水ではなくて、のどを潤す程度のアイスクリームがいいだろうということなんです。ところが、いつだったか、先生とその学生たちとの落ち合う場所の連絡がうまくついてなかったものですから、中川先生が二十何人分とかのアイスクリームの入った大きな荷物を持って皇居前広場をウロウロされて、もう汗びっしょりになって学生たちを見つけられたことがあったんです。その先生のお姿を見ただけで、みんな本当に「頭が下がった」というんですね。

中川先生というのは本当の教育者なんですよ。さっきのバスのおばあさんの話でも、私なんかの場合には、先生がそうやって席を立たれたということが頭に焼きついているもんですから、おばあさんが乗ってくるともう、立たざるを得ないわけですよ。別に先生がこうだと言われるんじゃなくて、先生のなさることが自然に我々の頭の中に入ってくる。これがやっぱり本当の教育者だと思うんですね。そんなことで、学生たちは、本当に先生のおかげで学生生活をエンジョイさせていただいたのです。

実は、中川先生のお墓は北鎌倉の東慶寺、あの有名な離縁寺にあるんですけど、一昨年からまた「東北萩の会」が復活したんです。それで私も毎回招かれて、この東慶寺のそばの料理屋で宴会をするんですけど、その前に、中川先生のお墓にみんなでお参りをするんです。先生のお墓というのは本を開いた形になってるんですけれども、山田さんは行ってみたということだから知っているでしょうが、その前に大きな花瓶があるんです。とても一人じゃ持てない、重い花瓶なんですが、それをいまはみんな部長だとか局長だとか、えらくなっている連中が三人も四人も一緒になって、中に汚い水がたまっているからといって、エイヤッとばかりに持ち上げて横に倒して、汚い水を流してくれて、きれいにしてまた先生のお墓の前に置いてくれるんですね。これを見たときに、私は本当にうれしかったですよ。そういう諸君にはやはり「あの先生からこういうことをしていただいた」という学生時代の思い出がとても強いんですね。だから、いまだにそういう「東北萩の会」なんていうのが続いたりしてるんですけど、これは本当に先生の偉さだと思います。

東北大学への赴任

河野　次に東北大学に昭和四八年におみえになるわけなんですが、そのころの……。

林屋　斎藤秀夫先生から、退官される斎藤先生の後任に東北大学に来るように、というお話をいただいたわけです。私はすぐに、そのころもう金沢大学の学長をしておられました中川先生のところにご相談に行ったわけです。というのは、中川先生はあまり大学を移ることをお好きでないんですよ。中川先生は、最高裁への招聘も「大学去り難し」という電報を打って断っておられますし、京大への招きも辞退されています。だから、私の場合にも東北大学へ行くということについて、どうおっしゃるかわからない。それで、先生のところにご相談に伺いましたら、「君、君の恩師の斎藤教授がわざわざ東京まで来て、来てほしいというんだったら行かざるを得ないんじゃないか」って言われたもんですから、「それじゃあ」ということで、東北へ来ることにしたんです。さっきお話ししたように学習院というのは私にとっては非常に心地のよい大学でしたし、遠藤浩先生はじめみなさんが非常に親切にしてくださっていて、全然不満がなかったし、東京に家もありましたから、仙台へ来るということについては、そんなに積極的に行こうという気持ちはなかったんですけれども、中川先生がそう言われましたし、恩師の斎藤秀夫先生の後任が決まらない状態で先生が退官されるのでは大変と思ったものですから、それで私は仙台へ行くことを決めたわけです。

山本　そのあとも学習院大学での講義をされたように伺いましたが。

林屋　ええ、昭和四八年から二年間は学習院のほうの講義ももっておりまして、したがって、東京と仙台の間をその当時は「特急ひばり」なんですけど、片道四時間かかって往復をしていたわけです。最初の年は、どういう事情だったか、私は七月から講義を始めたんです。恐らくそれまでは東京にいて学習院のほうの講義をしていたんだと思いますが、七月から東北大学の講義をしたのです。その講義のときにはもう大学の通常の講義は終わっていて、私は連講みたいな形で、片平の二番教室で講義をした記憶があります。だから、それが恐らく片平における法学部の最後の講義になったのだと思います。そして、夏休みが過ぎたら今度は川内の二番教室で講義をしたのですが、これも連講のつづきで、まだ通常の講義が始まっていませんでしたから、この川内でも恐らく一番最初に講義をしたと、そういうことになったと思います。

そんなようなことで、はじめの二年間は東京と仙台の両方で講義をしておりましたが、そのときは、民事訴訟法、強制執行法、破産法、それから、大学院では保全訴訟もやっていたんです。しかし、その二年間は演習はしませんで、二年過ぎてから演習ということになりましたので、私のゼミの第一回は、昭和五〇年からということになったと思います。その五〇年には、筑波大学助教授の中島弘雅君、その次の五一年には、大阪市立大学助教授の宮川知法君なんかがいました。

山本　ずいぶん講義を負担されていたんですね。

林屋　しかも、東北大学へ来たら、早速、補導協議員をやれと言われました。そして、間もなく評議員に選出され、それが終わったらまた補導協をやりました。そして、講義もかなり負担しています。そこで、そのつぎには少し楽な役目にしてくれるということで、川内地区協議会の委員ということになったんです。ところが、そのときに問題が起こったんです。仙台市が東北大学の植物園の下にトンネルをつくって道路を通すというのです。そうすると植物の生態系が一変しますから、せっかく今日まで残ってきている緑がだめになっちまう。それから、東北大学の記念講堂の前に大きな道路がぶつかるというわけですから、この学園のキャンパスの環境も破壊される。そこで、反対運動をしなければならなくなって、忙しくない役目ということで与えられたのが、逆になってしまって大変でした。こうした事態を山の上の理科系の人達にも認識してもらう必要があるということで、当時の広中俊雄法学部長から言われて、評議会で三〇分ほど話をしたことなどもあります。この地区協の委員は、重大な局面であるため、事情を知っている者が続ける必要があるということで、三期ぐらい勤めました。

そんなことでもう、講義と学内行政でかなり手いっぱいだったんですが、そこへ昭和六二年から山本助教授に来ていただいたわけです。それから平成二年から河野教授に来ていただくことができました。それで、講義もみなさんに分担していただいたし、さらに、これは僕が常に――東大の文学部へ行った――佐藤慎一助教授に感謝しているんですけど、佐藤さんの努力で、それまで通年だった講義が前期と後期に分かれて、集中して半分やれば半分は研究のほうに割けることになりました。そんなことで、やっと私も、ここ四、五年前から研究の時間をもてるようになったというのが実状なんです。そういうことを考えてみますと、東北大学に若いうちからずっといる人は、これは委員の星取り表なんかでも、だんだん埋まっていくからいいんですけど、途中から来た人は、ほかの大学で委員を幾らやっていても東北大学に来たら全部真っ白ですから、一つずつ埋めていかなければいけない。だから、ちょっとこれはなかなか大変ですね。それをもっと広くいえば、やっぱり大学の人間にもっと研究の時間が与えられないと困ると思います。私なんか、いま本当にやっと研究ができるようになったという、そういう実感があるんです。ところが、もう定年になるわけですから、時既に遅し、という感じです。

3　研究のこと

河野　駆け足で伺ってきましたので、ぜひここでご研究の面についてお尋ねしたいと思うのですが、私どもが拝見しておりまして、林屋民事訴訟法学というのは非常に幅が広いという感じがするんですが、その中で幾つかの、先生がおやりになった重点といいますか、そういうものがあるのではないかと思っております。その幾つかにつきまして、特にそのご研究の動機だとか、背景などについて、お聞きすることができれば大変ありがたいと思うんですが。最初におやりになりましたのは憲法訴訟なんでしょうか。

憲法訴訟論

林屋　はい、私が東北大学法学部の助手になったのは昭和三五年ですが、三五年に斎藤秀夫先生が西ドイツへ行かれたのです。そして、ヨーロッパを回ってお帰りになって、帰朝報告という形で、『ジュリスト』に「西ドイツの当面の法律問題」という論文をお書きになりました。その中で、西ドイツでは違憲審査の結果としての違憲判決が非常に積極的に出されている、民法の条文に対しても違憲判決が出ているという、そういうことを書かれました。私も非常に興味深くそれを読ませていただいたんですが、間もなく先生から「助手論文で違憲審査制のことを扱ったらどうか」というお話があったものですから、それは私としても大変ありがたいことだと思って、憲法訴訟の問題を助手論文にすることにしたのです。

山本　その憲法訴訟の理論のことを伺えますか。

林屋　その当時の違憲審査制というのはご承知のように、アメリカ型と大陸型というふうに類型化されていました。アメリカ型のほうは、具体的な事件に対して適用する法律が違憲であるかどうか、というのを審査する。この具体的な事件では個人の権利の主張がなされているわけですから、通常裁判所でその違憲な法の適用を排除して、個人の権利が正しく判断されるようにするのが、この違憲審査制で、だから、アメリカ型の違憲審査制は、個人の権利の保護、「主観的な個人の権利の保護」を目的とすると、こういうふうに考えられたわけです。それに対して、大陸型の違憲審査制というのは、通常裁判所ではなくて、憲法裁判所というのを設けて、具体的な事件とは関係なしに、抽象的に法律の違憲性の審査をする。だから、これは個人の権利の保護じゃなくて、「客観的な憲法秩序の維持」、これが目的だとみられました。そういう点からして、世界の違憲審査制には二つの類型が区分けされていたわけです。

そういう区分けとの関係でいいますと、西ドイツの違憲審査制には大陸型の要素もあるし、アメリカ型の要素もあるんです。すなわち、「抽象的規範審査」、「具体的規範審査」、そして「憲法抗告」という多様な審査形式がありまして、非常に充実した違憲審査制になっているのです。では、なぜそんな違憲審査制が西ドイツでできたのかというと、それは「あの民主的とされたワイマール憲法のもとからもヒットラーの独裁が生まれた、だから憲法をきちんと守れるようにしておかなければならない」という、西ドイツ国民の意識が底にあって、そういう非常に完備した、いままでの世界の違憲審査制がみんな流れ込んだ、大きな湖にも例えられるような、そういう違憲審査制ができたと思われるのです。

ところで、その当時の学説では、日本の違憲審査制は、アメリカの違憲審査制をモデルにしてつくったので、さっきの類型でいくとアメリカ型で、だから日本の違憲審査制は「主観的な個人の権利の保護」を目的とすると、そういうふうに考えられていたのです。しかし、私は「それでいいのか」と思ったのです。というのは、西ドイツと同じように、日本も戦争で手痛い打撃を受けているわけですね。やはり、もう戦争は二度とすべきでないということで、憲法を維持しようという意識は非常に強いわけです。そうだとすると、アメリカ型の違憲審査制が日本へ持ち込まれたとしても、精神的風土が違えば、その持ち込まれた制度というのも必ずしも前の国と同じように成長するとは限らないんじゃないか。すなわち、日本の場合には西ドイツと同じようにやはり憲法を守ろうという意識が非常に強い。そうだとすると、アメリカ型の「個人の権利の保護」という機能をもった違憲審査制でも、日本の精神的風土のもとでは、客観的な「憲法秩序の維持」という目的、機能を果たすものとして働くことも考えられるのじゃないかと、こういうふうに思って、私なりの憲法訴訟の理論を考えたのです。

すなわち、日本の憲法八一条の違憲審査制には二つの目的がある。単に「主観的な権利の保護」だけでなくて、それとならんで、「客観的な憲法秩序の維持」も目的となっているとみるべきだと考えたのです。そうだとすると、日本の憲法訴訟では二つの「審判の対象」が考えられてしかるべきではないかという論理になるわけなんです。その一つは「原告の権利主張」ですし、もう一つは「法の違憲性の主張」です。そういうことを私は『法律時報』の「西ドイツにおける違憲判決の効力」という論文の中で示唆して、それから学習院大学の『法学部研究年報』の中の「憲法訴訟における裁判の拘束力と民事訴訟における裁判の既判力」という論文ではっきりと書いたわけです。そしたら、その後に、アメリカ自体において、アメリカの違憲審査制は単に「主観的な個人の権利の保護」を目的とするだけではなくて、「客観的な憲法秩序の維持」も図るものであることを認識しなければならないという見解が学説で強く主張されるようになって、むしろそちらのほうがアメリカの違憲審査制についての理解になってきたわけです。

それで、日本の学者もあわてて、日本の違憲審査制についての考え方を、単なる個人の権利の保護だけではなくて、客観的な憲法秩序の維持まで含むものと、まあ、そういうふうに解されるようになったんです。だけど、私はもうはるか前に助手論文で、そういうことを言ってきたわけです。だから、京都大学の憲法の佐藤幸治教授は、その著書の中で「日本でも当初からそもそも、この違憲審査制については個人の権利の保護だけではなくして、客観的な憲法秩序の維持を目的とするものとしてとらえられていた」といって私の論文を引用しておられるんです。けれども、こうした評価を受けることは大変光栄なことなんですが、しかしそのころの私はまだ助手のかけだしで、日本の憲法学会の通説に対して、私が書いたものが影響を与えるというようなことはなかったんです。でも、いま申しましたように、アメリカで同じような主張が出たものですから、私の考えを支持するような方向に結論としてはなったということになります。そうだとすると、憲法訴訟の考え方も、そして違憲判決の効力なども、この二つの目的との関係において理論構成されていく必要がある。そういう意味で、実は、いまやっている仕事が終わったら、今度は、憲法訴訟のほうの私の考え方も少しきちんとまとめておくということをしておかなければならないかなと、そういうふうに思っている次第です。

山本　その点についてですけれども、ごく最近も『民事研修』に「憲法訴訟と上告の利益」という論文をお書きになっていますが、従来の民訴学者のほとんどは恐らく関心を払ってなかったところで、ただ最近竹下守夫教授が三ヶ月先生の古稀祝賀論集で憲法訴訟についてお書きになっているわけですが、そういたしますと、この『民事研修』の論文が今後の先生の憲法訴訟のご研究の中で一つの最初の足がかりになっていくという形になるんでしょうか。

林屋　私は民事訴訟と比較して、憲法訴訟の手続理論というのを考えていきたいと思っていますので、したがって、訴えを提起するところから判決が確定するまでのかなり広い領域にわたって、憲法訴訟の理論がどうなっていくかということを考えていくことになります。だから、いま言ってくださった私の書いたものや、まえに『ロー・スクール』に書いた「憲法訴訟の手続法理」という論文などももとにして、憲法訴訟の手続理論をまとめていくということになります。

身分訴訟の研究

河野　林屋先生のご研究の第二の分野として、身分訴訟に関する問題をいろいろお書きになっておられると思うんです。この身分訴訟のご研究として、学習院大学の『研究年報』の創刊号に、「離婚訴訟の訴訟物」と題してお書きになったものがございますけれども、これはやはり中川先生とのご関係などもおありになってのことなんでしょうか。

林屋　おっしゃっていただいたとおりで、中川先生は「財産関係と身分関係というのは基本的に違う。民法総則というのは財産関係を念頭に置いてつくれているのであって、身分関係との面ではそれなりの修正を施して考えていく必要がある」ということをおっしゃられたわけです。ですから、私もそういう意味では、身分関係訴訟の財産関係訴訟に対する特殊性というものを考えていかなければならないと思って、この身分訴訟の研究を私なりの一つの柱に据えていたわけです。私の考えでは、一方でそういう総論的なものとしての身分関係訴訟の特殊性を扱い、だからここでは職権探知だとか、判決効の問題が出てくるわけですけれども、それと並んで、各論的な問題を扱いたい。すなわち、身分関係訴訟ということになりますと、夫婦間の関係の訴訟と、親子間の関係の訴訟と、大きく分ければそういうふうに分けられるので、いまお話しいただいた「離婚訴訟の訴訟物」は、この夫婦間の関係の訴訟の中で最も数が多い離婚訴訟について、民法七七〇条の各号ごとに権利があるとみるべきか、それとももっとグローバルな権利を訴訟物にする理論構成をとるべきかということを考えたわけです。それからもう一つ、今度は親子間の問題があるわけで、親子間の訴訟の場合には戸籍訂正のための前提として行なわれる場合が多いものですから、それで、「親子関係存否確認の訴えと戸籍訂正」というような問題を扱ってきたわけです。しかし、夫婦間の訴訟につきましても、離婚訴訟のほかにまだ、婚姻無効とか、婚姻取消の訴えなどもありますし、親子間の訴訟についても、その他にいろいろな問題がありますので、そういった問題も含めて、これからも身分関係訴訟の研究を進めていこうと思っています。

河野　この身分関係訴訟というのは、まだ日本の現在の状況ではいろんな問題がありますし、人事訴訟手続法なども非常に古い規定ですので、恐らく民事訴訟法の改正が終わった後には人事訴訟手続法の改正なども必要だと思うんですが、そのためにもやはり学説が充実するということは、大変重要なことではないかなと思うんです。

山本　先ほどの憲法訴訟についても、この離婚訴訟の訴訟物の問題についても、離婚訴訟の訴訟物と、憲法判断に二つの審判の対象があるということで——その後の先生のご研究は憲法訴訟論一般、あるいは身分訴訟論一般に展開されているわけですが——その最初の契機になった論文はいずれもやはり訴訟物、訴訟対象論とかに密接な関係があるというふうに理解しているんですが、これはやはり当時の学会の訴訟物論争といったものと関連があるというふうに理解してよろしいでしょうか。

林屋　まさにそうで、この当時三ヶ月章先生、小山昇先生、新堂幸司先生から従来の伝統的な訴訟物理論に対して、新訴訟物理論が提唱されたわけです。その場合に、新訴訟物理論の問題点などはもっぱら財産関係をめぐる紛争、財産関係訴訟というものとの関係においていろいろ論ぜられたものですから、身分関係訴訟との関係においてどうなるかということを、私としては取り上げてみようということで、この「離婚訴訟の訴訟物」を書いたわけです。ですから、いまおっしゃったように、これはもうかなりだいぶ前のものですが、時代的背景としては、そういった学会における訴訟物論争というものが契機になって書かれているということになります。

民事訴訟の歴史的研究

河野　林屋先生のご研究は、もちろん民事訴訟法の判決手続その他の問題、それから多くの執行関係のもの、あるいは破産関係というように、非常に多方面にわたっておられますが、いまひとつ非常に注目すべき点としまして、民事訴訟の歴史的な研究をやられているという点があろうかと思うんです。先ほど先生のお若いころのお話の中で、歴史的なご関心というのがだいぶわかってきたのですけれども、民事訴訟の歴史的研究というものを手がけられた動機、あるいは事情などについて少しお聞かせいただければと思います。

林屋　ご承知のように日本の民事訴訟法というのは、ドイツの民事訴訟法をモデルにしておりますが、このドイツの民事訴訟法には、ローマ法の継受で、カノン法が入ってくる。そして、カノン法はさらにさかのぼりますとランゴバルド法にいきますが、ランゴバルド法はローマ法の素地にゲルマン法が入ってくるということでして、日本の民事訴訟法の法典の研究をするときにも、ずっと条文の戸籍調べなんかをやってきますと、ローマとかゲルマンとか、そういうようなところまでさかのぼらなければならないような場合もあるわけです。ですから、そういう歴史的な研究をするときに、もしいまたどったような系譜の中の法典とか、それにたぐいするものの条文の翻訳をして、そういう条文に見出しをつけて、その見出しを基本にした索引をつくっておけば、例えば欠席判決なんていう場合には、どの辺から欠席判決が、どういう過程で出てきたかというようなことがおおよそわかるということになります。そこで、そういう研究の便宜を図る上で、そういう法典類の翻訳をやったらどうかというようなことを考えたわけですが、そういう話をしておりましたら、名古屋大学の松浦馨教授、神戸大学の鈴木正裕教授や法制史の塙浩教授などがご賛成くださって、そういう研究を共同研究ですることが始まったわけです。これには「民事訴訟史研究会」という名前をつけまして、昭和五八年から文部省の科学研究費を三年間いただいてやったんですが、その前に松浦教授のご尽力で吉川基金から研究費を出していただいたんです。

吉川基金というのは、吉川大二郎先生がつくってくださった基金なんですが、これは文部省の科研費なんか、いまは少し楽になっていますが、かなり制約があって使い方が難しかったので、そういうときにこの吉川基金をいただけたというのは、この研究をする上では非常にありがたかったと思います。その点では、この吉川基金のさらに継続的発展として、民事紛争処理研究基金を東大の新堂幸司教授が本当に先頭に立って集めてくださって、これによって若手の研究者の研究の便宜が随分図られているということは、本当に学会としても感謝すべきことだと思います。この共同研究には全部で三〇人以上の方が参加してくださっていまして、まだちょっと、原稿が全部集まっていないところもありますことと、それからカノン法の研究者としての上智大学の安井光雄教授が今年突然に亡くなられたものですから、実はそれもかなりの痛手なんですが、しかし、何とかこれも克服して、なるべく早い時機にこれの成果を刊行したいと考えています。

山田　先生ご自身も『法学』に「民事訴訟の歴史」を書いておられますが。

林屋　私自身も『法学』にローマやゲルマンの民事訴訟の歴史からランゴバルド、そしてフランクまで、一応民事訴訟の歴史をたどったものを書いてきてはおりますが、しかし、これは歴史的研究なんていえるものではなくて、私の趣味なんです。やっぱり、歴史家がやることというのは、いろいろな資料を集めて、その資料が信頼できるものかどうかということを厳密に検討した上で、これは基礎にできるというときに、それに基づいて歴史的な理論を構成していく。それが歴史家の本当のやり方だと思いますが、私の場合には決してそういうものではなくて、まあ、いろいろな歴史関係の人が言われたことをもとにして、私なりの推論をしていく。それは、例えば五両編成の列車がある。まあ古代、中古、中世、近世、近代という個々の車両があるときに、どうも個々の時代についての歴史家の言われたことをそのまま結びつけようとしてもうまく結びつかなくて、例えば一両目の出口と、二両目の入口がどうも人が通れないというようなことがあるんですね。個々の時代について別々の歴史家が研究しているから、訴訟制度や手続についての理解で一貫しないところがでてくる。そこで、私は私なりに一両目から五両目までずっと通しで行けるような筋道を立てられないか、そんなような気持ちでみているのです。その点からいうと、ランゴバルド法については前期と後期を分けて、前期のものがフランク法につながり、後期のものがカノン法にいくとみるのがよいように思っているのですが、まあとにかく、そんなようなことでやってるものですから、私のはもう決して歴史的研究なんていえるものではなくて、まあ趣味ということなんです。

山田　先生は、そもそもは歴史がお好きだったんですね。

林屋　さっき河野先生が言ってくださったように、どうも昔から歴史をやるということには関心があったんですね。それは私自身が初めは法律なんていうものをやる気持ちがなくて、むしろ文学部に行って歴史をやりたいという気持ちがあったからです。それは、私の高等学校のころに宮崎晴美という国文学の先生がおられて、その宮崎先生が日本文学史を講義してくださったんですが、そのときに古代、中古、中世、近世、近代、現代という時代区分があって、時代の流れがあるわけですけれども、宮崎教授は「古代は人間が生まれたばかりで、それがだんだん成長していって中古のはつらつとした青年になり、中世鎌倉の壮年から室町のわび・さびの時代となって、もうここは老成していく。そして、江戸になるとまあ還暦みたいな形で、ここで人間は生まれかわる、だから、あの絢爛華麗な文化になっていくんだ」と、そういった人間の成長に例えての発展過程を話してくださったりした。まあそんなのが頭にあって「なるほど」と、全体を通じて歴史を見ていくということへの関心が湧いたりしたのです。

初めはそういう国文学史に私は非常に関心があったものですから、旧制の高等学校の二年のときですが、「国文学史土曜講座」というのを開いたりしました。このときは東大の国語国文学会の後援のもとで、その当時の久松潜一、池田亀鑑、守随憲治なんていう、東大の国文学のそうそうたる先生がみんな出てくださって、国文学史を土曜日ごとに、確か五回にわたってそういう講座をやったんです。いまは国文学史は大学への入学試験なんかでも出るので、みんな、かなり関心があると思いますけど、そのころは国文学史を体系的に講座でやるなんていうのは極めて希有な例だったと思います。だから、やっぱりそういう歴史的な関心があって、まあ、三つ子の魂百までもということですが、その点についてはもう一つ、阪大の中野貞一郎教授がやっぱり民事訴訟を、これは本格的に歴史的にいろいろと研究されて、論文だとか、貴重な翻訳を出されていて、それを読んだのがやはり刺激になったということは、確かだと思うわけです。

河野　民事訴訟を歴史的に見るということにつきましては、確かに前例がほとんどなくて、中野先生が中心になって翻訳された「アルトゥール・エンゲルマン・民事訴訟法概史（一～一八）」（阪大法学二三号以下）があるくらいで、先生のご研究をぜひ現代まで続けていただきたいと思うんですけれども。

林屋　どうも私のは、さっきの憲法訴訟といい、身分訴訟といい、この歴史的研究というのもちょっとおこがましいんですけれども、それにせよ、みんなまだ完結していないものですから、これをすべて、最後まで何とか結びつけたいとは思っているんですが、果たしてそれができるかどうか、自分では懸念しているところです。

訴訟制度の統計的研究と訴訟政策学

河野　先生のご研究の分野で、いまの歴史的な研究と並びまして、もう一つ、統計的、あるいはそれに関連して、訴訟政策学的な分野についてのご研究がおありですけれども、この点についてお話を伺いたいと思いますが。

林屋　ご承知のように、最高裁判所の事務総局から『司法統計年報』というのが昭和二七年以降出されておりますが、各国の統計年報と比べてみましても、なかなかあれに匹敵するような充実したものはないのでして、日本の『司法統計年報』というのは非常に世界的にも誇れるようなものだと思います。ところが、それが十分に研究・教育の面で活用されていないうらみもありますので、これを使って、できるだけ日本の司法制度、民事訴訟制度についての統計的な研究をしたいというふうにかねがね思っておりました。そこで、私のゼミでも二度ほどそういう統計年報を使ってゼミの学生に研究報告をさせたりしたこともあります。また、そういう関心がありましたので、昭和五九年から二年間、これは東大の新堂教授のお勧めがあって『法学教室』の演習欄でずっと、統計をもとにした民事訴訟の演習を連載したこともあるのです。そんなわけで、できるだけ、この『司法統計年報』を研究・教育の面で利用できるようにしたいと思いまして、そのために統計年報をもとにして統計集をつくることを考えてきました。いろんな事項ごとに、場合によりますと昭和二三年ぐらいからの、あるいは明治二三年ぐらいからのものもあるのですけれども、とにかくそういった統計集を、きちんとしたものとしてつくりたいと思いました。

それで、いまは福島大学におります菅原郁夫君が東北大学の法学部の助手であったころから、彼にいろいろと協力を頼みまして、パソコンを駆使して統計表をつくってもらったのです。そして、それをグラフにして一〇〇項目の統計表とグラフをつくったわけです。これをつくるについては、東北学院大学助教授の林伸太郎君とか、三條秀夫君、その当時東北大学の大学院におりました萩屋昌志君などにもいろいろと協力をしてもらいました。それで、最近やっとそれを公刊できるような状態になったわけですけれども、それについては、最後のまとめの段階でも、アメリカにいる菅原君にすっかり世話になりました。また、ここにいる助手の山田文さんには本当に夜遅くまで、統計をまとめる上でワープロを叩いてもらったり、いろいろと面倒をみてもらったわけです。それから大学院の小室百合さん、陳雅莉さんたちにも手伝ってもらいました。それが間もなく有斐閣から『データムック民事訴訟』という題名の本として出ます。ムックって何かと思ったら、定期的刊行雑誌としてのマガジンと単行本としてのブックの合の子という意味なんだそうですが、こういうものを教材にして演習なんかもこれからしていただけるようになれば大変幸いだと思っております。

さて、そういう統計表やグラフを見ますと、日本では第二次大戦前には第一審の新受件数のピークが四つくらいあるんです。それから第二次大戦後には昭和五〇年ぐらいからグッと第一審の新受件数が上がって、最高峰を示しているのが昭和六〇年ですが、これはご承知のように、消費者信用取引社会が日本でも盛んになって、それに、いろんな不況的な要素もあって昭和六〇年にピークに達しているわけです。

ところで、さっき日本の統計は非常に立派なものだと申しましたけれども、我々の感覚では日本の裁判制度はドイツの裁判制度を見習っておりますから、西ドイツではかなりきちんとした統計集なんかも出ているかと思うと、西ドイツなんかの場合は薄い統計集しか出ていないのですね。それで、向こうの連邦議会で、こんなに数字が少なくては司法制度について議論ができないということで、野党のほうから政府に対して「きちんとした統計集を出してくれ」という要求がありまして、それに対する回答としての統計集が一九八四年に西ドイツの連邦政府から出たのです。東北大学に来ておられた西ドイツのレンツ講師からそういう統計集があるということを聞きましたので、早速取り寄せましたところ、一九六五年と一九七五年と一九八〇から一九八四年までの統計なんですけれども、それが一冊にまとめられていまして、それはちょうど日本の司法統計年報の一冊分ぐらいの厚さのものなんです。しかし、それでもいままで統計が十分でなかった西ドイツの状況を知るためには非常に役立つものなのです。これが出たのが一九八四年、昭和五九年でして、日本の民事第一審の新受件数が一番のピークに達している昭和六〇年と大体、時を同じくしていますので、私としては、日本と比べながら西ドイツの民事訴訟手続や民事訴訟制度の状況を統計的に研究してみたわけで、これを『法曹時報』とか、『民事訴訟雑誌』、あるいは『法学』に論文として載せていったのです。

この西ドイツの統計を見ますと、西ドイツの民事第一審の事件数というのは一五〇万件ぐらいある。それに対して、日本で一番最高になりました昭和六〇年が――西ドイツと同じような基準で見ると――四〇万件ぐらいなんですね。ところが、人口は西ドイツのほうは六、〇〇〇万人ぐらいであり、日本が一億二、〇〇〇万人ですから、日本と比べるときには西ドイツの事件数を倍にする必要があるわけですが、そうすると、まあ西ドイツのほうは三〇〇万件の第一審の事件数があるのに、日本は四〇万件だということになりますから、かなりの差があるわけです。ということは、日本のほうが事件数が異常に少なすぎるのか、それとも西ドイツのほうが異常に多すぎるのかという問題になるのですが、この点を判断するためには、少なくとももう一つ、第三の国について調べる必要がでてくる。

すると、ドイツは大陸法国ですから、できれば英米法の国と比べるといいんですが、アメリカはご承知のようにものすごい訴訟社会で、一、七〇〇万件からの事件数があるという。もっとも、アメリカの人口は日本の倍ですから日本と比べるときは事件数をその半分にしなければならないんですが、それでも非常に事件数が多い。そこで、イギリスと比べることにしたんですが、イギリスと比べてみますと、イギリスは大体西ドイツと人口が似ているんですが、一五〇万件以上の事件数がある。すると、西ドイツの一五〇万件というほうが、むしろヨーロッパの先進国としては、あってしかるべき事件数だというようなことが考えられるわけです。そうすると、日本のほうがどうも異常に少なすぎるということになるわけで、では、その点をどういうふうに考えていったらいいかということになるわけですが、こういった点についての私の研究は、近く『民事訴訟の比較統計的考察』という形で出版することになっております。

そういうことで、いろいろと比較法的に、数字をもとにして検討してみますと、どうも日本にはまだかなりの潜在的な紛争、事件があるんじゃないかということになる。それでは、どれくらいの潜在的な事件があるとみるべきか、あるいはそれを裁判所に持ち出させるためにはどうしたらいいか、あるいはそれとの関係で法曹人口をどのくらいにしたらいいか、そういうようなことが問題になりますが、これらについては、やはり各国の統計を集めて、それに基づいていろいろと検討をしていく必要があるだろうと思われます。そういう意味で、日本でも、もっと「訴訟政策学」がきちんと体系化されていく必要があるんじゃないかと思います。経済学関係では経済政策学、あるいは社会学関係では社会政策学というものが非常に重要な学問分野になっておりますけれども、法律学関係では刑事政策学とか、あるいは最近、立法政策学というようなことがいわれているていどです。訴訟政策については、木川統一郎博士が訴訟政策学を提唱されておりますけど、木川博士の言われるのはプラクティカルな、実践的なものでして、それに加えて理論的な面から訴訟政策学をもっと進める必要があるし、さらに、社会学、法社会学、それから心理学などの隣接分野の成果ももとにして、この訴訟政策学というものをきちんとこれから体系化していく必要があるんじゃないかと、まあそんなふうなことを考えているわけであります。

『民事訴訟法概要』

河野　どうもありがとうございました。さて、先ほどもお話ししましたように、林屋先生のご研究は、特に判決手続に関してもいろんな問題にわたっておられますが、その成果と申しましょうか、全体が、体系書の形で『民事訴訟法概要』ということでご出版になっておられるわけであります。この体系書は恐らく従来の体系書とは若干異なった、特に非常にわかりやすい言葉で、これは先ほど先生が助手の時代に工学部の講義のときにご体験になったことをそのまま、ここで生かされているのではないかというふうにも拝察するわけですけれども、あるいは手続の流れということも非常に重視されまして、全体が非常にわかりやすくなっているというようなことがございますが、この『民事訴訟法概要』という体系書をおつくりになる際のいろいろなご苦心といいますか、そのご事情などについても若干お聞きできればと思いますが。

林屋　これは『ロー・スクール』という雑誌がありまして、これに昭和五四年ごろから五年ぐらいにわたって「民事訴訟法講話」という連載ものを書きました。なにせ「民訴というのは眠りのもと（素）だ」なんて言われているくらい、読んでいると眠くなる、難解だとされておりますので、民訴に近づきやすくするにはどうしたらいいかということを考えて、しかも、なるべく通説の立場から、手続の流れに沿いながら、わかりやすく解説をするということで、やってみたわけです。ところが、この『ロー・スクール』が証拠調べの前のところまでいったときに休刊になってしまったものですから、それでそのまま放ってあったわけですが、そんなものがあるということを聞き込んで読者の方が電話をわざわざかけてこられたりして、「その続きはどうなっていますか」とか聞かれたりもしました。しかも、最近どうも民事訴訟の理論というのが非常に複雑になって難しくてわかりにくいという、そういう学生たちの風評も耳にするものですから、それじゃあ、その『ロー・スクール』に連載したものを基礎にしながら、それをアップ・ツー・デートなものに変え、また足りない部分を書き加えてみようかということで、この『民事訴訟法概要』という本をつくったわけです。

河野　それでは、このご本の基本的な視点を挙げていただけますでしょうか。

林屋　私としては、憲法三二条の「裁判を受ける権利」を基本に据えて考えていくようにしています。しかし、この権利はただ裁判を受けるというんじゃなくて、それは、近代法の理念である「公平・適正・迅速・経済」の理念に沿った裁判を受ける権利であって、そういう権利を当事者はもっているんだと考えるのです。また、それに対応して、裁判所のほうにもやはり裁判を行なう義務があるんだけれども、その裁判を行なう義務というのも、「公平・適正・迅速・経済」の理念に沿った裁判を行なう義務があるんだとみるわけです。そして、そういう観点からは、当事者には、そういう公平・適正な裁判を受けるという意味で、弁論権が保障されるし、また真実を述べなければならない真実義務があり、また正しい裁判を受けるために、裁判官についての忌避権があり、また出された判決に対しては、不服を述べる上訴権があるというようなことになります。それから、裁判所のほうにも、公平・適正な裁判をするために釈明権があるし、それは公平・適正な裁判を行なう義務というものとの関係では、釈明義務というような形になってきます。

そういうような基本的な関係があって、その訴訟手続では、近代法の、先ほどちょっと触れたような、基本原理としての個人主義・自由主義に基づいた民事訴訟の理論がいろいろと発展してくる。例えば、個人を個人として尊重するというのが個人主義であり、その関係で、個人の生活関係は自治的に処理されるべきでして、自由主義というのはできるだけその個人の生活関係に国家は関与しないということになる。だから、当事者間で紛争が解決できなくて裁判所に持ち出すわけですけれども、その場合でも、裁判所としては個人の生活関係にはできるだけ関与を控えるという態度をとる。そこで、裁判所は当事者が求めてきたことについてのみ裁判するというような処分権主義とか、あるいは裁判所が判断する場合の資料は、当事者がやっぱり自主的に持ち出すという弁論主義というような原理が出てくることになる。

すると、当事者としては、自分が求める裁判の特定をしなければならないから、今日のような騒音の差し止め訴訟で防音設備を求めるような場合には、そのための具体的な装置についてまで原告は特定して求めなければならない。もしそれができないと、却下されるというようなことになるわけですけれども、専門的な知識のない一般の原告にはそんな特定まではできない。では、どうするかが問題になります。そして、この点については、一八世紀・一九世紀的な夜警国家的な国家像のもとで、国家は火の番だけしていればいいというような時代には、当事者が求めたものについてだけ、裁判所は裁判していくということになりますが、今日のような二〇世紀的な福祉国家の時代になりますと、裁判所としては当事者が騒音に悩まされて困っているという状況が認定される場合には、それに基づいてどういうような防音装置をつけるかというようなことについても、やっぱり裁判所がそれをヘルプしてやっていいと考えてよいのではないかと思われます。すなわち、一八世紀・一九世紀的な個人主義・自由主義の原理をもとにして、近代の民事訴訟の理論がつくられておりますけれども、それに対しては、やはり現代法の見地、まあ我妻栄先生は個人主義・自由主義に対して、団体主義・社会主義という言葉を使っておられますけれども、私は団体主義というとちょっと誤解が生じることがあるし、社会主義というのもはっきりしないものですから、福祉主義というような言葉を使っておりますが、そういう二〇世紀の福祉主義的な見地からは、一八世紀・一九世紀の訴訟理論に対しても修正理論というものが出てきてよいとみるわけです。

それからもう一つは、中世から近代への社会の変遷を、「身分から契約へ」というような言葉でメインが表現していますように、近代の社会というのは契約を中心にした社会ですから、そこで起こってくる紛争も、契約型の紛争が多く、契約型紛争の訴訟が多くなる、そうすると、契約というのはAとBとの間でなされていくわけですから、それに関する資料なんかについても、相手方がどんなものを持っているかがわかるし、こっち側にもその資料があるわけです。そこで、自分が持っている資料を裁判所に十分に出さなかったときには、不利益を受けても仕方がないとするような、そういう主張責任とか、立証責任とか、そういうような訴訟原理も出てくるわけです。ところが、そういう契約型訴訟のほかに、現代的な不法行為型訴訟というものが多くなってきますと、不法行為ということとの関係では、相手方の故意・過失とか、あるいは外界の因果関係というようなものが問題になってきますから、原告である被害者は相手方の故意・過失という内心に関する資料も集めなければならないし、あるいは、外界の因果関係についての資料も集めなければいけないというようなことになる。そうすると、それがきちんと収集できなくて裁判所に持ち出せなかったために、不利益を受けるというようなことになると、被害者の救済という点で、まさに「公平・適正な裁判」という見地からも問題が出てくる。そこで、一応の推定だとか、間接反証だとか、文書提出命令なんかについても、いろいろな理論的展開が出てくることになります。すなわち、今日では、いま申しましたような配慮をしていくことが、現代的な意味での「公平・適正な裁判」に資することになるわけです。

だから、そういうように、近代の訴訟理論がなぜそういうようなものとしてつくられたか。それに対して現代の訴訟理論としてはどういうふうな修正または補充が加えられるか。そういうようなことを『概要』の中では書いておりますので、そういうような点を頭に置きながら読んでほしいと思うわけです。

4　教育・学内行政など

河野　どうもありがとうございました。それでは、次の話題にいきましょうか。教育や、それからいろいろな学内行政関係のお仕事についてお伺いをしたいと思うんですが。

林屋先生は、お弟子さんも非常に多く、またいろんな分野で研究をしておられますが、何か教育につきまして、ご方針がおありなのか。あるいは、そういう教育につきましてのいろんなお考えをお聞かせいただければと、こういうふうに思います。特にお弟子さんは、先生のご関心からかもしれませんが、非常に広い方面にわたった研究テーマをもっている人が多いわけですが、そういったような点にも関連しまして、お話を伺えればと思いますけれども。

研究室の門下生のこと

林屋　私の恩師である斎藤秀夫先生からは、私は自由に研究をさせていただいたんですが、しかし、先生がひょっと言われたことが、私にとっては非常に研究をしていく上で貴重な指針になっていることが多いわけでして、自由にはさせていただいたけれども、必要なポイントはきちんと私に教えてくださっておったことを非常に感謝しているんです。それに比べて、私はどうも、私の門下の諸君に対しては、あまり適切なことも申さずにいたのではないかなという感じがしないでもないんです。

斎藤先生のご研究には、もちろん民事訴訟とか、強制執行・担保権の実行とか、そういう本来の領域のものがたくさんありますが、それと同時に『国会と司法権』とか『裁判官論』だとか、その周辺の領域で、研究がいままでなされていないようなところに、積極的に進んでいかれるという、そういうご姿勢が先生にはあったんです。私もどちらかというと、その点は受け継いでいて、さっきいろいろ問題にしていただいたような分野の研究を手がけてきているというのも、やはりあまり人がやっていないところに目を向けていこうという、そういう面があるかと思うんです。そして、その点では、確かに私のところの研究室から出た諸君も、そういった流れはもっているように思います。

中島弘雅君は、大学院時代に会社訴訟をやりたいと言うものですから、それはいいことだと言いました。「会社法と民事訴訟法のグレンツゲビートの会社訴訟をやるのは、あまり手がける人がいないだけに意味があるよ」というふうに言ったわけです。それから、宮川知法君のときには、私は、「民事訴訟の心理学的な考察をやったらいいんじゃないか」ということを言ったんです。それは、宮川君のお父さんが東北大学の教育学部の心理学の教授だったからなんです、実は、これも私のさっきの文学部へ行きたかったという志望と関係してくるわけなんですが、私は、高等学校時代に、その当時の東京大学の心理学の教授だった千輪浩という先生の『現代心理学』という本をかなりよく読んだのです。これは、ゲシュタルト心理学だったんです。ところで、刑事訴訟の場合には植松正教授なんかが心理学的な考察をしておられるんですけれども、民事訴訟については心理学的な見地からの考察というものがこれまでないんですね。しかし、当事者も人間だし、裁判官も人間だし、証人も人間なわけですから、やっぱり訴訟手続の実践的な面を考えるときには、心理学的な考察というのは、非常に重要だと思うんです。ですから、私自身がそういう心理学的な考察をやりたいと思っていたんですが、既に手いっぱいで、そこまで手が回らないので、宮川君の場合には、お父さんが心理学の先生だったものですから、いろいろ助言もいただけるのではないかと思って、彼に「やらないか」と言ったんですが、あまりいい返事をしないのです。それで、そのとき、日本人でアメリカへ行って帰ってきて日米両国の破産法を比較した論文を書いた人の本があったものですから、ちょっとそれを見せたら、「こっちをやりたいです」ということになりました。破産法の研究者もいまはふえてきましたけれども、あの当時は少なかったので、「じゃあ、破産法をやるか」というようなことで、破産法を勧めることになったんです。

そういうようなところへちょうど菅原郁夫君が助手になってきました。菅原君はお姉さんがちょっと心理学的なことに関係があったものですから、また私は彼に「心理学的な面からのアプローチをやったらどうか」と言ったんです。はじめての分野への挑戦ですから、菅原君もかなり逃げていたんですけれども、最後についにあきらめて、それで「心理学的考察をやります」ということになりました。心理学をやるからには、文学部の心理学教室へ行って、ちゃんと基本的な講義を聞いてくるようにというようなことを言ったところ、彼はそれをちゃんとやって、いまはもう水を得た魚みたいにアメリカでもって心理学者なんかとも接触しながらばりばり研究を進めていますから、ああやっぱり勧めてよかったんだなというふうに思ったりしているんです。それから、ここにいる山田さんにしても、裁判外紛争処理なんていう新しい分野に挑戦するというものですから、私としては、大いにやったらいいというふうに言ったわけでして、確かにそういう点からはどうも、斎藤秀夫先生以来の一つの血筋が私の門下生の諸君にもつながっているのかなという感じがしますね。

河野　山田さん、お弟子さんのほうからいかがですか。

山田　先生がテーマを勧められるときは、森の中に新たに道を開拓するほうが、いままで一応切り開かれているところを平坦にならすよりもおもしろいのだというふうなおっしゃり方をなさって、こちらを非常に勇気づけられ、半分だまされたのかもしれないですが（笑）、結果的には新たな分野に挑戦できることになり、感謝しております。

教育の点では、先生は民事訴訟法の専攻のみならず、例えば国際私法の方に対しても、非常によくお世話をなさったというふうに伺っていますが。

林屋　いや、あまりお世話をなさったということはないんですが（笑）。やっぱり、これは中川先生もそうだし、斎藤先生もそうなんですが、どうしたらいいかって困っている諸君がいると、つい手助けをしなければいけないという気持ちになるんで。「国際私法の研究をしたかったんですが、主任教授が定年で辞められて、おられなくなったので、どうしようかと困っています」と言ってこられたりすると、つい、それじゃあということになるものですから。そんなことで世話をしたということになっているわけですね。

教育の基本方針

河野　それでは、学部の教育の問題を。

林屋　民訴というのは、さっきも出ましたが、眠りのもとだなんていうふうに言われておりますが、なぜ眠りのもとになるのかというと、民法なんかの場合には、何か買ってくれれば、もう売買という関係がわかるし、下宿を借りれば、賃貸借なんていうことも自分でもって実感できる。それに対して、訴訟の場合には、なかなか具体的なイメージがつかめない。そういう問題があると思いますので、民法なんかとは違って、やっぱり教えるほうもひと工夫しなければならないかなというふうに、私はかねがね思っておりました。

それで、鴨先生が東北大学の刑事訴訟法の講義でそういうやり方をとっておられたんですけれども、私の民事訴訟法の講義のときには、初めの二こまぐらいで、民事訴訟の手続の全体を話してしまうことをしました。そして、手続の流れが頭に入った上でもって、ある程度細かく話をしていくほうが、訴訟経済ならぬ勉学経済になると思います。こうして民事訴訟手続の概略を説明してしまってから、以前は仙台高裁から『杖の訴状』という映画を借りてくるんです。これは、自動車事故によって足を悪くして杖をついている女性が、加害者に対して損害賠償の請求をするという、そういう事案なんです。これは三〇分か四〇分の映画ですけれども、法廷の状況もわかるし、訴訟の場面では反対尋問でもって、原告側がそれまで不利だったのが逆転するというような、そういったドラマチックな構成になっていて、見ごたえがあるんです。だから、この映画を最初に学生諸君に見せたんですが、これもかなり効果があったと思います。ただ、この中にちょっと差別用語が出てきたものですから、それでも五、六年前から使えないことになっているんですが、大変いい教材であっただけに、残念に思っているわけです。

そんなことで、最初の三時間ぐらいで概略を説明して映画を見せてから本格的な講義に入るわけですけれども、その場合にも、私としては、できるだけ手続の流れに沿って、聞いている者が当事者のような感じでもって、臨場感をもちながら講義が聞けるようにしたいと心がけています。民事訴訟法の法典の順序なんかで、初めに除斥だとか忌避なんていうのを講義しますと、何のことやらよくわからなくて、講義を忌避したくなるようにもなる。だけども、具体的な手続との関係で、「こういうような場合には、裁判官が不公正な判断をするおそれがないともいいきれないから、当事者から忌避の申立てができる」とかいうように、話を手続の流れの中に入れていきますと、除斥、忌避などの制度の意味もわかるようになる。同じように、当事者能力だとか、訴訟能力なんていうのも、訴状なんかに結びつけていくと、わりと理解しやすいように思います。

それから、どうも民事訴訟では言葉が難しいんですね。「訴訟物」なんていうのは初めて聞く言葉ですから何のことかわからない。だけれども、これは「訴訟の対象物」を略した言葉だ、だから「審判の対象」と同じようなものだとかいうふうに説明をすればわかる。それから、「本案判決」なんていう言葉も、非常にとっつきにくい。だけど、本来の案件についての判決だといって、本来の案件というのは、原告が裁判で本来求めているものだというように、言葉の分析なんかもしていくと、とっつきやすくなってくる。その上で、手続についての理論をできるだけ論理的にわかりやすく、なぜそうなるのかという角度から説明して話をしていけば、学生諸君たちもよくついてきます。

それから、やっぱり複雑な手続も出てきますし、しかも私の場合には二こま続けて講義をしていますから、やっぱり聞いていても疲れてきますから、学生の顔を見ていて、これは疲れてきたなと思ったら、そこでできるだけおもしろい話とか、逸話とか、自分の体験談とかを話すようにしています。だから、かなりそういう材料をストックしていますが、それは、その話を聞くことによっていま聞いている講義がよりよくわかるというような、そういう話であることが望ましいわけです。これは中川先生の講義がそうなんですね。もう先生はいろんな話題が豊富だし、おもしろい判例をたくさん知っておられるんです。日本評論社から出ている『家族法判例講義上・下』なんかだって、家庭裁判所の調査官向けの講義を速記したものを本になさったんですが、非常におもしろいんですね。そういったような、私の場合には、いい講義を聞かせていただいたものですから、やはりそれがいまだに頭にあって、そういう中川先生流の話をできるだけするようにしていると、学生諸君もついてくるわけです。

初めが難しいとだめなんですね。テレビなんかでも、最初の一、二分が勝負なんだそうです。見ていて「おもしろそうだ」と思うとずっと続けるが、「おもしろくないな」と思うと、もう次のチャンネルへ変えるという、いまの学生は恐らくみんなそういうパターンだと思うんですね。だから、初めの一時間や二時間、講義を聞いて、「わかるな」と思うと、もうあとは休まないでずっと講義に出て来る。ゼミの学生諸君から聞いていると、どうもそういうことらしいんです。だから、大抵学年の初めから終わりぐらいまで、あまり聴講している学生数に変化なしに、ずっと熱心についてきてくれる。今年は二五〇人以上はいましたね。それは、いま言ったような講義の場合の幾つかのやり方というのが、まあまあ何とかそういうことに結びついているんじゃないかなというふうに思っています。

ことしは、私の『民事訴訟法概要』を教科書に使ったんです。ちょっといままでは値段が高いかなと思ったものですから、教科書には指定しなかったんですが、ほかの教科書と比べてもそんなに高くなくなったので、ことしはそれを使いながらやってみました。そうしたら、講義を聞いていて、さらにあの本を読みますと、さっき申しましたけれども、あの本はできるだけわかりやすく、学生諸君たちが消化しやすいようにと思って書いたつもりなんですが、まあそのせいか、非常によく理解してくれて、ことしの試験では、八〇点以上というのがかなりいたんですね。七八点もかなりいて、七五点、大体その辺が平均点になるくらいの成績でした。だから、もっと早く教科書をちゃんとつって、学生諸君に渡しておけば、もっと効果的な講義ができたかなというふうに思ったりしたんです。まあそんなところが、学部で民訴の講義をしたときの、私の心構えなのです。

河野　なるほど。学生諸君の視聴率を確保するというか、上げるのは大変難しいんですが、いまお聞きしていて大変参考になりました（笑）。

ゼミと手続法研究会

山田　ここで、ゼミのことをちょっとお伺いしてもよろしいでしょうか。いま、学部の講義についての教育方針をお聞きしたわけですが、先生のゼミも非常に特色があり、また学生に人気が高いので、そこで留意されている方針のようなものを伺えましたらと思います。学生に対して、わかりやすい話し方をするよう指導されたり、判例の分析の際に、先生独自の、非常に事件に密着した考え方を示されるという感じを、私もゼミに参加させていただいて、強く受けているのですが、そのあたりについて伺えましたら。

林屋　ゼミに入ってきた学生諸君に対しては、まず「調べること」、それから「考えること」、それからいま山田さんが言われたような、「話すこと」と「書くこと」、この四つをきちんとこのゼミで身につけてほしいというようなことを、私は言うわけです。

いろんな問題が社会へ出てから起こってきます。そのときに、この問題に対処するにはどうしたらいいかを考えるためには、その考えるときに役立つ材料をまず集めなければいけない。それが、問題について「調べること」ですね。それから、集まった材料にもとづいて、どういうふうに考えていくかということ、「考えること」の訓練をする。それから、考えたことを、やっぱり相手に理解させなければならないから、「話すこと」が重要になる。これにはもう相手の顔を見ながらどの程度わかったかなということを判断して、もしわかってなさそうだなと思ったらさらに強調する、そういったようなことのトレーニングが必要です。それから、話すと同時にまたレポートなんかも書かなければなりませんから、「書くこと」が重要になります。この四つのことをできるだけゼミで身につけてくれれば、社会へ出てからも役に立つよというようなことを言うわけですね。

実際に日銀とか輸銀とか開銀、そういった政府系の銀行とか、あるいは興銀だとか、そういうようなところに、かなり行っている諸君もいますけれども、私のところへ来て、そういうゼミでトレーニングを受けたというのは、非常に役立っているということを言ってくれるのです。そうすると、私もほっとするわけですが、現に例えば日本興業銀行へ行った深沢雄二君というのは、入行してすぐ翌年だったと思いますけれども、河上記念財団の社会人の論文入選第一等になったりしています。そんなわけで、私のゼミでは、かなり書くことも求めます。「比較裁判制度の研究」なんていうテーマのゼミも何回かやったんですが、そのときには、ドイツ班、フランス班、イギリス班、アメリカ班、それから日本班と五つに分けて、各国の裁判制度について研究したところを報告させ、そして最後は書かせるんです。すると、『大六法』の厚さぐらいのやつを――私の研究室にいまでもずっと記念に残してありますけれども――書いてきたりしましてね。そうすると、書いたという自信がつくんですね。だから、何かそういう社会へ出てから書かなければならないときにも、あれだけのものが書けたからということで、非常に自信をもって書けるというふうに卒業生たちが言っておりますので、まああそれでよかったかなという感じを受けています。

私のゼミのことでは、ついでに申しますと、ことしの四月に東大名誉教授の――いまは法務大臣になられましたが――三ヶ月章先生に法学部の新入生に対する記念講演をしていただいたときに、三ヶ月先生が一年の諸君に、これから教官が教壇にあがって頭を下げたときには、聞いている諸君もあいさつをすべきだと言われたんですね。これは、これから学問をするということについて、教官は真剣な態度で臨むということを体であらわす意味をもって頭を下げる。だから、諸君たちも、これから真剣に聞くということであいさつをする、これが礼儀だということを言われたのです。それで、私も、いままでやっぱりそういう気持ちがあったものですから、確かにいいことを言ってくださったと思いました。そこで、せめてゼミでそういったことを実践しようと思って、ゼミのときに学生諸君にそういう三ヶ月先生の言われたことを紹介して、これからはひとつきちんとあいさつをしてから始めようと言ったんです。柔道だとか何かするときだって、師範とやるときに、やはり両方ともちゃんとおじぎして、それからやるわけですよね。これから真剣に立ち会うと。だから、そういう真剣に立ち会うゼミの場だから、あいさつをきちんとしてからやろうというふうに言ったわけですが、私はそれを忘れて次のときに教室に入って席に座ろうと思ったら、もうみんながちゃんと立っていて、それであいさつをしたわけです。終わってても私がもそもそしていると、みんながちゃんと立ったままでいるというようなことで。これは大変、定年前の一番最後のゼミできちんとけじめがついたと思って、うれしく思っているところです。

山田　先生のゼミには「木志会」という名前の、強固な組織たるＯＢ会があるわけですが。その発足のゆえんなどもお聞かせいただければ。

林屋　そんなことで、かなりゼミでは報告をして、あとレポート的な論文も書くというようなことで、ゼミの諸君の間のまとまりがわりといいんですね。それで、東北大学でゼミをはじめて何年かしてから、ＯＢ会をつくろうということになりました。それから、もう一つには、私のゼミは四年で入ってくるわけですね。そうすると、四年で入ってきて卒業していっちゃうものですから、前にどんな人がゼミにいたか、あるいは後輩にどんな人がいるかわからなくて、会社でしょっちゅう顔を合わせていたんだけれども、それが同じゼミの先輩・後輩であったということが、随分たってからわかったというような話があったりしましてね。そういう話を聞いたものですから、それじゃあひとつ縦断的な会をつくって、ゼミの出身者が一年に一遍ぐらい顔を合わせるような機会をつくろうかというようなことで、このＯＢ会ができたんです。

初めは木曜日にゼミがあったものですから、木曜日に志を立てた連中の集まりということで「木志会」ということにしたんです。けれども、最近はゼミが水曜日だったりするので、せめてことしだけは木曜日に戻そうかと思っていたんですけれども、実際にはそうはいかなかったということなんです。

山本　ここで民事手続法研究会のことについてもふれていただけますか。

林屋　そうですね。東北大学の「民事手続法研究会」には、仙台を中心とした東北地区の民事訴訟法の研究者が出席してくれておりますが、それから、弁護士さんや、仙台高裁や仙台地裁などからも裁判官の方が参加してくださっております。裁判所との間の交流は、仙台高裁の奈良次郎部長のときに始まりました。そして、奈良部長が岡山家裁所長に移られてからは、同じ仙台高裁の三井喜彦部長がバトンタッチを受けて、力を入れてくださったのですが、三井部長が退官されてからは、仙台地裁の塚原朋一部長が毎回出席してくださって、今日にいたっております。仙台高裁の田尾桃二長官のときには、田尾長官も研究会に出てきてくださっていろいろと実務上のことを話してくださいましたし、ご退官の日には研究会で退官記念の講演もしていただきました。田尾長官は、私が『概要』を出しましたときに、早速、公務ご多忙にもかかわらず二週間にわたって私の本を読み通してくださって、『法律時報』に「書評」を書いてくださったわけで、大変有難く思いました。奈良先生や三井判事は、いまでもときどき研究報告をしてくださっており、また、忘年会などにも出席してくださっております。それから、いまは塚原部長が裁判所で修習中の司法修習生のみなさんを連れて研究会に参加してくださっていまして、奈良先生がつくってくださったレールにのって、大学と裁判所の間での交流がますます進んでいることは、本当に有難いことだと思っております。現在の仙台高裁の藤田耕三長官にも、近くご講演をお願いしようと思っております。

大学院改革検討委員会

河野　それでは、次に学内の、いろいろな行政的なお話についても、少しお聞かせいただければと思うんですが。

林屋　学内行政として目ぼしいものをお話しすれば、まず第一は、「大学院改革検討委員会」のことだと思います。私は昭和四八年に東北大学にまいりまして、五一年に評議員をすることになりました。そのときに、大学院の設置基準の改定があったんですね。要するに、いままでは下に学部があって、その上に大学院ができるという基本的な構造だったわけですが、この大学院の設置基準の改定によりまして、下に学部がなくても大学院の研究科ができるという独立研究科とか、全く学部なしに、大学院だけをつくる独立大学院だとかが認められて、極めて自由な、弾力的な扱いが大学院の設置基準で定められたのです。そこで、評議会の下に、一体この大学院の設置基準の改正でどういう点が変わったのかについて検討し、また東北大学の部局で、そういったような改革の意図をもっているところがあればそれをヘルプする使命をもった委員会として、「東北大学大学院改革検討委員会」というものがつくられたのです。

私はその委員会に所属することになったんですが、間もなく、その大学院改革検討委員会の委員長にならなければならなくなりました。それで、大学院の設置基準がどういうような内容をもつかという検討をして、それから、東北大学の部局がそういう改革に対して何か構想をもっているかについてのヒアリングも全部局に対してしたりしましたが、とくに目だった改革の動きはありませんでした。ところで、いま、東北大学で青葉山への移転ということがいろいろ問題になっておりますけれども、その当時もやはり市民が片平構内を開放してくれということを望んでいましたので、片平の研究所は青葉山へ持っていったほうがいいという声があったのです。それは、東北大学の場合には、理科系と研究所の間の関係がかなりうまくいっているので、いろんな共同研究をしていくときに、山の上と片平では、交通の便もぐあいが悪いから、理科系のすぐ近くのゴルフ場のところに研究所が移ると、これが大学の研究全体を向上させる上でもいいんだということで、そういう移転構想があったのです。それで、私は、とくに理科系の部局の代表の人に、一応その点についても質問してみたんですけれども、そうしたら、そのときはみんな、青葉山へ移転することについて積極的な意見でした。

それが大学院改革検討委員会なんですが、その改革検討委員会をやっているときに、東京大学の向坊隆学長が、国立七大学、すなわち旧帝大の大学院の実態調査をしようということを言い出されて、それが七大学の学長会議で決まったんです。科研費をもらって三年間やるということになり、各大学から二名ずつの委員が出るということになりました。そして、私が大学院改革検討委員会の委員長をしていた関係がありまして、文科系からは私、理科系からは工学部の堀江忠児教授が出られて、二人が東北大学の代表として、この七大学の大学院の実態調査のチームに所属したわけです。

ここでは、いろんな大学の、しかもいろんな部局の先生と接触することができましたので、大変おもしろかったし、場所はほとんど東大で会議をやりまして、京大で一回と東北大学でも一回やったんですけれども、なにしろ学長のお声がかりでできているものですから、どこへ行っても非常に待遇がいいんですね。東大なんかでも、できたての、医学部の病院のそばの本部棟の一番上の眺めがとてもいい、部局長会議をやる会議室で、こういう実態調査の研究会なんかをやらせてもらいました。そして、東大では、学長が出てこられて、懇親会をやったり、京都へ行けば、京都大学の岡本道雄学長が出てこられるとかいうことで、これは大変楽しい会議でありました。

では、どういうテーマで実態調査をしたかというと、「大学院の目的」だとか「学位」だとかいろいろなテーマがあったんですけれども、東北大学は「交流」というテーマで調査をすることになりました。大学院における国際交流と国内交流の問題についてアンケート調査をするわけです。それをやるについては、東北大学の中にワーキンググループをつくらなければならないということで、それで「東北大学大学院問題調査委員会」というのがつくられました。何でも略しちゃうものですから、これは大問調というふうに言いましてね。なんか大福帳だか大問調だかよくわからないような（笑）、委員会ができて、これも私が委員長を務めなければならないようなことになったわけです。

文学部の西田秀穂教授だとか、教育学部の塚本哲人教授とか、経済学部の加藤勝康教授とか、医学部の山本敏行教授とか、とにかく一〇の学部からみんな錚々たるメンバーがその委員会に集まっておりました。しかも、皆さんとても積極的に、しかも和気あいあいとこの作業をしてくださって、いつも七大学の中では東北大学のこの委員会の作業が一番早く進んでいるものですから、東北大の団結力はすごいなあといって、ほかの大学からはとてもうらやましがられたものです。

それで、その七大学全部の交流についての実態調査をした結果としては、国内の交流としては、七大学の個々の大学と七大学以外の大学との間では内地研究などのいろいろな面で交流が盛んだけれども、七大学の間での交流というのが非常に少ないから、もっとこの交流を進める方向を考えるべきだという、そういう意見がかなりありました。まだこの当時は国際交流というものは、今日みたいに盛んな時代でなかったので、それで国際交流も大いにやるべきだが、国内交流としても七大学の間の交流を盛んにすべきだという、そういうような声が強かったのです。

そこで、私たちは、全国的にもそういう声が強いのであれば、国立七大学の中の一つの大学、それを我々としては東北大学が適当だと思ったわけですけれども、東北大学を「交流型大学院」というものにしたらどうかと考えました。そのためには、やはり集まりやすいという交通機関の便が必要だし、気候的にもあまり寒かったり暑かったりしても困るから、仙台ならばまあそういう面でも要件を満たすだろうというわけで、ここを交流型大学院としようと考えたのです。要するに、野球で言う夢の球宴的に、パ・リーグ、セ・リーグなどの、いままで一緒になったことのないような人をこの大学院では一緒にするわけですね。だから、例えば歴史の例をとれば、東北大学で中世史と近代史の専門家はいるが、古代史と近世史の人がいないというような場合には、東大から古代史の教授と、京都大学から中世史の教授を呼ぶということで、日本で考えられる最高のメンバーを揃えた講義をここでやるというようなことをして、さらに外国の学者も呼んで、一年とか半年とか三ヵ月とか、ほかの大学の教授がここに来て、講義をすると同時に、他面で共同研究もするということにすれば、かなり大学院としても実のある結果が出るのではないかという、そういう案をつくりました。それで、そのときの前田四郎学長にそういうことをお話ししたわけですけれども、前田学長はあまりどうも積極的でなかったものですから、結局そういった交流型大学院構想というのは、そのままになってしまったわけです。しかし、そういうのができていれば、東北大学の大学院の特色づくりに、あるいは役立ったのではないかなと、そういう感じをもっております。

とにかく、こうして、この大問調というのは、実態調査を三年間にわたってやったんですね。その間に随分何回も委員会をやったんですけれども、委員のみなさんは非常に出席率がよくて、事務局の人がびっくりしていたくらいなんですけれども、この三年間というのは、要するに中学だとか高校の期間と同じですから、同窓生的な意識がその間に芽生えてきて、その結果、この委員会終了後も同窓会をずっとやりましてね。かなり、そっちの面での交流も盛んに続いたりしたことがあります。

情報科学研究科教員選考委員会

林屋　それから、いまお話ししたように大学院改革検討委員会で独立研究科なんていうものができるということを、我々としては研究したりしたんですけれども、それを現実につくるという作業にかかわることになったのが、「情報科学研究科教員選考委員会」であります。この大学院の情報科学研究科をつくるというのは、もうだいぶ前からいろいろと話が出ていたわけですが、三年ほど前からそれが具体化してきました。そして、情報科学研究科設置準備委員会というものがつくられて、それにも私はメンバーで入っていたわけです。その情報科学研究科設置準備委員会では、本来は、その中で構想と人事も決めるはずなんですが、人事は重要なので、その人事の問題だけを別個の委員会をつくって扱おうということで、「東北大学大学院情報科学研究科教員選考委員会」というのが別個につくられて、私が委員長に選ばれてしまうことになりました。それが去年、平成四年であります。

初めの計画では、一〇〇名をこえる教員を選考しなければいけないということなんですね。一人や二人の選考をするのだって大変なのに、一〇〇名以上も選考するなんていうのは、これは大変だと。しかも、文部省への申請の関係があって、短期間にそれをしなければいかんというわけなので、私は、例の秀吉ですか、非常に短い期間で城壁をつくり上げたという、あの話にならって、大ぜいがそれぞれの一部分だけをずっと一挙につくりあげるという、もうあの方式でやるよりしようがないなというふうに思いました。それで、学内のいろいろな先生方にお力添えを願ったわけです。法学部なんかの教官選考の場合には、選考委員会ができて、そしてその案を教授会に出して審議して決めるわけですが、理科系の場合には、そういう選考委員会ができてから、学部の下の科の単位で会議を開いて、それから学部の教授会に持っていくという、こういう三段階ぐらいの方式になっているんですね。ですから、やっぱり人事というのは慎重にしなければなりませんので、私もそういう三段階選考システムをとって、本委員会と、その下にいくつかの小委員会をつくり、それからさらに沢山の推薦委員会を設けるという、そういう三段階の委員会制をとって、それでだーっと一挙に選考するという、そういう形をとったんです。その結果、幸いに、去年の夏の暑いさなかのことですが、かなり多数の各部局の先生方のご協力をいただいて、期限どおりにきちんと選考することができました。もっとも、初めは一〇〇名をこえる構想だったんですが、結局は文部省からいろいろと縮められて八十数名ということになったわけですけれども、まあ、いま申しましたようなわけで、その選考が無事にできたわけです。

私は、その選考のときに、「情報科学」の専門の教員なんていったら、これはそんなにいるはずがないから、一〇〇名以上なんてとんでもないので、この点をどうしたらよいかということを考えたわけです。そのときに、要するに、我々の外界の自然現象だとか社会現象というのは一つのものなんですけれども、それを例えば社会現象を輪切りにして、法学部というのは法律的な面についてだけ研究し、経済学部は経済的な面についてだけ研究するが、そういうふうにして研究成果が出たときに、社会現象というのは一体をなしているんですから、本当はそういう成果にもとづいて、もう一度総合的に研究をしなければならないはずだと思ったのですね。ところが、旧帝国大学というのは、輪切りにしたままで放っちゃっているわけです。だから、そうした旧帝大でも、やっぱりそれぞれの一〇の学部なら一〇の学部でもって、研究したことを踏まえて、一体としての社会現象や自然現象をまた協力して共同研究で見ていくことが必要で、情報科学研究科というのは、まさにそういうことをすべきところではないだろうかと考えたわけです。

情報というのは、そういう各分野における情報であって、これをもとにして自然現象あるいは社会現象を総合的に研究する研究科というふうに考えれば、教員も選考できるわけですね。私は、いろんな分野の先生たちと話をしているうちに、どうもそういうようなシステムでいいと思ったものですから、そういう角度から選考をいたしましたが、結局、我々の選考結果は、ほとんど問題なく文部省でも認められたものですから、やれやれと思ったわけです。そのとき、本部事務局の法制掛の村上昭夫掛長と常に連絡をしながらこれをやったんですけれども、村上さんは非常によくやってくれました。事務局の人たちは縁の下の力持ちで、そのとき、事務局というのは本当に大変だなと思ったわけであります。

三太郎の小径

山田　それから、「三太郎の小径」もつくられましたね。

林屋　ええ。これは東北大学の石田名香雄元学長が学長に就任されたときに、大学を緑化しようということで、緑化懇談会というものをつくられたのです。私が、文科系学部のあるこの川内南地区の代表としてこれに出ることになりました。仙台は杜の都ですから、大学も緑化に力をいたすべきだということで、全学の緑化ということを問題にしたわけです。この懇談会では、川内南地区、川内北地区、青葉山地区、艮陵地区、上杉地区、片平地区などから代表が出ていまして、初めにそれぞれの地区でもって、緑化についてどういうような考えをもっているかをそれぞれ述べるような機会があったのです。

そのとき、この川内南地区では、「三太郎の小径」というのをつくろうという、そういう構想があったわけです。この川内地区というのは、以前は第二師団があったところで、第二次大戦後は米軍が駐留していました。その米軍が撤退したときに、ここの場所を一体どうするかということが問題になって、県も欲しいと言いましたし、市も欲しいと言ったし、東北大学も欲しいと言ったのですが、結局東北大学が使えるようになったわけですね。そのときに、県とか市は「まあ東北大学が使うのはいいが、そのかわり、ここに市民が自由に立ち入れるようにしてほしい」ということで、そういう約束ができたんですね。だから、東北大の川内の構内には門とか塀をつくってはいけないということになっているのです。

ところで、さっき申しましたように、昭和四八年に、だから丁度私が東北大学に来たときに、片平からこの川内に文科系が移ったのですが、それからかれこれ一〇年たったころに、この川内のほうの建物の整備もほぼ終わったから、前の県や市との約束に沿って、この大学のキャンパスの中に、市民も学生も散策できるような、そういう小道をつくったらどうかというようなことが話題となってきたのです。そうしたら、その当時の学部長たちも、ぜひやろうというような考えになってきたんですね。そのときの法学部長は広中俊雄教授でした。それで、みんな集まって話をしたときに、大学の中の思索の小道だから、「三太郎の小径」という名前にしようということになりました。言うまでもなく、これは日本の代表的な思索家であり、東北大学法文学部の教授であった阿部次郎先生の『三太郎の日記』にちなんで、こういう名前にしようということになったわけです。そこで、川内南地区にはこういう計画があるということを緑化懇談会で私が言いましたところ、それは記念講堂の周辺の問題だから全学的な計画としてやろうということになったのです。

そういうことを言っていましたら、「河北新報」に、仙台市が川内の博物館から哲学の道をつくるという記事がのったんです。それも阿部次郎先生の持っておられたものを市の博物館に収めるので、それを記念して、博物館前の広場に阿部先生の記念碑をつくって、そこから東北大学の記念講堂に向けて哲学の道をつくると言うんですね。それじゃあ、こっちも思索の道だし、向こうも哲学の道で、やっぱり阿部先生と関係があるから、それならもう一本化することを考えたらどうかということになりまして、それで私が大学を代表して仙台市に行きまして、藤堂助役という人と話をして、大学がこういう計画をもっているんだけれども一本化したらどうかと言ったら、仙台市もそれにはぜひ賛成だということで、一緒につくるということになったわけです。

それで、私はこの「三太郎の小径」を、花の咲いていく道にしようというふうに思ったんです。それはなぜかといいますと、東北大学というのは、イメージ調査をしたら何か暗い大学であるというんですね。東北というのは何となく暗い。それから「みちのく」、これも「道の奥」なわけですね。だから、学会なんかではじめて仙台駅へ来て、ペデストリアンデッキにおりたった人が、「東北って明るいんですね」って真顔で言うことがあるんですよ。それくらい暗いところと思われている。しかし、現実はそうでないわけですから、やっぱりもっと、東北といったってそんな暗いところではないんだと、むしろ明るいところだというイメージをつくる必要があり、そのためには、花の道みたいなものをつくって、イメージチェンジをはかる必要があるんじゃないかと考えたわけです。

そこで、春から秋に向けて花がずっと咲いていくような、そういう道にしようと、プランメーキングをしたのです（一七三頁参照）。まず、博物館の五色沼の辺りが「春の林」で、梅だとかマンサク、桃、コブシが咲く。それから支倉常長の像のほうへ来て、ツツジ、アヤメ、フジ、ボタン、アジサイというように、こうずっと春から夏にかけて花が咲いていって、記念講堂の後ろが「夏の林」で、それから中善並木に来て、さらに「秋の林」というのを、記念講堂の前の道路脇の空地のところにつくるという、そういう計画をつくったのです。そして、仙台市もこれでやりますということで、話が進んでいたんです。

ところが、この「秋の林」をつくることになっている場所を、仙台市が東北財務局から買い受けたんですが、そこのところを芝生というか、草原にしているだけで、いまだに木を植えていないんですね。それで、私も前に市に電話をしたんですけれども、そうしたら、あそこの国際交流会館をつくるのにお金がかかって、ここまで手が回らなかったと、そういうようなことを言っていたんです。しかし、これはやっぱりきちんと約束どおりの秋の林にしてもらわなければいかんので、私の東北大学在職中に、何とかこれを交渉しておかないといけないなというふうに思ったりしているわけです。

ところで、『三太郎の日記』の三太郎というのは、「大ばか三太郎」なんていうときの三太郎なんですね。というのは、阿部先生は、自分は随分いろんなことを知っていると思っていたんだけれども、いろいろ思索をしてみたら、自分が何も知らないということがわかった。自分は極めて愚かな者、平凡な人間だったとさとられて、そういう平凡な人間として、まず第一歩から考えていこうというのが、『三太郎の日記』なんですね。だから、すべて原点に立ち戻って、そこから考えるというのが、この『三太郎の日記』です。だから、いままで正しいと思われていたような学問上のことでも、もう一度原点に立ち戻って考え直すということに通ずるわけです。ですから、あるいは、西澤潤一学長なんかもこういう考え方なんだと思いますけれども、そういう意味で、三太郎の小径というのを大学の中につくったということは、ひとつ、最初のところから疑って、この道を歩きながら思索をして、独創的な研究がそこから生まれればという、そういう気持ちもそこに託しているということになるわけなのです。

そんなことで、私は記念講堂周辺の緑化をやってきましたが、それと同時に文科系のほうのキャンパスの緑化もできるだけして、杜の都なんですから、やっぱりもっと緑をふやさなければいけないと思って、私としてはできるだけ大学構内の緑化のほうには力を注いできたつもりです。

在外研究のこと

河野　次に在外研究の件につきまして、少しお伺いします。思い出などをお聞かせいただければ。

林屋　昭和五六年七月から九月にかけて、二ヵ月間在外研究に出ました。本来、在外研究の短期というのは三ヵ月なんですけれども、ちょうどこのころは国家財政が緊迫しておりまして二ヵ月に値切られてしまって、二ヵ月間行ってきたということです。

私は、スイスのジュネーブを本拠地にいたしました。スイスというところには、日本の大使が三人もいるんですよ。一人はスイス駐在の大使、これは首都のベルンにいます。それから国連機関日本代表部の大使と、それからもう一つ、あそこに軍縮委員会というのがありますから軍縮委員会大使と、三人も大使がいるという大したところなんです。そのうち、あとの二人の大使はジュネーブにいるんですけれども、そこの国連機関日本代表部の特命全権公使を私の旧制高校時代の親友の小林俊二君というのがやっておりまして、そういうような友人がいたものですから、そういった気やすさもスイスを選んだことの一つの理由なのです。

この小林君というのは、彼の家が私の家とも近かったものですからよくうちに来たりしていましたが、高校時代から「外交官になる」ということを言っておりまして、外交官試験を受けたときには、彼は東大の法学部にいましたが、「家のそばでお祭の太鼓が鳴っていてうるさいものだから、勉強させてくれよ」なんて言って、その当時の舞出長五郎教授の『理論経済学概要』ですかな、そんなものを抱えてやって来て、うちで勉強していたりしてたこともあるんです。そんなように非常に親しくしていた友人ですが、この小林君は、その後はバングラディシュの大使をして、パキスタンの大使をして、それからついこの間までインド大使をしておりました。

スイスに行ってからのある日のこと、レマン湖で花火大会があったんです。小林が「きょう花火大会があるから来いよ」というものですから、それで私は出かけてみました。集合場所には国連機関代表部の家族の人たちも大ぜい来ていて、船に乗ってレマン湖の中へ進んで行ったんです。そしたら、花火大会の会場になっている湖の中ほどのあたりに大きな遊覧船がとまっているんですね。その遊覧船の屋根には大きなスピーカーがついていました。あっちは夏はなかなか日が暮れないものですから、花火大会は午後一〇時開演というようなことになるんです。そして、いよいよ始まりだしたら、船のスピーカーから音楽が流され、その音楽に合わせて、花火が打ち上げられるんですね。だから、マーチのときはものすごく勇壮に打ち上げられるし、ワルツになると水の上をはうように花火が舞ってくる。それが、コンピューターで操作されているんですよ。だから、日本だったら、ただ頭上にばんばんと打ち上げられるだけなんですが、音楽をバックにしていたことはとても新鮮でした。最近では何か東京湾でそういうことをやったようなことも聞いたんですが、これはもっと前なんですね。ちょっと新しい刺激を受けまして、小林君にいい経験をさせて貰いました。

ところで、ご承知のように、スイスは連邦ですが、スイスにはカントンというのが二三ぐらいあるんですね。州と訳されていますけれども、カントンは非常に独立的な要素が強い構成単位なんです。しかし、二三全部が個々的に独立なんじゃないんで、ドイツ系のカントン、フランス系のカントン、それからイタリア系のカントン、あともう一つあるんですが、大まかには三つほどのグループにわけられるわけです。そのスイスには、連邦憲法が一八四八年につくられているんですが、スイスでは連邦法というのはほんのわずかなんです。

一八八九年に債務取立て・破産法というのができていますが、それは例の強制執行で債権者が多数競合したときにどうなるかという問題を考えてみるとわかりやすい。もし連邦法をつくらないで、ドイツ法とかフランス法の扱いでいくと——イタリア法はフランス法と近いわけですから、大きく分けるとドイツ法とフランス法ということになりますが——多数の債権者が競合したときに、ドイツ法はご存じのように、差押え優先主義ですから、早く差押えをした債権者が優先的に扱われるが、フランス法のほうは債権者平等主義で、債権者をみんな平等に扱うわけですから、債権者が債務を取り立てるときに、カントンによって優先したり平等であったりして、ぐあいが悪いことになります。そこで、債務取立て・破産法というのができたんですね。

しかし、スイス連邦をつくるときに、とにかくドイツ系民族とフランス系民族とイタリア系民族などが一緒になるのですから、もしどこかの、例えばドイツ民族の法を基本にして連邦法をつくるということになると、フランスとかイタリア系の人たちは、自分の民族以外の法律に従わなければならなくなるために、できるだけ各民族は他の民族に迷惑を及ぼさないように、すなわち「民族の独自性」ということを尊重しながら連邦をつくろうと、そういう約束をしているのです。だから、よほどのことがない限り、よほどの耐えがたい不便がない限り、連邦法はつくらないということなんですが、そうした見地からみても、債務取立てなんかは連邦法をつくる必要があると考えられたわけなんです。

それからもう一つ、市民法、民法はやはり連邦法にする必要があるんじゃないかということで、一九〇七年に民法も連邦法になったのですが、ただ、このときにも非常に強い反対意見があって、それでやっと連邦民法がつくられたという状況があります。それで、もうこれでおしまいだぞと、あとは連邦法をつくらないぞと、そういうことになっていたのです。

ところが、一九三五年に一つの事件が起こったんですね。それは、ドイツ系のカントンにウリというカントンがありますが、そのカントンの中のルツェルンというところから、イタリア系のカントンのティツィーノにあるルガノというところへ向けて、急行列車が走っていて、そのドイツ系のカントンとイタリア系のカントンのちょうど境界のところにあるトンネルの中を走行中に列車内で殺人事件が起こったのです。その犯人は捕まって裁判にかけられたわけですけれども、そのときに、ドイツ系のカントンでは、殺人罪について死刑があるが、イタリア系のカントンのほうには、殺人罪に死刑がないのです。そこで、一体殺人事件が行なわれたのはドイツ系のカントンの中なのか、イタリア系のカントンの中だったのかということが問題となりました。この事件はスイスの連邦最高裁判所までいきまして、かなりドイツ系のカントンの中らしいということだったんですけれども、「疑わしきは被告人の利益に」ということで、結局イタリアの死刑なしの法律に従って裁判がなされたのです。しかし、そういう事件があったものですから、スイスの人たちは、これはどうもやっぱりカントンによって刑法が違うというのじゃ問題だということで、その二年後の一九三七年に、刑法も連邦法になることになりました。そういうようなことで、スイスでは、よほどの不都合がない限り、連邦法をつくらないということになっているんですね。

ところが、その連邦法をつくる場合にも、おもしろい現象がある。それは、さっきの強制執行で多数の債権者が競合したときのスイス連邦法の扱いを見てみると、ご承知のような「群団優先主義」というのをとっているのですね。あの群団優先主義というのは、最初に差押えをした債権者の差押えから一ヵ月以内に差押えをした者で第一群団をつくり、それから、その次に差押えをした者からさらに一ヵ月以内の者を第二群団とする。そして、第一群団や第二群団の中の債権者は、それぞれ、みんな平等に扱われるが、しかし、第一群団の債権者は、第二群団の債権者に優先するものとするのです。だから、平等主義と優先主義を、まさに足して二で割ったような、そういう形になっているわけですね。だから、私も群団優先主義のことを読んだり聞いたりしたときには、どうしてこんなドイツ法とフランス法のやり方を足してきちんと二で割ったようなやり方をとっているのかと不思議に思ったんですが、スイスへ行って話を聞いてみると、さっきのように、とにかくできるだけ民族の独自性を保つという考え方が非常に強いわけですから、連邦法をつくるときでも、一方だけに偏らないで、何とか両方の顔を立てるという、そういうやり方になっているんだということがわかったわけです。だから、やはり比較法の研究というのは、現地に行っていろんなことを見聞しないとわからないなということを実感したわけですが、こうした資料集めでも、小林にいろいろと世話になりました。

山田　スイスのほかの国にも行かれたのですか。

林屋　ええ、ドイツ、フランス、オランダ、オーストリア、イギリスというようなところへも行ったわけですが、そのとき、ヨーロッパの国というのは、いつも街などを花で飾ってきれいにしているという印象を強く受けました。日本なんかですと、お客さんが来るときに花を飾るとか、そういう特殊な場合に花という感じになるのですが、もう常日ごろから、ヨーロッパでは花を飾っている。だから、街にも花があふれているし、マンションなんかも窓辺にフラワーポットを置いたりしているわけですね。

チューリッヒに行ったときに、チューリッヒ大学へ行ったんですが、そうしたら、チューリッヒ大学の医学部の病院に「治療庭園」というのがあったんです。治療のガーデンというわけですね。その大学の医学部の構内の一角が庭園になっていて、花が咲き乱れているんです。その花園の中に、コンクリートの、ちょうど手押し車が一台通れるくらいの小道がずっとできている。日がさんさんと照って、花のたくさん咲いている中を、患者さんは手押し車に押されて通っているんですよ。これがやっぱり身体的にも、それから精神的にも治療になるんだということでした。とにかく、どこにでも花があるのですね。それでは裁判所はどうかなと思って、ジュネーブの裁判所へ行ってみたら、入口に守衛が立っていて、外から見たら、内庭に花が見えるんですね。それで中に入って見たら、建物の内側の窓辺にも花が置いてあったりしました。それからウィーンでも、裁判所の建物の外側の窓のところに花が置いてありましたし、ミュンヘンの高等裁判所なんかでは、入口のところに大きなフラワーポットがあったりしました。

ちょうど私がジュネーブにいましたときに、鈴木禄弥教授ご夫妻が国際司法裁判所の小田滋判事のところへ来られました。そこで、小田先生から私のところへ電話がかかってきて、「鈴木教授も来ているから来ないか」ということなんです。私はユーレイルパスを持っていましたから、早速、「ラインゴールド」という、その当時の西ドイツの誇る特急に乗ってアムステルダムへ行って、それからハーグへ行ったんです。そして、小田先生から国際司法裁判所の中をすっかり案内していただきましたけれども、あそこは元宮殿ですから、そこにも立派な花園がありました。そんなことで、ヨーロッパでは裁判所も花との関係が非常に深いので、日本へ帰ってから、仙台の高等裁判所の長官とお会いした折に、「日本の裁判所で何か花が咲いているようなところがありますか」とヨーロッパの話をして聞いてみましたら、首をかしげておられて、「いや、どうも日本の裁判所にはそんなのはないようですな」なんて言っておられましたが、最高裁判所のあんな石でつくられた中世の城塞みたいなところこそ、アクセントに少し花でもあったりするといいんじゃないかなと思ったりしたわけであります。

5　現在の関心とこれからの予定

河野　どうもありがとうございました。では、最後になりましたけれども、現在のいろんなご関心、それから今後こういったようなことをやりたいというようなご予定、両方一緒で結構ですので、伺えますでしょうか。

今後の研究計画

林屋　研究の面では、先ほども申し上げたような数字をもとにした、統計的な研究をこれからもしたいという気持ちをもっております。私はいままでのところ、西ドイツとイギリスについて統計的な見地からの考察をいたしましたけれども、もう少しそれを広げて、例えばサミット国、すなわち、ドイツ、イギリスのほかに、フランス、イタリア、アメリカ、カナダ、そういったような国の司法制度の統計も見たいと思います。国際化の時代ですから、日本の司法制度を世界の中で見るという、そういうことがこれから必要になってくると思うんです。しかし、外国の数字というのは、簡単に見ることができないというのが現状です。それで、もっとそういう角度から考えていくためには、各国の裁判の統計集を集めて、それで手軽にそういうものが見られるようにできるといいと思うんですね。そこで、みなさんのお力添えを得て、共同研究として、こういった代表的な国の裁判統計を集めて、それを整理して、きちんとした資料集にすることができればと思っておりますす。それから、その資料にもとづいて、各国の裁判制度についても考察を進めて、それとの関係で、日本の司法制度をどうしたらいいか、そういう「比較司法制度論」のようなものもまとめていければ、大変幸いだと思います。

それから、河野教授とも前からお話ししているわけですが、「法文化」の比較研究というのもできるといいと思います。これは確か朝日新聞に載っていた話ですけれども、中国と取引をしようとした人が、中国には「法三章」という言葉があって、法は「殺すなかれ」とか「盗むなかれ」とかそういった基本的な三条でいいというから、ものごとをわりと簡単に考えるんじゃないかというふうに思っていたが、契約をしようとしたら、とんでもない話で、中国人は非常に細かく決めないと「うん」と言わない。それは、やっぱり、中国では異民族が支配を繰り返してきたので、そうした経験から、きちんと取り決めをしておくということが中国人のやり方となっていることを知ったということでした。

そういうような、とにかく法というのは、その民族性あるいはそれぞれの歴史性というものを踏まえて、法文化としてそれぞれいろいろな特色のある形をとっていますので、そこで、これから国際取引なんかをするときには、やっぱり相手国の法文化を知る必要がある。もっとも、この「文化」というのが何なのか、私もよくわからないんで、法文化とは何かということからいろいろ検討しなければならないと思うんですが、みなさんとご一緒に、法文化の比較研究などもできればいいと思います。まあ、もっとも、もう名誉教授になりますので、あまりそんなこともしないようにして、静かにひっそりと生活をすべきなのかもしれないんですけれども、さっき申し上げたように、ようやくここ四、五年前から研究ができるような感じになってきて、しかもまだもうちょっと余力がありそうなものですから、皆さんのご迷惑にならないような限りで、おつき合い願えれば大変ありがたいと、そんなふうに思っているわけであります。

法制博物館構想

山本　民事判決原本の保存のこともありますね。

林屋　ええ、それから社会的な関心としては、ご承知のように長野に日本司法博物館というのがあるんですが、これは長野の松本の裁判所の古い建物を個人が払い下げを受けて、それを博物館にしているんです。ところが、やっぱり個人がやっておりますので、保管なども十分ではない。何か私が新聞を読んでおりましたら、資料があるので司法博物館に送った人が、どんなふうに展示されているかと思って見に行ったら、ダンボール箱に詰めて送ったままの状態で積み重ねられていたので、すっかりがっかりして帰ってきたという、そういう投書が載っていたりしました。日本司法博物館というふうな名前がついているものですから、外国人なんかも行くのでして、私が行ったときも来ておりましたけれども、どうもちょっと「何だ」というような顔をしていたんですね。そこで、もっとやっぱりきちんとした国立の博物館をつくる必要があると、かねてそういうふうに思ってきておりました。

ところが、最近、特に民事判決原本の廃棄という、そういう問題が出てまいりました。いままで永久保存であった民事判決の原本が、最近、保存期間五〇年ということに改められて、来年の平成六年一月一日をもって、五〇年過ぎるものはすべて裁判所でもって廃棄して構わないと、こういうようなことになったわけです。そうすると、明治七年ぐらいからの判決原本があるようですが、昭和一八年の末までの、明治、大正、昭和という、日本の近代化の過程において社会で起こった紛争、それを通じての人々の生活の状況を如実に物語っている判決原本というものが、すべて廃棄されてしまうことになります。これは実体法的にも意味のあるものがなくなるということですし、同時にこれは固有の日本の裁判制度、裁判手続に、ヨーロッパの裁判手続が影響を与えて近代的な裁判制度ができてくる、そういう過程での判決原本がなくなるという点では、また訴訟法的にも問題があります。

ですから、私はこうした貴重な判決原本を何とか保存できないかというふうに思っておりまして、このことを河野教授にお話をし、また民法の太田知行教授にもお話をしたら、これはもう何としてでも保存の方向へ持っていこうじゃないかということになったわけです。そして、保存のためには、場合によると八つの高等裁判所管内で保管されているものを、その近辺の国立大学で保管するということも、一時的に考えなければならないかもしれないということで、国立七大学を中心とした大学の民法、あるいは民事訴訟法関係の先生方にお話をしたところ、賛成してくださる方がいろいろおられて、そういう二十何名もの方を中心にして「判決原本の会」という会をつくって、いまその保存のために動いているわけですが、特に東京大学の青山善充教授が非常に尽力してくださっておるわけです。先日も最高裁へ青山教授と一緒に行きまして、それで来年の一月一日でもって廃棄するというのではなくて、いま我々としてもできるだけ対策を考えているので、何とかもうしばらくめどがつくまでの当分の間廃棄を凍結してもらえないかという、そういう要望書を出してきたような状況です。この運動では、神戸大学の鈴木正裕学長からもいろいろと有益なご助言をいただいておりますし、また、「判決原本の会」のメンバーの先生方からのご尽力で、各大学も大変協力的に動いていただいているので、平成六年一月一日以降に廃棄される予定であった判決原本については、一応なんとか国立大学への移管ということができそうな状況となってきまして、私としては、心から有難く思っているところであります。

その過程で、何とか判決原本を保存する方法はないかといろいろ聞いておりましたところ、国立国会図書館というのは立法関係の資料を集めるところであり、国立公文書館というのは行政関係のものを保管するところだから、司法関係の資料を保管するものとしては、やっぱり裁判所関係の何かそのようなものをつくるというのが三権分立の建前からみてしかるべきだと、こういうようなことになってきました。そうなると、やはり国立司法博物館とか国立法制博物館というようなものをつくって、この判決原本のみならず、いまならばまだ日本の社会に明治以来の資料で残っているものもいろいろあると考えられますので、それを発掘して、いまここで集めておく必要があるのではないだろうかと思うのです。明治一〇〇年なんていうふうに言われておりましたけれども、もう一〇〇年前の訴訟記録みたいなものも散逸して、ないというような状況ですので、少し声を大にして、そういう資料を集めるというようなことも考えていく必要があるんじゃないかと思うわけなんです。

それから、「開かれた裁判所」なんてこともいわれておりますが、さらに一歩を進めて、「開かれた法律制度」というか「わかりやすい法律制度」というか、もっと市民に法律を知る機会を与える必要もあると思います。そこで、こうした博物館には、憲法室、民法室、企業法室、民事手続法室、刑事法室などといった重要な法律の内容を紹介できる展示室をつくったらよいと考えています。そして、例えば民法室では、人の出生から死亡にいたるまでの人生で心得ておくべき民法上のことがらが、その部屋を一周することで理解できるような展示がされます。また、民事手続法室では、社会でどのような紛争が起こるか、その紛争解決のためにどのような制度があるか、その一つとしての訴訟制度では、どのようにして訴えを提起し、どのようにして裁判所で審理がなされ、紛争解決のために出された判決に対して不服のある者はどのようにして不服の申立てをするかなどが、パネル、写真、法廷の模型、訴状・判決などの実物などで一般に理解できるようにします。これらを見ることによって、法学部の学生も理解が深まると思いますが、こうした博物館は外国にも刑事博物館を除いては例がなさそうなので、これができれば国際的にも意味があると思います。

6　おわりに

山田　これからなさることが、まだまだたくさんありますね。

林屋　私は、さっき高等学校時代のことをお話しして、昭和二四年に国文学史の土曜講座なんていうのを催したことを申しましたが、それと同時に思い出してみたら、そのころ巌本真理という有名なヴァイオリンの演奏家がおりましたが、その巌本真理、野辺地瓜丸の「ベートーベン一〇大ヴァイオリンソナタ全曲連続演奏会」というのも、やったことがあるんです。これも昭和二四年だったと思いますが、昭和二四年なんていうのは、昭和二〇年が敗戦ですから、まだ廃墟の中でですね、音楽にみんな飢えていましてね、そのときに、ベートーベンの演奏会をやったわけです。これは堀内敬三さんという音楽評論家がおられて、その息子さんが我々の高等学校出身で、確かこのとき東大の文学部の学生だったと思いますが、その堀内さんが巌本真理さんと懇意だったので、それで話をしてもらってやったんですね。毎週土曜日だったと思いますが、一ヵ月にわたって、一〇大ヴァイオリンソナタの全曲連続演奏会をずっとやったんです。随分たくさんの人が聴きに来ました。

いまこうやって、こういう座談会の機会をつくっていただいたものですから、思い起こしてみると、かなり戦後の荒廃した廃墟の中でも文化活動をやっていたなと思うんです。さっきお話しした戸田、西田、小林なんていう、旧制高校の仲間と一緒にこれをやっていたんですが、ひとつそういう昔のファイトを思い起こして、いま力を貸してくださっているみなさんのお力添えにより、これからも法文化の保存ということで、できる限りのことはしたいなと、いまそんなふうに思っている次第であります。

河野　どうも長い間、非常に興味深いお話をいろいろと、ありがとうございました。

林屋　いや、こういう機会をつくっていただいて、私のほうこそ大変ありがとうございました。厚く御礼を申し上げます。

（法学五七巻六号、平成六年）

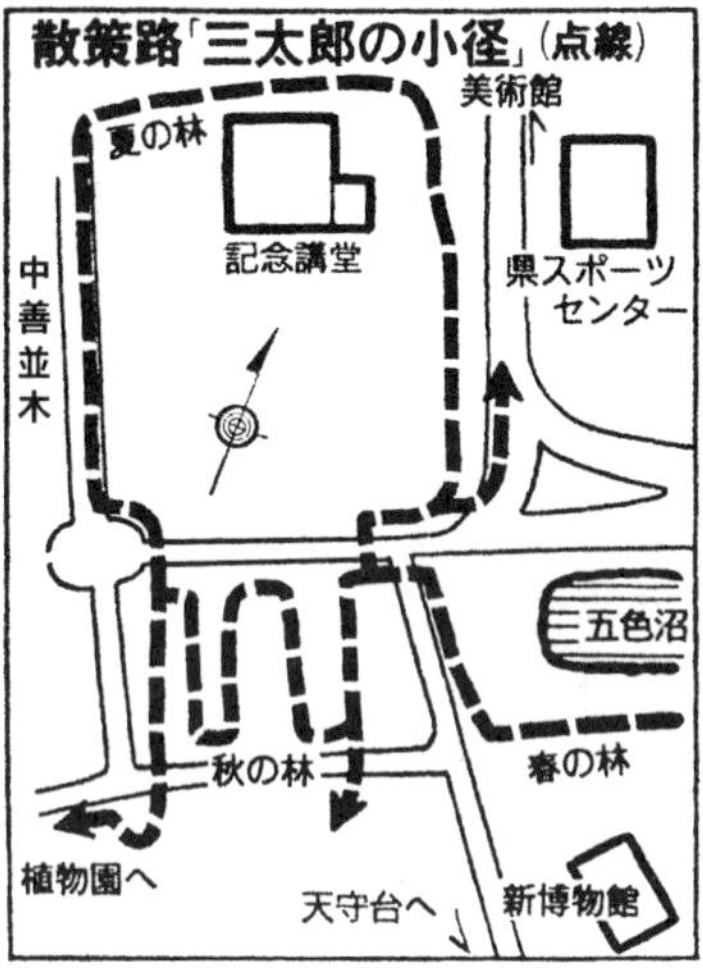

Ⅱ　定年退官後の仕事

1　民事判決原本の保存

民事判決原本の保存について

一　「判決原本の会」の発足

一　最高裁判所は、平成四年一月二三日の「事件記録等保存規程の一部を改正する規程」で、これまで永久保存とされてきた民事判決原本につき、その保存期間を五〇年とし、確定後五〇年の保存期間を過ぎたものは廃棄することに改めた。裁判所に保管場所を確保することが困難になってきたこと、古い判決は汚損・変質が激しくて保存に費用・手間がかかること、他方、保存してみても利用する研究者がほとんどいないこと、というのがその理由である。(1)これと同時に、最高裁は、執務上なお必要な判決や重要な事件について弁護士会・学術研究者などから理由を明示して保存の要望があった判決を廃棄の対象から除外することとして、(2)従来からあった「特別保存」の制度（大正七年六月三日司法省法務局訓令「民刑訴訟記録保存規程」参照）の運用面の整備をはかった（平成四年二月七日最高裁判所事務総長通達）。

こうして、平成五年一二月三一日までに五〇年の保存期間が過ぎた民事判決原本は、特別保存されるものを除き、平成六年一月一日以降廃棄される運命となった（右通達）。これが、今回の一連の動きの発端であった。

ところで、平成五年一二月末で保存期間が五〇年を経過する判決原本は、昭和一八年末までのものになる。すると、現在、裁判所には、明治七年の判決原本が保存されているといわれるから、(3)明治初年から昭和一八年までの判決原本が廃棄の対象となることになる。ということは、これらの判決原本は、明治から大正・昭和への日本の社会の近代化の過程で生じた訴訟をつうじて、庶民の生活の諸相を写しだしているから、こうしたきわめて重要な歴史的資料が失われることを意味し、誠に惜しむべきこととなる。また、訴訟手続の近代化の変遷についても、物語る資料がなくなってしまう。私は、かねて、日本に国立の法制博物館を設けて史料の蒐集をはかる必要があると考えていただけに、この判決原本の廃棄という事態はなんとしてでも避けなければならないと考えた[4]。そこで、廃棄となる場合にはこれを収容する建物を財界の助力をえて作り、法制博物館建設の第一歩とすることも考えたいと思って、平成四年の初夏に、その準備活動も始めたのであるが、バブル経済の崩壊の結果が、当時かなり経済界に深刻な影響をあたえだしていたので、しばらくこれによる行動をひかえていた。

二　そうした折り、東北大学の民事訴訟法の河野正憲教授や民法の太田知行教授も、右の事態をきわめて憂慮されていることがわかった。そこで、相談の結果、皆で協力して、できるだけ廃棄を喰い止める努力をこころみようということになった。そして、こうした判決原本が廃棄の運命にあることを知らない学者も多いようであることから、民事法学者にこの情報を流すとともに、意見をきく会合をもつことを企画した。そのさい、最高裁には判決原本の廃棄の中止を求めるべきであるが、もし最高裁が思いとどまってくれないときには、判決原本の廃棄という最悪の事態にいたるから、それを避けるために、高裁所在地の国立大学で分担して廃棄されるべき判決原本を引き取ることも考える必要があるということで、八つの高裁所在地付近の国立大学法学部の民事法の教官に、一学部一、二名の見当で、呼びかけをすることになった。そして、平成五年の春に、東日本の会合と西日本の会合を東京と大阪でそれぞれ開催した。

この二つの会合には、呼びかけに応じてくださった方が、自費で北海道をはじめ各地から集まってくださったが、意見交換の結果は、判決原本を廃棄からぜひ救わなければならないとする基本的認識で一致した。そして、最高裁での従来通りの永久保存が望まれるが、もしこれができないときには、どこかで保存することを考えなければならず、しかも、早急にその場所を求める必要があることから、既設の東大法学部附属の「近代日本法政史料センター」で保管するようなことが考えられないかが問題とされた。それと同時に、今後この問題を考えるうえでは、裁判所での判決原本の保存状態や保管量なども知る必要があるので、札幌・仙台・東京・大阪・神戸などの裁判所について、その調査を分担して行なうことになった。また、こうした裁判所の調査とともに、外国における判決の保存状況などについても調べていく必要があるので、財団法人民事紛争処理研究基金に研究助成を申請することになった（これについては六〇万円の助成が認められた）。そして、この会合は、「判決原本の会」と呼称することとなった。

二　「判決原本の会」の活動

一　以後、「判決原本の会」は、全日本の会として行なわれたが、平成五年六月の会合では、右の各地の裁判所での判決原本の保存状態についての報告がなされた。それによると、判決原本の保存状態は思ったよりも良好であり、きわめて整然と並べられているところもあることがわかった。そのうえ、これらの判決を一寸繙いただけでも、たとえば児島惟謙が地裁判事であったときの判決などが目にとまり、これらが廃棄されたのでは史料的に大損失になるという声も聞かれて、こうした調査をつうじて、「判決原本の会」のメンバーの間には、判決原本の保存へ向けての熱意が一段と高まったように見受けられた。

そこで、もし判決原本の廃棄がとめられない場合にどうするかの対応策が真剣に検討されたが、東大の「近代日本法政史料センター」での保管は、収納する場所の面からも、また、整理に当る人の面からも、無理であるとの報告がなされた。その結果、他の方法を考えることが必要となり、時間的に切迫している点からいえば、全国の高裁所在地の国立大学法学部でさし当りの保管ができないかが問題とされたが、これについても、各大学の研究室や図書室の現状からするとかなり難しいとする見通しが強かった。とすれば、他の保管場所を早急に探さなければならないので、そうした候補地として、国立国会図書館や国立公文書館での保管の可能性を調べてみることになった。また、こうした資料は、できれば一ヵ所に集めて保管し、統一的な方針のもとに整理して、研究者の便に供することが望ましいので、どこかの国立大学に全国共同利用研究施設が作れないかということや、今後の司法関係資料の発掘などのことも考えて、司法関係文書などを一括保存する公的機関としての司法資料館とか司法博物館のようなものも作れないかという意見がだされ、これらについても検討していくことになった。しかし、その後、右のうち、国立国会図書館は立法府関係の資料を、また、国立公文書館は行政府関係の資料を収集するものと考えられていて、現状では、判決原本のような司法府関係の資料を持ちこむことは難しいということがわかった。

ところで、「判決原本の会」は私が代表をつとめることになり、最高裁との折衝に当ったが、そのさいには、東京大学の青山善充教授や、東北大学の河野教授が同道してくださった。最高裁では、事務総局の総務局長（上田豊三局長と、後任の涌井紀夫局長）と総務局第二・第三課長（服部悟課長と、後任の小池裕課長）とお会いし、判決原本は裁判所で従来通り保存されることを希望したが、裁判所としては現在の紛争を解決することに専念しており、それに必要な範囲をこえた過去の判決の保存は裁判所の倉庫ないし保管庫の広さとの関係で限界に達しているために、廃棄の方針を変更することはできないというのが、最高裁からの返答であった。これに対しては、立法府の資料は国立国会図書館が、また、行政府の資料は国立公文書館が保管していて、いずれも国家機関の文書は将来のために保存されるべきものとする考えがとられているのだから、司法府だけにその例外が認められるとは考えにくいとして、それが保存されるべきものであることなどをわれわれとしては主張したが、右の最高裁の返答を変えることはできなかった。

そして、最高裁からは、他の団体からも保存継続の要望がきているが、裁判所の事情は右のようなことであるから、ただ裁判所で保存をつづけるようにいわれても困るのであって、もっと積極的な対案がだされないものかという考えが示された。そこで、われわれとしては、その点についても目下いろいろと検討してきていることを説明した。そのうえで、こうした対案の実現が時間的に間に合わないときの問題として、もし廃棄される判決原本を国立大学法学部が一時引き取るという申出をしたとしたら、最高裁としてはどのように考えられるかという質問をしたところ、過去の判決を研究資料として国立大学法学部やこれに準ずるものが引き取りたいということであればそれは恐らく可能であろう、という返答が上田局長からもたらされた。

以上の間に、平成五年の春には、法制史学会の春期総会でシンポジウム「司法資料保存の歴史と現代的課題」が開催され[5]、総会決議として、判決原本の文化的遺産としての価値を十分に認識して、平成六年一月一日以降における廃棄を猶予し、然るべき施設での保存などについて充分の措置を講ずべきものとする要望書がだされていたが、八月には、日本学術会議からも、民事判決原本の廃棄を当面中止されるようにとの要望書が最高裁に提出された[6]。そこで、「判決原本の会」としても、同じ気持であるので、裁判所の判決原本が廃棄となった場合の対応策として、われわれは、①全国の高裁所在地の国立大学法学部でさし当りの保管を引き受けられないかどうか、②全国共同利用研究施設を作って保存できないかどうか、③ひろく司法関係文書などを一括保存する公的機関（たとえば国立司法博物館）を設けられないかどうかなどについて鋭意検討中であるが、平成六年一月一日は刻々と迫ってきており、その対策に苦慮しているのが現状なので、この対策について一定の目途がたつまでの当分の間、かけがえのない貴重な日本の司法文化遺産を後世に伝えるために、なんとか民事判決原本の廃棄を凍結してほしい旨の文書を最高裁事務総長宛てに提出した。

われわれは、右の文書を九月二七日に最高裁へ持参して提出したが、そのさいの会談の様子からは、これらの要望書が提出されたからといって、最高裁が従来の方針を変更する気配は窺われなかった。そこで、万一の事態における緊急避難的行動の準備をととのえておく必要があると感じたので、全国の高裁の管内ごとの判決原本の保存量を質問したところ、最高裁からその数字が示されて、全部を横に並べると二、二〇〇メートルの長さになることがわかった。

二　こうした経緯のもとで、一〇月の私法学会のさいに、京都で「判決原本の会」が開かれた。席上、以上の状況を報告したところ、平成六年一月一日までには二ヵ月余りしかないので、このままですすめば判決原本が廃棄されてしまうという深刻な状況になっていることをやはり素直に認識し、手遅れにならぬようにすべきものとする意見が支配的となった。その結果、裁判所からの国立大学への判決原本の移管を可能とするうえから、一方では、高裁所在地近くの国立大学の法学部長に現状を説明して、判決原本の一時的保管の可能性について打診するとともに、他方では、この大学への移管という方法によって民事判決原本を廃棄から救うことができるかについて最高裁との間で早急に協議をすることとなった。

そこで、早速、高裁所在地近くの国立大学法学部長宛てに「裁判所の民事判決原本の一時保管についてのお伺い」の文書を発送した。すなわち、右のような判決原本を大学で保管する必要が生じた事情を説明し、「各大学とも研究施設のスペースの割り出しには頭を痛めておられることとは存じますが、ここで廃棄されては、せっかくこれまで保存されてきた貴重な日本の司法文化遺産が灰燼に帰しますので、なんとか以上の事情をご賢察のうえ、判決原本の一時保管のためお力添えをいただければたいへん有り難く、ここにそれが可能か否かお伺い申し上げる次第であります」としたうえで、各高裁管内の保管量を示して、その可能性の検討を願ったわけである。

そして、その回答期限を一一月一五日としたのであるが、その結果としては、幸いなことに、日本中の裁判所で保管している判決原本が国立大学ですべて一時的に保管願えるという回答を頂戴することができた。これは、ひとえに、「判決原本の会」のメンバーの先生方が各大学の法学部長に的確に現在の緊迫した状況を説明してくださったことと各大学の法学部長や法学部教授会が状況を正しく理解されて保管をするためのスペースの確保にご尽力くださったからである。そのさいに、とくに東京高裁と大阪高

朝日新聞（夕刊）　1993年（平成5年）12月15日　水曜日　3

民事判決原本を大学で永久保存

確定後50年以上…厚さは2kmに

最高裁が廃棄撤回「文化遺産」の声受け

判決確定から五十年以上経過した民事訴訟の判決原本について最高裁は、「来年一月一日以降廃棄する」としていた方針を撤回し、来年夏をめどに全国の主要大学に分散して永久保存することを決めた。学者や弁護士会などから「司法制度の移り変わりや、ときの社会風俗を記録した文化遺産として保存すべきだ」という批判を受けたことに配慮したもので、大学側も受け入れる意向を示している。史料として価値の高い公文書の保存という面でも、新しい試みとして注目されそうだ。

検察庁が保管している確定した刑事裁判の記録については、一九八五年に保存運動が盛り上がり、八七年の刑事確定訴訟記録法の制定につながった。今回、最高裁が民事訴訟判決原本の全面的な永久保存、学術利用に道を開いたことで、今後は刑事裁判記録についても積極的な公開や永久保存化を求める議論が高まるとみられる。

方針転換の直接のきっかけとなったのは、今年十月に民事法を研究する大学教授らによる「判決原本の会」（代表・林屋礼二東北大教授）が、大学の図書館などを利用して保存するよう求めた申し入れ。

最高裁はこれに応じ、大学側と協議した結果、①東京高裁管内は東大、大阪高裁管内は阪大というように、当面は各高裁所在地などにある国立大学の法学部や図書館に管内の原本を集める②簡単にだれの目にも触れるようなところには保存しない③研究結果を公表する際にはプライバシーに配慮し、氏名などは仮名にする――などのルールが守られれば、大学で保存できる、という判断を固めた。

判決原本の会では「とりあえず大学で分散保存することにしたが、将来的には新しい専門の施設で保存するよう運動を進めたい」としている。

民事訴訟判決の原本は、判決が確定したそれぞれの裁判所で保管されている。古いものでは大阪地裁に一八七四年（明治七年）の判決原本が残っている。最高裁によると、今回廃棄対象となっていた判決原本だけでも、厚さは合計二千二百㍍に及び、保管スペースに限界が生じていた。

このため、最高裁は重要判決は判例集に載っていることなどを考慮、内規で「当面の間、永久保存する」と定めていたのを昨年一月に改め、五十年以上経過した原本は原則的に廃棄することを決めていた。

しかし、来年の廃棄が迫っていた一九四三年までの判決原本の中には、一般市民の損害賠償事件や離婚事件など、明治維新から戦前にかけての社会状況や世相、風俗が反映されているものも多い。このため、「判決は文化遺産で、いったん捨てると取り返しがつかない」との批判が強まり、法制史学会が昨年四月、最高裁に保存を要望したのを皮切りに、日本学術会議、日本弁護士連合会なども要望書を提出。十一月には歴史研究団体が保存を求めるフォーラムを開き、保存運動を進めていた。

最高裁はすでに、来年一月一日以降も廃棄しないよう各裁判所に指示を出しており、「早ければ来年夏までには判決原本を大学に移したい」（総務局第一課）としている。

林屋礼二東北大教授（民事訴訟法）の話　今回、廃棄される予定だった判決には、明治から昭和初期にかけての近代化の過程で生じた紛争や葛藤（かっとう）が如実に表れている。法制面だけでなく、日本社会の近代化の研究という面でも重要資料であり、損失を免れてほっとしている。

裁管内の保管量が多いために、この両地区の処理がこの計画の成否の鍵であったが、こうしたかなり難しいとみられていた地域が精一杯ご尽力くださったことが、右の結果をもたらしたものであった。

そこで、こうした結果がでたため、われわれとしては、最高裁に、なお裁判所による判決原本の保存を求めたいが、それがかなわぬときには、大学としてはすべての裁判所の判決原本を受け入れられる態勢がととのっているので、判決原本の大学への移管を受けたい旨の申入れをした。これに応じて、最高裁では、この点についての検討が行なわれて、この移管が決定されたわけである。そのさいに、最高裁からは、とくに訴訟当事者のプライバシーの保護について十分な配慮をすべきことが求められ、大学の法学部ならこの点について万全の扱いが期待できると考えられたので移管が決められた旨が付言された。そして、こうした大学への移管の基本方針が固まったために、朝日新聞が平成五年一二月一五日の夕刊第一面のトップ記事——中央紙の夕刊のない地域では一六日の社会面の記事——で報道したわけである。

三　今後の問題

一　最高裁は、右の方針を決定するとともに、各裁判所に対し、平成六年一月一日以降の廃棄を当分の間留保するように連絡をした。これによって、判決原本の廃棄を食い止めようとしていた人びとの願いは一応かなえられたわけである。これは、前述のようないろいろな団体からの保存の要望を背景にしつつ、「判決原本の会」が国立大学法学部への移管という具体的なしかも実現可能な途を用意したので、最高裁がこれを受けて、実際上判決原本の保存へと方向転換をされたことによるものである。したがって、これは、大学人と法曹人などの協力と最高裁からの研究に対する理解によって実現されたものであるが、その「判決原本の会」が効果的な動きをなしえたことについては、とくに東京大学の青山教授にいろいろとお願いをしてお力添えをいただいた結果によるところが大きく、私としては心から感謝をしている次第である。

そこで、以後は、右の方針に沿って、各裁判所から一〇大学の法学部――北大（厚谷襄児学部長）・東北大（小山貞夫学部長）・東大（西尾勝学部長）・名大（大久保泰甫学部長）・阪大（松岡博学部長）・岡山大（江口三角学部長）・広島大（辻秀典学部長）・香川大（山下邦也学部長）・九大（小山勉学部長）・熊本大（江藤孝学部長）――へ判決原本の移管が行なわれることになるが、そのさいに、各大学ではかなり無理をして保管場所をつくることに協力してくださっているために、平成六年一月一日以降すぐに移管を受けられるように歩調をそろえるわけにはいかなかった。そこで、最高裁も、こうした大学側の都合に十分配慮され、各大学がかなり余裕をもった形で今後の移管手続をすすめることが可能な案を示された。そして、これからの手続は、判決原本の移管を受ける大学の法学部長によって、「判決原本の一時保管に関する連絡会議」といった一種の連合体をつくり、正式な組織によって行なうことが適当と思われるので、その取りまとめを東京大学の西尾勝法学部長と東北大学の小山貞夫法学部長にお願いしている。したがって、今後の移管についての具体的な計画や保管上の問題は、この組織によって扱われることになる。

しかし、この大学への移管は、当面三、四年を目処とした一時的なものである。そこで、平成六年一月以降の判決原本の廃棄という第一の難関は幸いに越えることができたが、こんどは、この一時的保管後の判決原本の永久的保管施設を考えなければならないのであって、この第二の難関が突破できなければ、「判決原本の保存」という目的は達せられないことになる。これは、第一の難関以上の難関であるが、この問題をこれからは「判決原本の会」が中心になって考えていかなければならない。ここで「判決原本の会」の現在のメンバーの先生方のお名前を挙げると、つぎのとおりである。瀬川信久教授（北大）・佐藤鉄男助教授（同）・太田知行教授（東北大）・小山貞夫教授（同）・河野正憲教授（同）・石井紫郎副学長（東大）・青山善充教授（同）・伊藤眞教授（同）・竹下守夫教授（一橋大）・加藤雅信教授（名大）・徳田和幸教授（同）・奥田昌道教授（京大）・谷口安平教授（同）・國井和郎教授（阪大）・池田辰夫教授（同）・鈴木正裕学長（神戸大）・安永正昭教授（同）・福永有利教授（同）・上村明廣教授（岡山大）・紺谷浩司教授（広島大）・三谷忠之教授（香川大）・吉村徳重教授（九大）・植田信広教授（同）・山中至教授（熊本大）。

二　ところで、昨年末の朝日新聞の報道以来、「判決原本の会」あるいは私のところにいろいろな声が寄せられている。法学者や法制史学者からは、今回の国立大学への移管の方策はやむをえなかったものとして、とにかく判決原本が保存されて非常によかったものと評してくださる多くの声がある。

しかし、地方史研究協議会からは、朝日新聞の――①国立大学の法学部などで原本を保管する、②簡単にだれの目にも触れるようなところには保存しない、③研究結果を発表する際にはプライバシーに配慮するという――記事を引用したうえで、「このような最高裁判所の方針は、判決原本の利用、裁判諸記録の継続的な保存についての配慮が不十分で、適切な方針とは思われません」ということを内容にした「要望書」が「判決原本の会」にきている。これは、国立大学の法学部などで保管し、簡単に見られない形での保存方法が判決原本の利用・保存についての配慮の点で不十分といわれたいのであろう。これに対し、判決原本が裁判所から大学へ引き渡されると、子や孫や、近隣の者に知られたくないような事件の判決が見やすくなるから、誠に困るという意見もあり、判決原本の裁判所における保存期間を経過したときには訴訟当事者に判決原本自体の交付を求める権利を認めるべきものとする強い主張も電話で寄せられている。

したがって、判決原本の保管をめぐっては、一方で、なるべく近くにおいて利用したいという研究者からの希望がある半面で、他方には、訴訟当事者側からのプライバシーの保護を十二分にはかり、判決の保管には厳格を期すべしとする要望もある。これは、判決原本をどのような場所で、どのような施設で、どのようなルールの下で閲覧を許すのかということと関係してくる。したがって、永久保存の施設については、なるべく早い機会に研究会などを設け、ここで、研究者側からの意見、訴訟当事者側からの意見などが十分に検討され、さらに、諸外国でどのような判決原本の保存体制がとられているかについても十分に調査したうえで、その成果にもとづいて恒久的施設の具体像についての案がつくられていく必要があるものと思われる。

四　私の法制博物館構想

一　こうして、今後は、右の研究会などをつうじ、これまでに問題となった全国共同利用研究施設・司法資料館・司法博物館などを含めて、どのような施設を設けていくのがよいかが検討されて、その実現の途が模索されていくことになるが、私はかねて「法制博物館」の構想をあたためてきたので、右の点を検討するさいの一つの資料として、この機会に、これを一寸ご披露しておこうかと思う。

この法制博物館は、第一に、広く法制に関する資料を収蔵する資料館としての目的をもつ。法制すなわち法制度に関する資料といえばかなり広くなるが、そのうちで、立法に関する資料は国立国会図書館、法による行政に関する資料は公文書館に収められるので、主としては、法による裁判に関する資料がここでの収蔵の対象となる。したがって、裁判関係の資料であるが、裁判と関係する法としては手続法のほかに実体法もあるから、実体法関係の資料も入るし、また、法学者や実務家の原稿・日記・書簡類も入ってくる。そして、裁判に関する資料としては、今回の判決原本とならんで、訴訟記録が重要なものとなる。訴訟記録の保存期間は一〇年であって、以後は廃棄されるが、判決について研究するさいには事実関係の解明が大切であるから、必要な訴訟記録は今後きちんと保存することを考えていくべきである。しかし、全部を残すわけにはいかないから、たとえば主要な法律雑誌で取り上げられた判決についての訴訟記録を機械的に保存するような方法も考える必要がある。また、明治一〇〇年というが、僅か一〇〇年前の訴訟記録も裁判所などにほとんど残っていないのが現状であるので、いま、声を大にして、そうした資料の発掘に当ることも必要と思う。それから、家裁関係の書類の保存の問題などもある。

この博物館は、第二に、法制に関する展示を行なう目的をもつ。近代国家は法治国家であるから、われわれの生活は法によって規律されているが、今日、市民生活を送るうえで必要な法についての情報が市民に十分に伝達されていないうらみがある。この情報伝達は、国の義務とみるべきものである。そこで、この博物館には、憲法・行政法室、刑事法室、民法室、商法・労働法室、民事手続法室、国際・渉外法室などを設ける。そして、たとえば民法室では、部屋を一巡することで、出生から死亡に至るまでの就学・結婚・就職・住まい・生活・退職・老後その他についてぜひ心得ておくべき法的知識がパネル・書式・写真などで理解しやすく提供される。また、民事手続法室では、社会でどのような紛争が起こるか、そうした紛争が起こったときにどのような紛争解決機関があるか、そして、そうした紛争解決の一方法としての民事訴訟はどのようにして訴えの提起から審理・判決・上訴へとすすむか、また、弁護士制度はどうなっているかなどが、同じくパネル・資料・

写真・法廷の模型その他によってわかりやすく示される。最近、「開かれた裁判所」ということがいわれ、また、法文をわかりやすくすることなどもこころみられているが、こうした法制度や裁判制度への市民のアクセスを容易にするためには、さらに、右のような視覚に訴えた法的知識の普及方法を考えることがぜひ必要と思われるし、こうした展示は、大学の法学部学生に対しても、有効な法学教育になると考えられる。

二　このようにして、法制博物館は資料収蔵と展示の二つの目的をもつが、この博物館には、さらに、「法制研究所」を併設することが望まれる。わが国には、経済研究所の名はいろいろと聞かれるのに対し、法律研究所の名は——法務総合研究所とか中央大学や早稲田大学の比較法研究所などのほかは——ほとんど耳にしない。しかし、わが国でも、ぜひ、ドイツのマックス・プランク比較法研究所などに伍するような法律研究所を創設して、今日の重要な法的課題と取り組めるようにすべきものと思われる。

たとえば、今日のような国際化社会で渉外取引をするさいには、相手国の法文化について十分な知識をもつことが必要である。いつかの新聞に、中国人と取引をした日本人が、中国には「法三章」ということばがあることから、ごく基本的な事項のみを取りきめればよいのかと考えていたところ、非常に細かい事項についてまできめることが求められ、それは、異民族が支配を繰り返してきた中国の歴史によるものであることがわかったという趣旨の記事が載っていた。これでも理解できるように、国によって法文化は異なるから、そうした法文化の研究は、現在、非常に重要な課題となっている。それと同時に、世界の主要国の、日本の六法に相当する法典類を集め、その翻訳をこころみることも必要である。また、世界のなかで日本の司法制度を眺めていくことも重要である。私は、最近、日本の司法統計をドイツやイギリスの状況と比較する研究を行ない(7)、今年は、さらにサミット国その他も含めたより広い範囲での比較を共同研究で行なうことを考えているが、この種の研究も、この研究所の仕事になじむものである。

それとともに、この研究所では、たとえば「明治初期の裁判制度の研究」とか「離縁状の研究」といった日本法についてのテーマの共同研究も行なえるようにして、その研究をつうじて収集された資料を展示し、体系的に資料の収蔵を計画していくことも考える。したがって、この研究所の活動によって、法制博物館が充実していくことがはかられる。

五　おわりに

世界を見渡したとき、刑具などを展示した刑事博物館はある――日本にも明治大学の刑事博物館がある――が、右のような民事などもふくめた規模の大きい博物館はないのではないかと思われる。したがって、これができれば、世界的にも特色のある博物館となると思われるが、これには、吹田の民族学博物館や千葉の歴史民俗博物館のような建物・敷地と人員が必要になる。したがって、その実現は容易ではないが、今回は国立大学が力を合わせて判決原本を廃棄から救うことをなしとげたのであり、さらに広く大学人や法曹界の協力によって、新しいエネルギーが生みだされるなら、こうしたより規模の大きい計画も視野に入れて考えていくことができるかと思って、あえて右のような素描を行なったわけである。そのさい、右では国立の施設を考えたが、今日のような「地方の時代」に、どこかの地方自治体などが、その社会的意義を認めて協力してくださるなら、これもまた幸いなことと思う。したがって、今後いろいろな可能性をさぐることによって、当面の課題である判決原本の恒久的保存の施設をふくんだものができるようになって、判決原本の保存を願う人たちの希望が真に実現する日の来ることを切に祈念する次第である。

(1)　服部悟「民事判決原本の永久保存の廃止と民事事件記録等の特別保存について」自由と正義四三巻四号一〇九頁以下。
(2)　竹澤哲夫「民訴確定記録等の特別保存――基準の明確化にあたって」自由と正義四三巻四号一二六頁以下。
(3)　瀧川叡一「『司法省裁判所民事判決原本』について――史料改題」日本裁判制度史論考二一四頁、浅古弘「裁判記録保存法制の歴史」早稲田法学六九巻二号一九六頁参照。
（4）林屋礼二「法制博物館構想」アーティクル一三四号四一頁、同「『法制博物館』の夢」ジュリスト八九〇号二九頁。
（5）その記録として、シンポジウム「司法資料保存の歴史と現代的課題」早稲田法学六九巻二号参照。
（6）その他の動きもふくめて、向井健「裁判関係資料永久保存の今日的意義」法律時報一九九三年一二号一二頁以下、大阪歴史学会「ヒストリア」一四一号一九九頁以下参照。なお、その後、日弁連からも要望書がだされ、また、一一月には「司法資料問題フォーラム」も開かれた。
（7）林屋礼二『データムック民事訴訟』（ジュリスト増刊）、同『民事訴訟の比較統計的考察』（有斐閣、近刊）。

（ジュリスト一〇四〇号、平成六年）

民事判決原本の保存と利用

一　問題の発端と事後の経緯

民事裁判すなわち市民生活に関する紛争事件についての裁判のなかで最も重要なものが民事判決であり、それが正式の文書の形で裁判所に保管されているのが、判決原本である。この民事判決原本は永久保存とされてきたが、各裁判所で保存のためのスペースが足りなくなってきたことなどの理由から、最高裁判所は、平成四年に、保存期間を五〇年とし、平成六年一月以降は、保存期間を経過した判決原本を廃棄してよいものとする扱いを定めた。

すると、裁判所で保存されている最も古い判決としては明治五年のものがあるから、その後昭和一八年までの判決原本（全部を横に並べると、二二〇〇メートルになる）が廃棄されることになる。しかし、これらの判決は、日本の裁判の制度や手続がヨーロッパ法の影響を受けつつ確立してきた過程を反映する重要な資料であるとともに、紛争を通じて、明治・大正・昭和にわたる日本の社会の変遷の諸相を物語っている貴重な文化遺産である。これをわれわれの時代で失ったのでは、後世の研究者に顔向けができない。こうした思いから、われわれ国立大学の民事訴訟法・民法・法制史の研究者の有志は、平成五年の春に「判決原本の会」を組織して、最高裁に判決原本の廃棄を思い止まるように要望する運動を起こすことになった。

この会の代表を、当時東北大学教授であった私がつとめることになった。そこで、東京大学の青山善充教授や東北大学の河野正憲教授と最高裁へ行き、判決原本の従来通りの永久保存を要望した。しかし、最高裁の返答は、慎重に審議した結果として廃棄を決定したのだから、これを撤回することはできないという内容のものであった。そのころ、法制史学会・日本学術会議・日本弁護士連合会や各種の歴史関係の団体から最高裁へ永久保存の要望書がだされたが、これらの要望書の提出によっても、最高裁にはなんら動じる気配はみられなかった。

われわれは、裁判所以外の場所での保存もいろいろと考えて、その可能性をさぐったが、いずれも成果は得られなかった。しかも、平成六年は刻々と迫ってくる。このような状況で追いつめられたわれわれは、何度目かの最高裁での折衝の折りに、「もしわれわれの大学でとりあえず判決原本を引き受けたいと言ったら、最高裁としてはどのように考えるか」を尋ねた。すると、最高裁の返事は、「教育・研究のためにどうしても国立大学が判決原本を必要とするというのであれば、大学へ移すことも考えられる」というものであった。それなら、判決原本を廃棄から救う方法はこれしかないということで、早速八つの高等裁判所所在地近辺の国立大学の法学部長に状況を説明し、各大学のスペース不足の事情もよくわかっているので、なんとか当面三、四年の間でも保管を願えないかと協力を求めたところ、幸いに、一〇の国立大学（北大・東北大・東大・名大・阪大・岡山大・広島大・香川大・九州大・熊本大）の法学部で一時的に保管をしていただけることになった。

これによって、急きょ最高裁との間で話がまとまり、判決原本の廃棄は食い止められたのである。

ただ、「判決原本の会」は法律研究者の有志の集まりであり、最高裁より判決原本の移管を受けるについては、受入れ大学を中心にした正式の組織を作ることが適当と考えられたために、右の一〇大学に京大を加えた一一大学の法学部長によって、「判決原本の一時保管に関する連絡会議」が作られ、その代表に東大の西尾勝法学部長（現在は、三谷太一郎法学部長）が選ばれた。また、その下に一一大学の教授より成る「幹事会」が設けられ、青山善充（東大）・國井和郎（阪大）・河野正憲（東北大）の三教授が代表幹事となった。そこで、この正式の組織と最高裁の間で移管についての協議がなされ、その結果、今年の夏ごろまでには各裁判所からの右の大学への判決原本の移管作業が完了する段どりで目下移管作業が進行している。以上について、詳しくは、拙稿・ジュリスト一〇四〇号六三頁以下をご参照願いたい。

二　判決原本保存利用研究会

こうして判決原本の廃棄は食い止められたが、各大学には当面三、四年間の保管をお願いしてあるので、この間に、その後の判決原本の恒久的保存施設を考える必要がある。これについては、判決原本の保存を願う人たちが知恵をしぼっていく必要があるが、われわれ「判決原本の会」としても、もちろん、判決原本の保存を究極の目標とする以上、それに向かった努力をしていかなければならない。そして、そのさいには、その立案の資料を得るうえで、研究会を組織して研究をすることも必要となるので、青山教授を研究代表として文部省に科研費の申請をしたところ、幸いにこれが認められることになった。そこで、「判決原本保存利用研究会」が設けられたが、これには、国立と私立の大学の民事法・法制史関係の研究者約四〇名が参加し、五つの分科会が作られている。

(1)　第一は、「外国法制分科会」である。外国では判決原本をふくめた裁判資料の保存がどのようになされているかを調査する。現在、ドイツ・フランス・イタリア・北欧諸国・イギリス・アメリカ・中国・韓国などについて、裁判所における保存期間・期間経過後の保存についての選別方法・公文書館などの保存施設と利用状況などについて、資料を蒐集中である。

(2)　第二は、「保存対策分科会」である。判決原本を各大学に受け入れるさいに、判決原本の状態を調査し、破損・汚損・発黴などの問題がある場合にどのような対策を講じたらよいかなどの研究を行なう。

(3)　第三は、「データベース分科会」である。判決原本は差し当り一〇大学で保管されるから、まず、どこの大学でどこの裁判所のどのような判決原本が保管されているかについての「管理データベース」が作られる必要がある。そして、その後の恒久施設で判決原本を利用して研究をすすめるうえでは「利用データベース」を作ることが望ましいが、その費用はどれほどかかるか、また、そのさいに入力するデータをどの範囲のものとしたらよいか（訴訟法学者・実体法学者・歴史学者などによって、研究目的との関係で、必要とするデータに相違がある）、さらに、入力も、文字情報としてするか、映像情報としてすることも考えられるかなどについて、技術者からの情報を得ながら、目下研究中である。

(4)　第四は、「プライバシー分科会」である。民事判決のなかには、当事者にとって他人に知られたくないような家庭の秘密などもふくまれでいる。その関係で、訴訟当事者からは、国家が裁判制度を設けて紛争を解決してくれるというので裁判所に訴えたいと思っても、判決がでた以上は国民に「知る権利」があるとして一般の人の目につく状態に置かれることになるなら、安心して裁判所へも訴えられず、国民の「裁判を受ける権利」が保障されないという声がでている。したがって、一方で当事者のプライバシーの保護を十分にはかりながら、他方で研究者が判決原本を利用して研究がすすめられるようにするにはどうしたらよいかなどについて、今後研究していくことになる。

(5)　第五は、「恒久計画策定分科会」である。以上のような四つの分科会による研究成果をにらみながら、恒久的保存施設をどのような建造物として構想し、それを実現していくべきかを、既存の施設の利用の可能性もふくめて研究する。保存施設を全国的に複数設けるか、一箇所に統合するか、収蔵物の種類・分量との関係でどのような規模のものとするかなどは、この分科会で検討されることになる。

三　シンポジウムにでた意見

ところで、民事判決原本の保存と利用の問題については、法律学者だけではなくて、法曹実務家、そして、歴史学者や地方史研究家なども強い関心をもっている。そこで、われわれが今後の問題を考えていくさいにも、こうした方たちの意見も参考にしながら検討していくことが望ましいので、「判決原本の会」としては、そうした意見を伺うための「シンポジウム」も開催してきている。第一回は平成五年九月一七日（土）に大阪（「エル・おおさか」）で、第二回は同年一二月三日（土）に東京（東京大学）で開いた。この二つのシンポジウムで参加者からだされた主な意見をつぎにみてみることにしよう。

(イ)　まず、恒久施設については、①「司法資料は国民共有の文化遺産であり、国民にはこれを利用する権利があるから、公文書館での保存が望ましい。公文書館法には公文書に関する国家の保存義務が明記されており、司法資料もこれに該当するから、司法公文書館設置への運動を盛り上げるべきである」、②「今日、公文書館法が十分に機能していないので、資料保存のための基本法の制定が必要であり、そのうえで、司法資料館の設立を考えるのがよい」、③「判決原本などは現地で保存すべきであり、集中管理は好ましくない。現在の大学によるほぼ高裁管内での保存の線を崩さないで欲しい」などがあった。こうした公文書館法を根拠にして司法公文書館的なものを作るべしとする意見は多くだされた。しかし、公文書館法から直ちにそうした主張ができるかについては問題がある。①については、青山教授から、公文書館法の「公文書等」に司法資料がふくまれるかというと、「刑事確定訴訟記録法」や民事の「事件記録等保存規程」が公文書館法に対する一種の特別法として優先的地位にあるとみられるので、ふくまれないと解されること、また、公文書館法に定められている保存の責務はいわゆるプログラム規定であって、公文書館を作ることは努力目標とみられることの説明がなされた。そこで、②のような意見がでてきた。

(ロ)　右と関連して、保存の対象については、④「明治初期の裁判には〝訴訟審判録〟というような、判決とは異なった形式の表示のものがあるが、これらも保存の対象とすべきである」、⑤「民事判決原本を研究するためには、訴訟記録もぜひ保存する必要がある。また、和解調書などの保存も考えるべきである。その他、事件簿・手控えなど、裁判関係資料一般も保存することが望ましい」、⑥「将来的には、当事者や弁護士が保存している資料にも目を向けて、国として、その保存体制を考えていくべきである。刑事裁判資料もふくめられるといい」、⑦「公文書館法の精神を生かして、できるだけ広範な資料を保存の対象とし、重要な物はまず残して、あとでその利用を考えるようにするのがよい」、⑧「第二東京弁護士会には民事確定訴訟記録の保存に関する協議会があり、司法資料一般の保存を視野においた要望書を裁判所に提出している。日本弁護士連合会にもこの件についてのチームがあったので、再開の働きかけもしたいと思う」などがあった。④については、裁判所の保存庫内の資料は、判決原本以外の物もふくめて、すべてこのさい国立大学へ移して欲しい旨を最高裁には申し入れてあることを、私から回答した。二回のシンポジウムを通じて、訴訟記録をふくめて裁判資料一般の保存をはかることの必要にふれた発言が多かった。民事裁判資料一般の保存を目的とすることは、私も個人的には同感であるが（前掲ジュリ六七頁参照）、「判決原本の会」としては、まず当面の課題である民事判決原本の保存に全力をあげようということになっている。

(ハ)　つぎに、判決原本の保存対策については、⑨「東京の裁判所での保存状態は比較的良好だが、地方の裁判所で保管中の資料には保存状態の悪いものがあり、その修復や保存については、古文書の調査をしている人たちの意見をきく必要がある」、⑩「保存に当っては、原資料にはそれ自体がもっている作成当時の雰囲気を伝える歴史的情報があることに注意する必要がある」、⑪「ほぼ各県にある文書館には資料整理や、保存に関するノウハウをもった人たちがいるから、判決原本の整理・調査の段階では、そうした人たちに協力を呼びかけたらよい」などがあった。これらの貴重なご意見にもとづいて、現在、前述の「保存対策分科会」には史料館の専門家にも参加していただき、また、各大学と各地の史料館などとの間に保存についてのネットワーク作りもすすめられている。

(二)　そして、データベース化とプライバシーの問題については、⑫「データベース化のさいにはデータの選択が重要であり、多額の費用がかかる関係でやり直しがきかないから、最初の段階でどのようなデータを入力するかを慎重に検討すべきである」、⑬「地方史研究協議会大会のさいに実施したアンケートの一つ、〝プライバシー保護との関連をどう考えるか〟については、〝気にしなくてもよい〟という回答が案外多かったが、この点についてはまだ議論が煮つまっていない感がある」などがあった。⑫については われわれも全く同じ考えであるので、そうした見地から、前述のように、「データベース分科会」が検討をすすめている。これに対し、⑬のプライバシーの保護を〝気にしなくてもよい〟という回答が多かったというのは大変気になることで、この点はぜひ十分に議論を煮つめていただきたいと思う。

四　おわりに

東京でのシンポジウムの最後に、民事判決原本の保存の必要をこれまで熱心に説いてこられた竹沢哲夫弁護士が、ご自身の最高裁との折衝の体験からみて、最高裁の壁はきわめて厚く、もし「判決原本の会」が大学への移管の案をもちださなければ判決原本の廃棄は食い止められなかったであろうとして、謝意をのべてくださった。大学への保管案はまさに緊急避難的な切り札であったのであり、これ以外に判決原本を救う途はなかったことを正しく理解していただけて、大変嬉しく思ったことである。

だが、今後の方向についてはまだ手さぐりの状態であり、前途には、建物にせよデータベース化の問題にせよ、莫大な費用を要する難問が山積している。しかし、今日までの道のりも容易ではなく、いろいろな方からのいろいろな有難いお力添えによって、ようやくここまで到達できたわけである。そして、いまも温いご援助を得ているとともに、幸いに、今日、研究会のほうも、順調に機能している。したがって、この問題のことをこうして真剣に考えて協力してくださる大勢の方たちと力を合わせながら、生きのびてくれた判決原本をなんとか次の世代の研究者の手に無事に渡せるようになれば幸いと思っている次第である。

（書斎の窓一九九五年五号、平成七年）

民事判決原本の保存を考える

一　市民の間などで生じた紛争を解決するために裁判所で下された判決書――すなわち、民事判決原本――は、従来、裁判所で永久に保存されるものとされてきた。しかし、判決原本は、各裁判所の保管庫でたまる一方であることなどから、平成四年に、最高裁判所は、民事判決原本の保存期間を五〇年とし、五〇年を経過したものは平成六年一月以降廃棄してよいものとする扱いをきめた。すると、明治初年から昭和一八年末までの判決原本がすべて焼却されてしまうことになる。この判決原本には、明治から大正・昭和にかけての日本の社会の諸相が紛争を通じて如実に画きだされており、折角今日まで保存されてきたこの貴重な司法遺産が失なわれることは、日本にとってかけがえのない大損失となる。

そこで、平成五年に、国立大学の民法・民事訴訟法・法制史の教官の有志が、こうした判決原本の保存をはかることを目的として、「判決原本の会」をつくった。そして、当時東北大学教授であった私がその代表をつとめることになったので、東京大学の青山善充教授および東北大学の河野正憲教授とともに最高裁へ行き、最高裁事務総局総務局長に、従来どおりに裁判所で永久保存することを要望した。その前後には、法制史学会・日本学術会議・日本弁護士連合会をはじめとして、各種の歴史関係の団体からも、従来通りの永久保存を求める要望書が最高裁へ提出された。しかし、これらによっても、最高裁の決定を変えることはできなかった。そこで、「判決原本の会」としては、国立国会図書館・国立公文書館などで保存ができないかも当ったが、いずれも良い回答を貰うことができなかった。そして、平成五年の年末が刻々と迫ってきた。

二　こうして追いつめられた状況で、われわれは、「何としてでもこの貴重な資料を保存したいので、どうしても裁判所が捨てるというのなら、大学がそれを貰いたいといったら、裁判所はどのように考えるか」と尋ねたところ、最高裁からは、「国立大学が研究・教育のためにぜひ必要というのなら、裁判所としても考えることになろう」という返事であった。となれば、この方法で判決原本を救う以外に手はないということになったが、いずれの国立大学も現在の本の置き場にすら困っているのが実情である。しかし、国立大学に頼みこむより方法がないということで、私は、「判決原本の会」の代表として、八つの高等裁判所所在地の近辺の国立大学の法学部長に手紙を書き、窮地を説明して、なんとか三、四年の間でも判決原本の保管に協力いただけないか――その間に恒久的保存施設を努力して探すので――とお願いをした。その結果、幸いにも一〇国立大学の法学部長から、ご協力下さるとの回答を得た。こうして、平成五年一二月半ばに、廃棄されるべき判決原本はすべて一〇国立大学へ移すことが決まった。

そして、右の国立一〇大学の法学部長等による「判決原本の一時保管に関する連絡会議」(代表は西尾勝東大法学部長)と、その下に、「幹事会」(代表幹事は、青山善充東大教授・國井和郎阪大教授・河野正憲東北大教授)が設けられ[1]、この幹事会と裁判所の間の連絡協議によって、昨年秋までに、廃棄されるべき判決原本は、すべて一〇国立大学法学部へ無事移管されることができた。

三　こうして判決原本の廃棄という最悪の事態は免れたが、大学での保管はあくまでも一時的・緊急避難的なものなので、この判決原本保存のための恒久的施設をつくらなければならない。そこで、私たちは、そのための準備的作業として、文部省の科研費により「民事判決原本保存利用研究会」を組織し（その代表を私がつとめている）、国立・私立大などの研究者四十数名の参加を得て、つぎのような分科会による研究をすすめてきている。①第一は、外国で判決原本の保存をどのようにしているかを調査する「外国法制分科会」であり、②第二は、大学移管後の判決原本のなかで早急に保存措置を必要とするものについての対策を検討する「保存対策分科会」である。③第三は、判決原本を利用してこんご研究をすすめるさいのデータベース化の可能性などを検討する「データベース分科会」であり、④第四は、判決原本を利用して研究するさいに問題となるプライバシーの保護について検討する「プライバシー分科会」である。そして、⑤第五は、以上の研究成果を基礎にして、恒久的保存施設としてどのようなものを考えるべきかを検討する「恒久計画策定分科会」である。(2) これらの研究は、平成六年より三年計画ですすめられており、昨年の一一月に青山教授を中心にして「中間報告」(3) をまとめて、近く「最終報告」をだす予定となっている。

四　さて、以上の大学に移管された判決原本は、横に並べると二二〇〇メートルに及び、三万五千冊をこえるが、明治初期の判決原本のなかには、当時の不平等条約を改正するために、ヨーロッパの先進諸国の法制を模範にして日本の裁判制度の近代化を懸命にはかった時代の先人たちの努力の様子がしのばれるし、その後の金銭貸借事件や金銭支払請求事件についての判決数の増減からは日本の経済社会の発展動向が、また、離婚事件の判決数の推移からは日本の家族社会における女性の意識の変遷の跡などもうかがわれる。こうして、廃棄から救われた判決原本は、明治から昭和前期までの日本の庶民の生活の姿を写しだす「鏡」でもあるが、他方、これらの判決に署名された裁判官名に目をやると、そこには、たとえば初代大審院長の玉乃世履とか大津事件のときの大審院長児島惟謙などの若き頃の判決文にも接することができる。国際日本文化研究センターの石井紫郎教授は、「通常歴史研究は（しばしば偶然に支配されて）断片的に残存する史料をつなぎあわせつつ行なわざるをえない、という宿命にあるだけに、欠落なしに伝承された史料に即して研究できるということは稀有の幸運である」(4)と、今回の史料の歴史的価値を指摘しておられる。

　したがって、われわれは、この貴重な司法資料を収める恒久的施設をなるべく早くつくって、これを後世の人に伝えるようにしなければならない。そこで、われわれは、以上のような準備的研究の作業とならんで、この施設の可能性を、既設の国立の施設の利用を含めて、目下模索中であるが、まだ良い結果には達していない。こうしたわれわれの動きを理解して、最近、この保存問題がいろいろな新聞の社説欄で取り上げられ(5)、そこでは、取り敢えず関係省庁と学者による協議の場を設けて、保存のあるべき方向を検討したらどうかという提案もなされている。外国の例から考えると、判決原本は国の公文書館で保存するのが流れであり、こうした比較国際制度的見地からは、この問題は、われわれ大学人の問題というよりも、今や国のレベルで検討されるべきものと考えられるので、私もこうした方向に事態の進展することを期待したいと思う。

(1) 以上について詳しくは、林屋礼二「民事判決原本の保存について」ジュリスト一〇四〇号六三頁以下参照。
(2) 以上について、林屋礼二「民事判決原本の保存と利用」書斎の窓四四四号三九頁以下参照。
(3) ジュリスト一〇七八号五頁以下。
(4) 石井紫郎、「『捨てる神』と、『拾う神』」法の支配一〇一号一七頁。
(5) 読売新聞（八月九日）・朝日新聞（八月二〇日）・東京新聞（九月五日）・中日新聞（同）など。なお、NHKTVニュース「朝のコラム」でも取り上げられた（七月三〇日）。

（学術の動向一九九六年一〇号、平成八年）

民事判決原本は国立公文書館へ

かねて国立一〇大学で保管中の明治初期からの民事判決原本が、幸いに国の施設で保存できることになった（これまでの経緯については、本誌一〇四〇号・一〇七八号参照）。それは、昨年の六月に、国会で「国立公文書館法」が成立し、従来の行政関係文書に加えて、あらたに立法・司法関係文書も同館に収蔵できることになったためである。この法律は今年の一〇月一日から施行されたが、この立法を導いてくださったのは、参議院の亀谷博昭議員である。

同議員は、新聞の論説や記事によってわれわれの判決原本保存の活動を知られ、これは国がなすべき仕事だと考えられて、国の施設で保存できるようにする道をいろいろと検討され、その実現に率先して動いてくださったのである。国の政治家の「あるべき姿」をみた思いがしている。

思い起こせば、今日にいたるまで、判決原本の保存のことでは、実に大勢の方からのご厚意とご援助をいただいてきている。平成五年に東京と大阪でこの問題のための会合を開いたときには、永久保存であった民事判決原本がすべて五〇年の保存期間後に廃棄されるものとなったことの重大性を受けとめて、東京の会合には、瀬川信久教授（北大）・太田知行教授（東北大）・加藤雅信教授（名大）をはじめ、北海道から名古屋にいたる多数の皆さんが自弁で駆けつけてくださった。大阪の会合の場合も、同様であった。

これによって、「判決原本の会」が結成されたが、この会の代表としての私からの、保管についての無理なお願いを聞き届けてくださった国立一〇大学の当時の法学部長および教授会の方がたのご協力によって、判決原本の保存活動が動きだしたのである。

そのさい、東大の西尾勝法学部長からのご助力で、国立一一大学の法学部長から成る「判決原本保管に関する連絡会議」と幹事会が設けられた。西尾教授は行政学のご専門であるし、一〇大学の法学部長には私法や法制史以外の方も多くおられたが、こうした専門をこえた皆さんからの暖かいご理解とご援助で、全国の裁判所から国立一〇大学への判決原本の移送作業が開始された。

この移送については、右の幹事会メンバーの青山善充教授（東大）・國井和郎教授（阪大）・河野正憲教授（東北大）が最高裁と緊密な連絡をとられ、最高裁も、上田豊三・涌井紀夫両総務局長が万端対応してくださった。そして、大量のダンボール箱による実際の判決原本の搬送では、各裁判所と一〇大学の実に大勢の事務官の皆さんに大変なご協力をいただいたのである。

この作業と併行して、外国における判決原本の保存状況の調査などの研究会が設けられたが、これは青山教授を中心として、文部省の科研費で運営された。この研究会には、判決原本保存の必要性を早くから指摘された瀧川叡一元判事をはじめ、五〇名をこえる国立大・私立大の民法・民事訴訟法・法制史関係の研究者らが参加された。

同時に、この研究活動の一環として、国際日本文化研究センターでは、石井紫郎教授がリードされて、明治期の判決原本の映像データベース化がすすめられているが、これは画期的な事業である。また、今回の立法化への過程では、判決原本の価値を社会にアピールするために、信山社の村岡侖衛氏の協力をえて、『図説　判決原本の遺産』という本を出版したが、これには唄孝一都立大名誉教授から過分な書評を頂戴した（本誌一一五四号）。

こんご民事判決原本を国立公文書館で保存するに当っては、法律・歴史などの各方面の専門家によって構成される「専門家会合」（仮称）の意見も十分に聴いて、その運営が行なわれることになっている。プライバシーの保護と研究者への利用の便が確保されて、この保存に対する皆さん方からのこれまでのご厚意にしっかり応えられるような結果となることを心から願っている。

（ジュリスト一一八八号、平成一二年）

2　日本学術会議会員として

私が関係する委員会のことなど

以前は、日本学術会議の会員は全国区と地方区から選出されていたので、第二部（法律学・政治学）にも、各期に必ず東北地区関係の会員が一名はおりました。いま、旧会員名簿をみてみると、つぎのような会員名が載っています。それは、小町谷操三（第一期）・中川善之助（第一期～第四期）・木村亀二（第二期～第四期）・清宮四郎（第四期・第五期）・高柳真三（第五期・第六期）・折茂　豊（第六期・第七期）・斎藤秀夫（第六期～第八期）・世良晃志郎（第八期）・荘子邦雄（第九期・第一〇期）・服部栄三（第九期）・外尾健一（第一〇期・第一一期）・広中俊雄（第一二期）の先生方で、いずれも東北大学法学部の教授です。ところが、学術会議会員の選出方法が改められ、地方区がなくなった第一三期以降、東北地区関係の会員が第二部では途絶えておりましたので、私が第一六期の第二部会員になったのは、九年ぶり（一期は三年なので）ということだそうです。以下では、日本学術会議で私が関係している委員会のことをご報告しておきます。

いま、私は、学術会議の全体委員会としては、「研究者の養成・確保と教育特別委員会」の委員をしています。最近、「理科ばなれ」の現象がいろいろと問題にされていますが、これを契機にして、日本の今後の学術研究を推進するうえで、若手研究者の養成・確保とその教育をいかにすべきかを検討して、その対策の提言を行なうことが、この特別委員会の任務です。そこで、この問題に関する現状を把握するために、学部学生・大学院生・若手研究者の三グループを対象としてアンケート調査を行ないました。また、国内および国外の大学における研究状況についても実態調査を実施し、国内の東北地区関係では、東北大学の法学部（文科系）と農学部（理科系）、東北学院大学の経済学部、東北工業大学の工学部、および各大学の大学院研究科についての調査を行ないました。その調査のために、第六部会員の松中昭一教授と私が分担して大学へ伺いましたが、各大学の学長・学部長・学科主任などの先生方、ならびに事務局の方がたから大変ご協力いただけたことを感謝しております。目下、その調査結果を分析しており、それにもとづいて報告書をまとめる計画となっています。

学術会議は、全国の登録された学術研究団体としての学会の上に成り立っていますので、そうした学会との間で科学に関する研究の連絡をはかる目的から、研究分野ごとに「研究連絡委員会」（略して「研連」と呼びます）を設けております。その関係で、第二部には「基礎法学研連」・「比較法学研連」・「公法学研連」・「民事法学研連」・「刑事法学研連」・「国際関係法学研連」・「社会法学研連」・「政治学研連」・「法学政治学教育制度研連」などがあり、各研連は、その研究分野に関係する学術会議会員と、その研究分野に関係する学会から推薦された委員によって構成されています。私は民事訴訟法学会のメンバーなので、民事法学研連に所属し、その委員長をつとめています。そこで、「民事法学研連」の審議状況について申しますと、最近、大学設置基準の弾力化の影響を受けて各大学の法学部で、専門科目の講義を一年次から行なうことその他の種々の改革がすすめられていますので、今期の前半では、そうした各大学の実情についての報告を研連の委員から受けることを行なってきました（東海大・東大・阪大・名大・早大・学習院大・東北大などの報告を受けました）が、後半では、さらに「二一世紀を迎えて民事法学はいかにあるべきか」というテーマで、アンケート方式により、全国の大学の法学部の民事法学担当の先生方からご意見を伺い、それをもとにしてシンポジウムなどを開くことを考えております。

また、私は「法学政治学教育制度研連」の委員にもなっていますが、この研連では、日本弁護士連合会からの申し出によって、法学部における法学教育のあり方についての懇談会を日弁連と共同で行なったりしています。日弁連としてはとくに法曹界へすすむ学生との関係での法学教育のあり方に関心があるわけですが、わが国の大学の法学部における教育としては、そうした専門家としての法曹人などとなることを志望する学生に対する法学教育とならんで、法的素養のある社会人として社会へでていく学生に対する法学教育のことも念頭におく必要があるので、この両者の関係をどのように考えるべきかが問題になります。そして、私としては、日本の法曹人口と司法試験のあり方なども視野に入れて、両者の教育の関係を学部教育と大学院（修士）教育の関係でとらえることも必要かと考えております。

なお、学術会議は、毎年、各部の夏の部会を地方で開き、そのさいに地方の研究者と懇談する機会を設けることにしています。第二部としては、昨年は熊本でこの夏部会を開きましたが、今年（平成八年）は七月の一八・一九日の両日に仙台でこれを開き、一八日（木）の午後には東北大学で東北地区の研究者との懇談会を開催する予定にしています。いずれ各大学にご案内をいたしますが、多数のご参会を期待しております。

（日本学術会議東北地区会議ニュース一五号、平成八年）

法学系と研究者の養成・確保

一　「若手研究者の養成・確保」の問題が最近とくに論ぜられるようになったのは、大学における学生の「理科離れ」の現象が注目されて、理科系での若手研究者の減少が二一世紀におけるわが国の理科系研究にあたえる重大な影響が懸念されたことによる。文科系としての法学系でも、二一世紀における学術の発展を目ざして、優秀な若手研究者の養成・確保の方法が真剣に検討されなければならないという問題がある。

二　ところで、この問題を考えるときに、法学系と理科系の間では、学生の社会へ進出するコースや社会における研究者についての需要がかなり異なる点を注意しておく必要がある。すなわち、まず、理科系では、今日、学生の大半が学部終了後、修士まで進んだのちに、社会へでている。そこで、理科系では、研究者を志す者について、博士課程後期課程および博士課程修了後の待遇がとくに問題となる。

これに対して、法学系では、今日でも学生は学部卒で社会へでるのが普通であり、大学院へ進むのは例外的であるから、ここで優秀な研究者を確保するためには、博士課程前期課程から考えていく必要がある。また、理科系の場合には、大学院をでた研究者は、大学関係以外にも企業の研究所などへ進む道があるが、法学系では、大学院をでた研究者が大学以外の職場へ進出することはほとんど考えられない。企業の法務部などでも、学部卒業生を企業内で専門家に養成しており、大学院を終了した者への需要がとくに高いわけではない。したがって、同じく「若手研究者の養成・確保」を問題として、その対策を考えるさいにも、こうした違いのあることを念頭におく必要がある。と同時に、この問題が「理科離れ」より生じたこととの関係で、この問題に対する対策が往々にして理科系の問題に対する対策として考えられている面があるので、「若手研究者の養成・確保」を問題とするときには、右のような法学系を含めた文科系の特殊性にも考慮して、その対策を考えていくことが必要である。

三　では、法学系で優秀な研究者を養成・確保するにはどうしたらよいかを考えてみよう。まず、優秀な研究者を得るためには、学部学生に「研究をすること」についての興味をもたせることが必要である。そのさい、理科系では、教授・助教授・講師・助手・大学院生などによる実験チームに学部学生も参加させることで、そうした興味を体得する機会をあたえることができるが、法学系でこれを考えるとすれば、それは「演習」であろう。そこで、熱の入った講義で学問に興味をもたせ、教授と一緒になって研究をしていくような形の演習で、それを実感できるように導いていくことが望ましい。そして、一般に、学生は、「先生」ないし「研究者」になることなどは自分の能力をこえるものと考えているから、演習をつうじて研究者となる適性があると思われた学生に対しては、教授のほうから研究者への道を積極的に示唆し指導していくことが、優秀な研究者を得るためにはぜひ必要なことと思われる。しかし、教授が優秀な学生を研究者へ誘うためには、現在以上に研究者の経済条件が改善されるとともに、その研究者の資質をのばせるような職場が準備されて、研究条件が整うことを必要とする。

四　私の定年までの職場であった大学の法学部を例にしていえば、優秀な学生は、国家公務員・法曹・政府系金融機関そして大手企業へと就職していく。そうした道を選ぶ底には、右のような研究者にはなれそうもないという自己評価もあるにせよ、研究者になるには経済的に大変な苦労があるという情報にも大きく影響されているようである。法学部を卒業して大学教授になって定年に達するまでの給与と定年による退職金を、同年に卒業して官界・法曹界・実業界などに行った者の給与および退職金と比較してみるとき、そこには大変な差のあることがわかる。こうした話は、自分の父親や身近な者などからも学生たちに伝わっているから、「研究者」となるにはよほどの覚悟が必要と彼らは考えているので、そう簡単には「研究者」への道を選ばないという面がある。したがって、今日、「研究者」の経済的地位を向上させることは、優秀な研究者を得るためにぜひとも備える必要のある要件である。そして、こうした事情を杜会的にわかってもらうためには、右のような大学教授（とくに国立大学の）の給与や退職金と公務員・裁判官・会社役員などの給与や退職金の間の差を明らかにすることが必要で、そうしたことは、研究者の経済的地位の向上をはかる日本学術会議のようなところこそがすべきものと思われる。

五　こうして、学部卒業後に公務員・法曹・企業人となった者は、それなりの給与を得て、自分の経済生活の基盤をつくっていくことができるが、大学院へ進んだ者は、学生として「授業料」を払わねばならず、博士課程を終了するには、かなりに長い間、経済的につらい生活を耐えなければならない。したがって、法学系の場合には、前述のように、博士課程前期課程の学生に対しても相当の援助を考えていくことが必要である。しかも、大学院は一人前の研究者になるための準備段階であって、大学院のつぎに本当の「研究者」となるための「就職」の関門がある。そして、この就職は、法学系では、理科系と異なって、就職先が大学だけとなるから、なかなかに大変である。法学系でも、憲法・民法といった実定法の分野では、大学の教養課程の「法学」も含めて、教員の需要がある程度みこめるにせよ、法哲学・法制史といった基礎法の分野は、そうした講座をもつ大学が限られていることから、就職が容易ではない。すると、そうした専門的分野の研究をしたいと考えている者でも、浪人を避けるためには、教養課程の「法学」の担当でもよしとして就職していくことにもなる。そこで、こうした就職の不安定な実情を考えるときには、能力のある学生についても、教授が研究者への道をすすめることについては躊躇することにもなり、学生も研究者への道を選ぶことに消極的になる。したがって、この点の改善策を考えることは、きわめて重要な課題である。なお、法学系では、定年退官後の裁判官などが最近大学教授となる例が多いが、実務家が大学教授となることは、学生に実務界の実際を伝える利点がある反面で、若手研究者の就職の道を妨げているという指摘がある。

六　ところで、独立の研究者として研究をすすめていくには、研究費を必要とする。そのさい、科学研究費による援助の効用は大きい。しかし、法学系では、科研費（とくに総合・一般研究）がなかなか通らないといって、申請をあきらめる例もみられる。前年度の申請件数によって次年度の割当数が変わることは一般に知られていないので、こうして申請しない結果、ますます通りにくくなり、悪循環となっている。それとともに、科研費には実際上使いにくい面がある。そこで、民事法学関係では、研究者の手で「財団法人民事紛争処理研究基金」が設けられ、毎年すぐれた研究がこれによって補助を受けて、学界に大きな貢献をしている。その点で、法学系の研究は、理科系のような高額の補助金額を必要とせず、一億円といった規模の研究もないので、例えば二年に一度ぐらい重点研究の一つの枠でも細分化して文科系の研究の補助に当てられるなら、どんなにか文科系の重要な研究が助かるかと思われる。要するに、「若手研究者の養成・確保」の問題では、理科系に対する文科系の特殊性を十分に理解して、適切な対策を講じていくことが望まれる。

（学術の動向一九九六年九号、平成八年）

法学部教育と民事法学教育をめぐる最近の改革——アンケート調査の報告

一　第一六期の民事法学研究連絡委員会では、その前半期で、委員が所属する大学の法学部における民事法学関係のカリキュラムの現状について、各委員から報告を受けたが、これによって、最近——とくに大学設置基準の大綱化の影響もあって——各大学の法学部ではカリキュラムの改革が盛んに行なわれていることがわかった。そこで、こうした法学部教育と、その一環としての民事法学の教育についての改革の動向を全国的に概観するとともに、そうした各大学の二一世紀に向けての改革の知恵を法学部をもつ大学の共有財産とすることができれば有意義と考えたので、後半期においては、「二一世紀に向けた法学部教育および民事法学の教育の動向」と題するアンケート調査を実施した。アンケート用紙を送付したのは、全国の八八大学の法学部であり、そのうちの六〇大学より回答があった（回収率六八％）。

二　このアンケート調査によって、第一に、全国的にも、最近、多くの大学において、法学部教育のあり方について抜本的な見直しが行なわれていることがわかった。すなわち、第二次大戦前は、大学の数も少なく、大学を志望する学生の多くは、将来の進路を決めたうえで、目的意識をもって大学へ入ってきたから、彼らは、大学で自律的に勉学するのを常とした。これに対し、戦後は、大学が大衆化し、しかも、最近は偏差値を基準にして、目的意識ももたずに大学へ入ってくる学生が少なくない状態となっているので、大学としても、学生の扱いに大きな変化を迫られることとなっている。

これを具体的にいうと、法学部では、戦前は法律学科と政治学科のような区別を設けることで足りていたのに対し、最近では、学生のために、勉学指導や将来の進路指導の意味などもこめて、実に多様なコース制（たとえば、司法コース・行政コース・企業コース・国際コース・政治コースとか、市民社会法コース・公共社会法コース・国際関係法コース・政策科学コースなど）を設ける大学が多くなっている。と同時に、自律的な学問態度の不十分な多くの学生のために、なるべく効率的な教育システムを考え、まず、導入的科目（たとえば、「現代政治論」「裁判法」「日本近代法史」とか、「近代国家・法の展開」「実定法入門」「司法制度論」「国際関係の法と政治」など）を講義し、ついで、専門科目を教えるに際しても、はじめに全体を眺める入門的講義（たとえば、「民法概論」「裁判法」など）をしてから細部に入るという手法をとる大学も増えてきている。また、従来は、三・四年次の学生を対象にして行なった演習も、一・二年次用のものを開講し、「法の学び方」、「本の読み方」などを懇切に指導する大学が増加している。そして、こうした傾向は、最近の大学設置基準の弾力化、教養部廃止などで、四年一貫教育が可能となったことにより、一層促進されている。

第二に、科学技術の進歩により伝統的な法律学が予想していなかったような先端的な問題が生じているとともに、国際的な、また、学際的な面での教育の必要も、最近では高まってきている。すなわち、日本の社会が国際化し、情報化し、複雑化するなど、大きな変化に直面しているので、ここから生ずる問題を扱う科目を学生に提供することも、法学部の教育に課せられた使命となっており、そこから、法学部のカリキュラムには、伝統的な科目のほかに、新しい多様な科目（たとえば、「法情報学」「法政情報処理論」「法とコンピューター」とか、「環境法」「医事法」「消費者法」など）の登場をみている。

三　そこで、以上のような動向の具体的な諸相を対外的に報告し、二一世紀に向けた法学部教育・民事法学教育のあり方を考える際に、各大学で活用されることを望みたいと思う。と同時に、このアンケート調査の結果をつうじて、つぎのような点についても、議論のなされることを期待したいと思う。

第一に、法学部には、法曹界に進むことを志望している学生も入ってくるから、こうした学生向けの法曹育成のための教育と一般の法学部学生のための教育との関係をどのように捉えるかの問題がある。この点については、とくに法曹育成教育を大学院教育として行なうべきものとする考え方もあるので、この問題は、法学部教育と大学院教育のあり方の検討とも関係してくる。第二に、社会が複雑化し、民法・商法などの実体法と手続法にわたる学際的・総合的見地からの考察を必要とする分野が生じてくると、そうした面での新しい科目を設けることも社会的に要請されるようになるが、その際には、従来のような特定の科目のみを専門とする教員のあり方にも問題が提起されることになる。

これらの問題は、二一世紀に向けた法学部教育・民事法学教育にとって避けて通れない問題となるので、このアンケート調査の報告を契機にして、積極的な検討のなされることが望まれる。こうした期待もこめて、本報告書を対外的に発表することとした。

四　本報告書は、A四版用紙で六三頁にわたるが、近く、「民商法雑誌」(有斐閣刊) において、全文を二回 (第一一七巻　第三号 (一二月号)、第一一七巻第四・五号 (一・二月号)) に分けて掲載できる予定となっている。

(学術の動向一九九七年一二号、平成九年)

昨年の第二部夏部会のこと

日本学術会議は、春と秋に東京で総会・連合部会・部会などを行ない、夏は部会を地方で開くことにしています。昨年 (平成八年) は、第二部 (法律学・政治学) の部会を七月一八日と一九日に仙台で開催しました。

第一日目の七月一八日 (木) は、午前中、青葉山の東北大学工学部青葉記念会館の五階会議室で部会を行ない、午後は、一時半から四時半まで、川内の東北大学図書館新館の四階会議室で、私が司会をして、「日本学術会議第二部会員と東北地区研究者との懇談会」を開催しました。学術会議の中山和久第二部長 (早大教授) の「開会の辞」につづいて東北大学の柳父圀近法学部長より「歓迎の挨拶」があったのち、学術会議の利谷信義副会長 (お茶の水女子大教授) から「学術会議とその活動について」と題して報告がなされました。日本学術会議は、学者の世界における国会といわれており、日本の科学の発展のために日本の学者を代表して活動している国家機関ですが、このことが大学関係者に十分理解されていない面があるので、学術会議の使命や活動のあらましが話されたわけです。

それから、学術会議と各学会を結んで研究の連絡を図ることを目的として設けられている「第二部の研究連絡委員会（いわゆる研連）の活動状況」が各研連の委員長（以下のカッコ内）から紹介されました。そこで紹介された研連は、基礎法学研連（山中永之佑阪大名誉教授）・比較法研連（大木雅夫上智大教授）・公法学研連（北野弘久日大教授）・国際関係法学研連（香西茂京大名誉教授）・民事法学研連（林屋）・刑事法学研連（所一彦立教大教授）・社会法学研連（佐藤司神奈川大教授）・政治学研連（三谷太一郎東大教授）の八つでした。そして、こうした学術会議の紹介ののちに、参加された東北地区の研究者から「学術会議への要望」がだされましたが、ここでは、法学部教育の今日のあり方、法学関係の科目と実験講座のこと、法学部の全国的な適正配置を考えるべきこと、科研費の問題などについて、貴重なご意見を伺うことができました。

この懇談会の後半では、「法律学・政治学におけるパラダイムの転換について」というテーマのシンポジウムがもたれました。学術会議では、各学問分野について「パラダイムの転換について」といわれる現象がみられるかどうかについて第三常置委員会で検討してきていますので、それとの関係で、とくにこの夏部会のさいに東北地区の法律学・政治学の研究者の方からこの点についてのご意見を伺おうということになって、このシンポジウムが企画されたわけです。ここでは、学術会議の第三常置委員会委員長の所一彦教授から「なぜ『パラダイムの転換』を問題にするのか」についての説明があったのち、「東北地区の研究者の見解」として、東北大学法学部の川人貞史教授（政治学）・河野正憲教授（民事訴訟法）・川崎英明教授（刑事訴訟法）・白石忠志助教授（経済法）が、それぞれの専攻分野について、そうした現象があると考えられるかについて見解をのべられました。また、参加された他の東北地区の研究者からもいろいろと発言があったのち、学術会議でなされてきたこれまでの検討結果をふまえて「学術会議の意見と総合的まとめ」を第三常置委員会の荒木誠之会員（九州大学名誉教授）が行なって、シンポジウムがしめくくられました。そして、さいごに、山口定第二部副部長（立命館大教授）から「閉会の辞」があって、この懇談会は終了しました。

当日は、日本学術会議第二部会員としては、前記の会員のほかに、内田勝一早大教授・宇野重昭成蹊大教授・兼子仁東京都立大教授・川又良也京大名誉教授・佐藤笠成蹊大名誉教授・清水睦中大教授・前田庸学習院大教授・宮坂富之助早大教授が出席し、東北地区の研究者としては、東北大学から九名、東北学院大学から八名、福島大学から四名、山形大学から二名、石巻専修大学から二名の方が出席されました。そして、東北学院大学の中村英教授、福島大学の新美治一教授、今野順夫教授、山形大学の伊藤博義教授、石巻専修大学の笹川隆太郎教授らから、貴重なご意見をいただくことができました。なお、その日の夜は、会員のご夫人がたも参加されて、向山の「東洋館」で懇親会が開かれ、盛況でした。

第二日目の七月一九日（金）は、第一日目と同様に午前中青葉記念会館の会議室で部会をしたのち、午後は、バスで「大学施設等の視察」を行ないました。まず、最近開館した「理学部自然史標本館」を大学博物館の一例として視察したのち、「青葉城資料展示館」で、コンピュータ・グラフィックスによって再現した青葉城と対面し、それから川内の東北大学図書館で「漱石文庫」の見学を行ないましたが、このコースは、参加者から好評でありました。午後四時半に仙台駅前で解散、晴天に恵まれて無事二日に亘る日程を終了しましたが、東北大学事務局庶務部総務掛の淵辺掛長および船田事務官から大変お世話になったことに対し、ここで改めてお礼を申したいと思います。

（日本学術会議東北地区会議ニュース一六号、平成九年）

これからの民事裁判*

＊　本稿は、平成八年六月一九日(水)に福島大学で開かれた日本学術会議東北地区会議の公開講演会で行なった私の講演の要旨である。

一　裁判には、民事裁判と刑事裁判の区別がある。民事裁判は、市民の間に生じた紛争を法にもとづいて解決するための裁判である。民事裁判をする裁判所には、最高裁判所・高等裁判所・地方裁判所・簡易裁判所の四種類があり、そのうちの地裁か簡裁かに市民は最初に事件を持ち出すことになる。この最初の裁判所が「第一審裁判所」であり、第一審裁判所の判決には、さらに原則として二回まで、より上級の裁判所に不服をのべることができるが、今日、第一審裁判所が毎年受理する事件数は、どれくらいあるのであろうか。最高裁の「司法統計年報」によると、それは、約四〇万件である。この事件数は、世界的にみて、多いのか、少ないのか。私は、日本の第一審の事件数が約三五万件であった昭和五九年(一九八四年)に、同年の西ドイツの事件数を調べたところ、約一五〇万件であった。ところが、当時の西ドイツの人口は約六千万人であったから、一億二千万人の日本なみにして計算すると、西ドイツの事件数は約三〇〇万件となる。あまりにも両国の間で差があるので、さらに、イギリスの事件数を調べたところ、これは約二〇〇万件であった。イギリスの人口も西ドイツに近いので、これも二倍にすると、約四〇〇万件となる。

二　このようにみると、西欧先進国では、日本ぐらいの人口の国だと、三〇〇万件から四〇〇万件程度の事件が考えられることになる。ところが、日本の事件数は、その約一割にすぎない。本当に日本の社会にその程度の事件数しかないのなら、それでいいのだが、実際には、裁判外で紛争を処理する制度も盛んに利用されているし、また、新聞では暴力団を利用した債権取立ての記事もみられるから、紛争事件もまだまだあると考えられる。

では、なぜ事件が裁判所に持ち出されないのか。それは、裁判に「時間」と「費用」がかかるためである。「時間」の点を考えてみると、今日、地裁の裁判は一年以上かかり、第三審まで行くと五年以上もかかる。こんなに時間がかかっては、その間に物の値打ちが下がってしまう。しかも、江戸時代でも、裁判に一年を要したから、平成の今日でも一年かかるというのでは、万事スピード化した現代の感覚に合わない。また、簡裁でも三ヵ月程度かかるが、簡易な事件を扱うこの裁判所ではもっと迅速な処理が望まれる。外国の少額裁判所では、市民が裁判所で直ちに判決をもらえる例も珍しくない。だから、裁判所へ持ちこまれる事件数が日本と比べて飛躍的に多くなるのである。こうした「国民の裁判離れ」の実情を反省して、この度、民事訴訟法の改正がこころみられることになった。

三　民事訴訟法は、明治二三年の制定であり、その後は大正一五年に本格的な改正をみただけなので、七〇年ぶりの大改正であり、このたびの新法は、平成一〇年の一月一日から施行される。「民事裁判を国民に利用しやすく、わかりやすいものにする」というのが、新法の主眼であって、従来のカタカナ文語調の条文は、ひらがな口語調の形式に改められるとともに、つぎのような制度の改善がはかられることになる。

第一に、簡裁で少額訴訟手続が創設される。統計からみると、民事事件の大半は金銭の支払いを求める事件であり、その請求額は三〇万円以下の事件が非常に多い。そこで、今回の改正では、こうした三〇万円以下の金銭請求事件について、原則として一回の審理にもとづいて直ちに判決をする制度を設けることとした。その際の審理や判決は、丸いテーブル（ラウンドテーブル）を囲んだ法廷などで行なわれる。とともに、債務者の支払いの便宜を考えて、分割払いや支払い期限の猶予を命ずる裁判もだせるようにした。そして、この判決に対しては、上級の裁判所に不服を申し立てることはできない。

第二に、地裁でも集中審理方式がとられる。従来は、多くの事件を並列的に進めるために、当事者の主張を記した書面を法廷で何回も交換してから証拠調べを行なって判決をする形をとり、しかも、次回期日は一ヵ月も二ヵ月も先となって、審理期日がさみだれ式にポツンポツンと開かれるのが、一般的であった。これでは、時間がかかるうえに、実質的には書面審理主義となる。そこで、ここでもラウンドテーブルを囲んで当事者が各自の主張を口頭で十分に述べ合い、裁判官がそれを聞いて、当事者間の争点を明確化するなどの争点整理手続を経てから、それにもとづいて証拠調べをして一気に審理を行なうものとする。そして、そのさいには、トリオホーンなどのオーディオ機器の活用とともに、公害訴訟などで証拠を保有する当事者から証拠を収集しやすくする手続の強化などもはかられている。

第三に、最高裁への上告に制限が認められる。現在は、地裁が第一審であると、その判決について高裁へ控訴し、さらに最高裁へ上告できる。しかし、日本では、高裁判決に対して三〇％以上もの上告があるが、その不服が最高裁で認められるのは一％強にすぎない。その点で、ドイツやイギリスでは、上告制限があるために上告率は九％程度であるが、認容率はドイツで二〇％、イギリスで四〇％にもなる。そこで、日本でも、最高裁が憲法判断などの重要な事項に力を入れられるようにするために、上告制限をすることにした。

四　こうした改正法が実現するためには、第一に、「地裁の通常の民事事件は半年で処理すべきもの」との意識が裁判官と弁護士に共通に生ずることが必要と思う。第二に、少額訴訟手続と集中審理手続のためには裁判官の増員が必要で、司法予算についての従来の観念の切換えがなければならない。第三に、こうした「時間」の問題とともに、弁護士費用を透明にして、「費用」の問題もクリアする必要がある。これらを通じて、憲法で保障されている市民の「裁判を受ける権利」が新法によって真に確保されることを期待したいと思う。

（学術の動向一九九六年一一号、平成八年）

「国民のための司法」への改革*

＊本稿は、学術会議会員時代に書いたものではないが、学術会議のOBとして執筆を求められたものであるので、ここに収録した。

はじめに

本稿が私に依頼されたのは、私が宮城県の県政オンブズマンの役目に就いていることに理由があるようである。すなわち、今回の司法改革の動きは、行政改革に連動したものであるが、公的オンブズマンとして行政改革をみるときの目で司法への市民参加の問題を考えてほしいということのようである。そこで、こうした見地から、そして、私が最近関係してきた民事判決原本の保存問題での体験を加えて、この問題を考えてみることにする。(1)

「国民のための政治」と官僚意識

宮城県では、前知事の汚職に始まって、官官接待・カラ出張と不祥事が続いたため、県民からの県政に対する信頼を回復するための一助として、平成八年の一一月から、「県政オンブズマン制度」が導入された。(2)

この制度によって、県民は、自分の権利・利益を県の行政上の行為によって侵害された場合に、その救済を県政オンブズマンに求めることができる。この救済の申立てがあったときには、県政オンブズマンは、県民からの言い分をよく聴くとともに、問題の行為をした県の担当者、そして、担当課の課長や課長補佐を呼んで、その当時の事情や県の考えについて聴取をして、県の行政上の行為が適正であったかどうかについて判断をする。

ところが、このようにして、県職員を呼び出してみると、いわゆる役人的意識をもった職員に出会うことがよくある。国語辞典の「役人根性」という項目に、「役人特有の、横柄で、融通のきかない考え方。とかく権力的で、国民・住民を見下す態度をとる」という説明があるが、まさに、こうした類の職員である。

国の政治は、民主主義の下では、「国民の、国民による、国民のための政治」として行なわれるが、地方政治も、民主主義の下では、同様に、「県民の、県民による、県民のための政治」として行なわれるべきものであり、この「県民のための政治」を実現するために、県職員が県に雇われるのである。

そして、こうした「県民のための政治」をするうえで、県職員には種々の許認可の権限が与えられているが、県職員のなかには、いつしかこうした関係を忘れ、それらの権限が彼らの固有の権限であるかのように誤解して行動する者がいる。

彼らの行動は、権力的であり、高圧的であって、彼らは県民を見下した傲慢な態度をとる。すると、こうした役人的意識をもった県職員と県民との間ではトラブルが発生しがちとなり、それが、県民からの申立てによって、県政オンブズマンの前に持ち出されることにもなる。そこで、われわれは、こうした県職員と出会ったときには、具体的な事件との関係で、その職員のどういう行為・態度が、今日の「地方政治」のあり方との関係で問題になるかを率直に指摘して、反省を求めるようにしている。

と同時に、知事からの要請に基づいて、こうした具体的な事例をもとにして、県職員の研修センターなどにおいて、「県職員のあり方」について講話を行ない、今日の地方政治が「県民のための政治」として行なわれるべきことを説いている。上記のような不祥事は、すべてこの点の認識を欠いていたことから生じたものであるからである。

しかし、この問題は、一宮城県にとどまるものではなく、他の地方自治体でも共通に問題となる事柄と思う。と同時に、地方公務員のみならず、国家公務員についても等しく指摘されるべき事柄である。最近の霞ケ関の不祥事は、すべて「国民のための政治」をする意識の欠如から生じているのであり、「国民のための政治」をするうえで種々の許認可の権限などが与えられていることが、ここでも、いつしか忘れられ、その権限が自分の私腹を肥やすために使われたりして、不祥事を生じているからである。

最近、官僚の体験談として、「日本の役人はずっと自分たちがすべてを決めてきたから、なんでも自分たちが一番よく知っているという思い込みが強い。そんなおごりが官僚腐敗の土壌となっている」旨の指摘もあるが[3]、この「自分たちがすべてを決めるから、国民はついてこい」という官僚の非民主的・権力的意識を根本から改めさせない限り、いくらハード面での行政改革をしても、それは、真の国民のための行政改革とはならないと思われる。

民事判決原本の保存問題と最高裁

では、司法府との関係では、こうした官僚的意識の問題はないのであろうか。平成四年に、最高裁は、これまで永久保存とされてきた民事判決原本について、各裁判所とも保管庫が一ぱいであることなどを理由にして、保存期間を五〇年とするものとし、平成六年以降は、五〇年の期間を満了した民事判決原本を廃棄してよいとする扱いを定めた。すると、これまで各裁判所で保存されてきた、明治初年以降昭和一八年末までの民事判決原本がすべて焼却されてしまうことになる。

これらの判決原本には、明治から大正・昭和へと、日本の社会の近代化の過程で生じた諸相がいろいろな民事紛争を通じて描かれているが、これらの貴重な文化遺産をわれわれの時代で失っては、後代の人たちになんと顔向けができようかという思いに駆られて、国立大学の民法・民事訴訟法・法制史の教官が集まって対策を考え、その結果、「判決原本の会」が設けられた。

そして、この「判決原本の会」が最高裁と種々協議した結果、廃棄されるべき民事判決原本は、すべて国立の一〇大学（北大・東北大・東大・名大・阪大・岡山大・広島大・香川大・九大・熊本大）に一時的に移管されることになり、廃棄を免れることができたのであるが[4]、ここに至るまでには、右の一〇大学の法学部長をはじめ、全国の国立・私立の大学の非常に多数の研究者、一〇大学の事務官および全国の裁判所の事務官の皆さん方からの大変なご協力があったのである。

そして、その後、参議院の亀谷博昭議員（自民党）が、新聞でわれわれの保存運動を知られ、これは国が率先して保存にあたるべきことと考えられて動いてくださった結果、同議員を中心とした「国立公文書館法」の成立に向けた立法の動きが実を結び、この法律が平成一一年の六月に国会で成立をみることとなった。これによって国立一〇大学で一時保管中の民事判決原本が一応国立公文書館で保存できることになったが、まだ問題はあり、これをめぐって国立公文書館との間で折衝が続いているというのが、現状である。

こうして、これらの判決原本を救うために、大変な大学人などのエネルギーが費やされたのであるが、いま、振り返ってみるとき、これは、エネルギーの浪費であったと思われる。

当時、最高裁の説明によると、「裁判所は現在の裁判が円滑に行なわれることを使命としており、古い判決はもはや必要でないので、廃棄することにした」とされ、最高裁は、「現在の裁判」という観点だけからこの問題を考えていた。しかし、この廃棄の対象とされた古い判決は、「歴史的資料」という観点からは、かけがえのない誠に貴重な資料なのである。(5)

したがって、判決原本を廃棄すべきかどうかを判断するにあたっては、後者の観点も考慮すべきであったのに、最高裁――最高裁事務総局――が前者の観点だけから考えて扱いを決めたところに、問題があったわけである。

そして、ここには、先に指摘した行政府における「官僚意識」と同じものがみられる。すなわち、自分たちがすべてを決めるのであり、国民はついてこいという姿勢であって、主権者である「国民」を無視した考え方である。もし、最高裁が、判決原本の廃棄の問題を考えるときに、「国民」との関係を考え、この問題を「国民」がどのようにとらえるかについて、法律学者や歴史学者などからまず意見を十分に聴く機会をつくって、そのうえでこの問題に判断を下していたなら、このような無駄なエネルギーを使う必要はなかったと思われる。

ちなみに昭和一八年末までの廃棄されるべき民事判決原本は、横に並べると二二〇〇ｍに及ぶとされるが、この程度の冊数は驚くに足りないものであり、当時、もし二億円もかければ、これにその後のものも含められる書庫（今日では、電動書架も活用できる）とともに、事務室・閲覧室・作業室なども入れた建物を建てることができたと考えられる。

　幸いに、事後的ながら、研究に対する最高裁の理解と全国的な大学人の協力を得て、民事判決原本の廃棄という最悪の事態は食い止められたが、もしこの廃棄が実行されていたなら、どうなっていたであろうか。おそらく、最高裁は、今後長く、国民からの非難の的にさらされ続けることになったと思われるが、とにかく、今回の民事判決原本の保存問題ではっきりしたように、その独断的処理は、社会に非常に大きな影響を与えるのである。

　司法権は立法権や行政権に対しては独立であるが、この司法権も、他の二権とともに、主権者である「国民」に存立の基礎をもつものである。したがって、この「国民の意向」を無視して、司法官僚が、自分たちの考えで専行することは、慎まなければならない。

司法改革と「国民のための司法」

ところで、なぜ最高裁は、民事判決原本を廃棄するという結論をとることになったのであろうか。ここには、「裁判所予算」との関係があると思う。すなわち、毎年の裁判所の要求予算額をみてみると、裁判所からの予算要求はきわめて地味な形でだされており、[6] こうした裁判所の消極的態度は、従来の予算を大幅に超えた予算を提出して無用な摩擦を生じることはできるだけ避けたいという考慮によるものと思われる。こうした姿勢からは、民事判決原本の問題についても、これを積極的に保存していくことよりは廃棄という選択になるのであって、そこには、裁判所の予算における禁欲主義がみられる。

　では、一般会計歳出所管別予算において裁判所予算が占める割合がどの程度かをみてみると、裁判所予算は全体の〇・五%前後であって、行政府の各省予算と比べると、誠に微々たるものであることに驚かされる。円グラフを書いたときに、司法府の予算は一筋の線程度にしかならないが、[7] このままでは、これからの裁判所に多くの活動を期待できないように考えられる。

　したがって、今回の司法改革では、この裁判所予算の面でも、もっと「国民」からの声を反映していけるようにしていかないと、司法の使命実現のうえでは問題があると思われる。

以上からみると、従来の裁判所は、「裁判」という司法府の職務の遂行だけを考えて、特に「国民の意向」をくみとることまで意識せず、しかも「裁判所」という殻のなかで禁欲的姿勢をとろうとしてきたといえる。そこには、「国民」との間に距離感のある「裁判所」の姿があるが、一般に、これまで国民があまり裁判所を利用しなかったことについても、時間と費用の問題とともに、この国民からの距離感が影響していることも考えられる。

この面からは、今回の司法改革では、裁判所をもっと国民に身近なものとし、もっと国民の意向を反映できるものとしていく必要がある。それは、「閉鎖的な裁判所」から「開かれた裁判所」にすることであるが、その点で、最近の東京や大阪の簡易裁判所のエントランス付近の改造や少額訴訟手続での実績は、裁判所を身近なものとするうえで効果を上げているように思われる。そこで、こうした姿勢をより進めて、さらに、裁判所を国民に近づける工夫をする必要がある。

そして、そのためには、第一に、行政改革におけると同様に、いわゆる司法官僚に対しては、「国民のための司法」を実現するのが自分たちの任務であるということについての意識の変革を求めることが必要である。裁判所の行政を考えるときに、司法官僚が自分の考えを絶対的に正しいものとせずに、「国民」との関係でこれを考えるということである。

そして、その点では、第二に、裁判所のなかに、国民の意向を反映できる仕組みをつくることが必要である。すなわち、最高裁には、「国民の意向」を反映できるようにするために、各界の代表者から構成される会議を設け、また、各地の地域的状況に応じた「国民の意向」もくみとれるように、八つの高裁にも、それぞれ、同様の会議体を設けることが考えられる。

こうした会議体があれば、例えば民事判決原本の処理の問題が出てくれば、これらの会議を通じて、国民の多数の考えがどのへんにあるかをつかむことができ、裁判所として正しい判断をしていくことが可能になると思う。また、こうした問題から裁判所予算の問題点なども明らかになってくれば、この会議で議論して、全国的に問題提起をしていくこともできる。そして、国民からの声を裁判所に通りよくするためには、長官や所長は、最高裁の意向を管内の裁判官などに伝えるだけでなく、逆に、管内の裁判官や地域の市民の声を最高裁へ伝える役目も負うと考えるべきものである。

もちろん、裁判の中身については裁判官が独立に判断すべきものであるが、[8] この「司法権の独立」との関係で、これまで、司法権と国民との間に距離があき過ぎてしまい、裁判所は裁判所の内部で問題を閉鎖的に考えるという形ができてしまった感がある。

しかし、「司法権」も「国民」に基礎をおき、「国民のための司法」を目指すべきものであるから、前述したような形での司法への市民参加は、司法改革で考えられるべき重要な課題であると思われる。

(1) この関係で、本稿では、調停・陪審・参審などの問題にはふれない。

(2) 詳しくは、篠原一＝林屋礼二編・公的オンブズマン（信山社刊）一三六頁以下参照。

(3) たとえば、佐竹五六・体験的官僚論（有斐閣刊）参照。

(4) 林屋礼二「民事判決原本の保存を考える」学術の動向一九九六年一〇号六三頁以下参照。

(5) 林屋礼二＝石井紫郎＝青山善充編「図説判決原本の遺産」（信山社刊）参照。

(6) 林屋礼二・民事訴訟の比較統計的考察（有斐閣刊）一五一頁参照。

(7) 林屋礼二・データムック民事訴訟（ジュリスト増刊）一二三頁参照。

(8) この司法権の独立の下で・裁判は、国民の常識にもとづいて行なわれる。林屋礼二「法と裁判・行政と常識」法学六三巻一号一一六頁以下参照。

（学術の動向二〇〇〇年五号、平成一二年）

3　宮城県県政オンブズマンとして

宮城県県政オンブズマンの活動状況

一　はじめに

宮城県は、沖縄県についで、平成八年の一一月より、オンブズマン制度——「県政オンブズマン制度」——を導入した。それは、前知事の汚職に始まり、官官接待、カラ出張の発覚などと、県関係の不祥事がつづいたことから、県民の信頼を回復するために、県政刷新の一環として採用された。この制度は、その導入の検討の必要性が平成六年三月の「宮城県行政運営改善検討委員会」の中間報告で明らかにされ、これによって設けられた、民間の有識者から成る「開かれた県政に関する懇話会」が、平成七年一二月に、オンブズマン制度のあり方について提言をしたことにもとづいている。

この制度は、「宮城県県政オンブズマン設置要綱」で設けられており、オンブズマンの定数は二人、任期は二年（一期に限り再任可）である。現在、私とともに日向則子氏（仙台家裁家事調停委員）がオンブズマンであり、平成八年一一月からの第一期の任期を了えたのち、知事からの要請で、現在、二期目に入っている。オンブズマンは、県庁の一階に設けられている「県政オンブズマン相談室」で執務している。オンブズマンの独立性の見地からは、執務室を県庁の建物の外に設けることが望ましいが、とりあえずは、県庁内に一室を設けることから出発することになった。オンブズマンは、単独で事件を処理するのが原則であるが、複雑な事件の場合は合議制もとれる。そして、各オンブズマンは、週二日勤務するが、それとともに、月に二回の会議の日を設け、そこで全事件についての情報もえられるようにしている。事務局員は、事務局長と事務局員二名で、合計三名（県職員であるが、ここでは、県職員のバッチも意識も取り去って、職務を行なってくれている）であり、他に、本年四月より、専門調査員一名（大学院博士課程修了者）がおかれている。

本制度は、右にのべたように、条例ではなく、県の要綱によって設けられている。それは、前述のように、不祥事がつづき、早急に対応策を考える必要があったという事情によっているが、県の重要な制度は県民の意思にもとづくべきものであるから、早い機会に条例化することが望まれる。そして、現在は、要綱によるために、条例による場合に認められるような「県政監視機能」を県政オンブズマンはもっていないが、県民は県政オンブズマンが県政監視機能をもつことを期待しているとみられるので、そうした内容をふくんだ条例化が望まれる。

右の関係で、宮城県県政オンブズマンが現在できるのは、①県民が自分の権利・利益を県の行政上の行為によって侵害されたとして救済をもとめてきたときの「県民のための利益救済機能」と、②一県民だけの救済の問題ではなくて、他の県民との関係も考えて制度の改善が必要と思われる場合に行なう「県民のための制度改善機能」の二つである。しかし、私たちは、こうした正式の機能を行なうさいに、つぎのような機能も果たせるようにつとめている。それは、正式の、表面的な機能ではない、いわば隠れた機能ではあるが、実は、これらは、県政刷新のうえでは、非常に重要な機能と考えられる。それは、③「県職員への意識改革機能」、④「県職員への緊張維持機能」、そして、⑤「県職員への情報伝達機能」である。そこで、宮城県の県政オンブズマンは、こうした五つの機能を念頭においてオンブズマンとしての活動を行なっているのであり、これらの点について、以下に詳述する。

二　県民のための利益救済機能

県民は、県の行政上の行為によって自分の個人的権利・利益が侵害されたという場合に、その救済を県政オンブズマンにもとめることができる。したがって、問題となるのは県の行政上の行為であるから、国や市町村の行為、そして、県の議会の行為をめぐる問題は、扱うことができない。また、県の行政上の行為でも、公安委員会の行為は、対象外とされているし、一年以上前に原因のある事件も除かれている。そこで、オンブズマンが扱うことのできる県の行政上の行為によって県民の権利・利益が侵害されたという申立てが県民からなされたときに、オンブズマンの活動が開始することになる。

オンブズマンは、県民から提出された申立書にもとづいて、まず、その県民からよく事情を聴くことから始める。ついで、問題があるとされた県の行政上の行為の担当職員、そして、その担当課の課長補佐や課長を呼んで、事情の聴取を行なう。そして、現場を観る必要があるときには、できるだけ早く、それを実行する。たとえば、坂道になっている県道の中央部に下水のマンホールの蓋がとび出していて、その坂道を上ってきた自動車の下部のミッションがこれにぶつかってこわれ、油が流出したことから、県民が県に損害賠償を求めた事件があった。この事件で、県は、マンホールの蓋が路面からとび出していた事実は認めたが、同時に、道路交通法上自動車の運転者には左側通行の義務があり、それを遵守していれば車のタイヤは、道路の中央部にあるマンホールの蓋の上を走行したはずであるから、蓋に衝突する事故は生じなかったのであり、車の運転手に左側通行の義務違反があったと主張した。また、衝突の結果としての車体の被害は、制限速度を超えて走行していたことにもよると主張した。

そこで、早速現場に行ったところ、その道路は、畑の中の道路であった。そして、その道路を通過する車の状況をしばらく観察したところ、その道路はようやく車がすれ違える程度の幅であったから、通過する車はみな道路の中央を走っており、そのマンホールを跨いで車が走る関係で、いきおい、そのマンホールの両端のアスファルトが掘れる形となって、とび出していた蓋が一層自動車の底に接触しやすくなっていたという事実がわかった。また、その道路はU字形をなして急カーブののちに坂道を上る地形となっていたので、この地形からして、制限速度に違反するようなスピードはだせないこともわかった。

こうして、中立人と県から言い分を聴き、現場検証や種々の資料を調べたのち、これらの「調査」にもとづいて、県の行政上の行為が適正でなかったかどうかについての判断をするが、そのさい、オンブズマンは、「県民の立場」を十分に考慮したうえで、公平な見地から判断をくだしている。そして、県の行政上の行為が適正でなかったと考えるときには、県に対して、その行為の是正を申し入れるが、もし県がこれに従わないときには、知事に対して、「この場合には、……のようにすべきである」とする内容の「勧告」を行なうことになる。オンブズマンから「勧告」がだされたときには、県は、それを尊重しなければならぬものと、要綱で定められている。

いま、オンブズマン制度が発足した平成八年一一月から第一期が終了した平成一〇年一〇月末までの二年間の状況をみると、県民から寄せられた全苦情件数は六六八件であるが、そのなかで、正式に苦情申立書が提出された件数は、一八〇件である。そして、平成一〇年一〇月末現在で処理が完了した件数は一六〇件であるが（したがって、処理率は、八八・九％）、その申立てのなかには管轄外で扱えない事件もあり、結局、調査した結果を申立人に通知したのは、一〇五件である。そして、そのうちで、申立人の意向に全部添ったのは三五件、一部添ったのは二四件で、合計すると五九件となっている。

この五九件という数字は、調査結果を申立人に通知した一〇五件との関係でいえば、五六・二％である。このオンブズマン制度ができる以前にも、県民は県の行政上の行為が適正でないと考えるときには、県に苦情を申し立てることができたが、県は、やはり県の立場・考え方に立って回答するから、とてもこのような率で県民の苦情を認めることはなかったと考えられる。したがって、右の五六％という数字からみれば、県政オンブズマン制度ができたことは、県民の権利・利益の救済にはかなり役立っているとみることができるのではないかと思われる。そして、現在までのところ、オンブズマンが県の行政上の行為を不適正と認めて、県に是正を申し入れたときには、県は、これをすべて受け入れているので、まだ「勧告」がだされたケースはないというのが、実情である。

ここで、オンブズマンが県の行政上の行為を適正でないと判断した一例をあげておくことにしよう。

飲食店・旅館・ホテルなどは、客より特別地方消費税を徴収し、毎月、月末までに、県に対して、前月分の徴収額を申告して、その額を納入すべきものとされているが、これに関して、つぎのような苦情の申立てがあった。すなわち、申立人は、前月分の徴収額を計算して申告書を作り、その額を月の末日に銀行へ行って納入した。その帰途、県税事務所へまわって申告書を提出するつもりであったのに、つい普段の帰途ルートに車を走らせてしまったため、県税事務所へ寄らずに、店へ戻ってしまった。戻ってから、これに気づいたので、郵送で申告書を送ることも考えたが、すでに郵便の集配時刻も過ぎでいるようだったので、明日直接届けたほうが確実と思って、翌日、県税事務所へ行って申告書を提出したところ、申告期限を一日過ぎたから、納税額の五％に当たる額が不申告加算金として課される旨が言い渡された。しかし、申告書もすでに作り、それに記載された徴収額も全額期限内に銀行に納入しているのに、その申告書の提出が一日遅れたからといって何十万円（一ヵ月分の特別地方消費税がかなりの額となれば、その五％が何十万円ともなる）も課税するというのは、あまりにもひどいという県民からの苦情であった。

県から事情聴取をしたところ、税法上、遅れたことについて「正当な理由」があれば加算金は課されないが、「正当な理由」とは地震・水害などの天災があった場合と解されていて、本件はこれに当たらないという回答であった。しかし、税法は税額が確実・迅速に納入されることを目的としており、申告書の作成はその納入のための手段であるが、本件の場合は、申立人が申告書をすでに作成して税額をきちんと計算し、その税額はすべて期限内に納入されている。また、特別地方消費税は、実質的には、県が飲食店などに頼んで客より徴収してもらっているものであり、これに協力して税を徴収し、これを期限内にきちんと納入している本件のような場合に、その申告書（これは、所得税の確定申告書などとは異なって、ごく簡単な記載ですむ一枚の用紙である）の提出が一日遅れたからといって県が飲食店などに高額の加算金を課するのは、いかにも権力的で、適切とも思われない。さらに、不申告加算金の定めは、これを機会に税の納入がこんご遅れる事態が発生しないように戒める趣旨ももっているが、この申立人は従来二〇年間にわたり一回も納入および申告を遅れたことのない優良納税者であって、こんごの防止をとくに考える必要もないという人であった。

のみならず、「正当な理由」という場合の「正当な」とは「道理にかなった」ということであるが、「道理」とは、「みんなが正しいと考える筋道」であるから、「正当な理由」を天災の場合だけに狭く限定して解釈するのは適切ではなく、これは、法を具体的な事件に妥当に適用するうえから、県民の「常識」（common sense）——すなわち、大多数の県民がもつ共通の意識・考え——からみて、課税する必要がないと考えられる場合を広くいうものと解するのが正しいと思われる。そこで、こうしたオンブズマンの考えを県に表明した結果、県は、本件の扱いとして、不申告加算金を課さない旨を回答してきたので、この県民は救済されることになった。

三　県民のための制度改善機能

こうして、オンブズマンは、個々の県民からの申立事件について、県民の「常識」を基礎にして、県民の権利・利益の救済をはかっているが、その事件の調査の結果、申立人の場合だけではなくて、他の県民との関係でも同様の問題が生じうると考えたときには、オンブズマンには、制度や扱いの改善をはかるために、県（知事）に対して「意見表明」を行なう権限があたえられている。これが「制度改善機能」である。この「意見表明」は、個々の事件との関係で、個々的に行なう場合と、申し立てられた種々の事件との関係で総合的な見地から行なう場合とが考えられるが、われわれとしては、これまでのところ、従来の苦情申立ての内容からみて、「公共事業」とくに「土地収用」をめぐって県には改善すべき点がいろいろあると考えられたことから、平成一〇年五月に、「公共事業・土地収用」についての「意見表明」を行なっている。その意見表明の概要は、つぎのとおりである（県政オンブズマンは、毎年、「活動状況報告書」を作成しているが、この「意見表明」は、そのなかに収録されている。また、県民は、インターネットを使って見ることもできる）。

まず、総論的に、公共事業、とくに土地収用のさいの県民に対する県の姿勢のあり方に言及し、今日、県が公共事業を計画・実施するときに、この計画に組みこまれる県民を「当然に」土地・建物を提供すべき者と考えて、その事業を実施しようとしているかにみえるふしがあり、こうした権力的姿勢が、事業の実施をめぐって、県民と県との間でトラブルを惹起する原因となっている場合があることを述べて、つぎのことを指摘した。

第一に、現代法のもとでは、個人の私有財産も、これを公共事業のために使わせてもらうことができるが、そのさいにも、個人の財産権を侵してはならず、個人の財産権が社会的に十分尊重されなければならないとする近代法の理想が厳として基本にあることを忘れてはならない。そこで、第二に、そうした個人の財産権を公共事業のために使わせてもらうときには、大勢の人が公共事業によって利益を受ける反面で、その大勢の人たちのために、これまで住んできた土地や建物から動くことを強いられる個人は大変な不利益を受けることになるのであるから、この犠牲となる個人に対しては、社会は、きちんとした「正当な補償」を行なわなければならない。憲法二九条は、一項・二項・三項で、こうしたことを定めているのであるから、県は、この関係を十二分に認識して、公共事業を計画・実施する必要があることを強調した。

そのうえで、各論的に、具体例をあげながら、つぎのような個々の問題をとり上げた。

(イ)　第一に、「事業計画と県民への交渉」の問題について、①縦割り行政の結果として、不注意な立案により県民に不利益をあたえることがないように（県民が農政部からの補助事業で畜舎を新しく作ったところ、できて間もなく、土木部がこの畜舎にぶつかる県道改良工事の計画路線を発表したことで、農民が大変困惑した例があった）、部局間の緊密な連絡体制を確立するなど、細心の注意をもって事業計画を立案すべきこと、②事業計画を住民を集めて集会で一括説明し、そこで承諾を得たとして、県が手続を一方的にすすめるようなことはすべきではなく、事業によって直接影響を受ける県民のところには県職員が個別に訪問して説明し、県民から十分に理解を得られるように努力する必要があること、③公共事業のために立退きを求められた県民に対しては、従来住んできた土地・住居を立ち退いて移転しなければならないことで受ける苦痛・不利益を、その「県民の立場」に立って真剣に理解し、親身になって県民の面倒をみる必要があることを求めた。

(ロ)　第二に、「契約の締結と登記」の問題について、①公共事業などで県が県民と契約を締結するさいには、無用の争いの発生を防止するうえから、契約書には相手方である県民が自分で署名・押印する扱いを励行すべきこと、②土地の売買契約書には、のちのちのトラブルを防止するためにも、売買の対象となる土地の所在についての図面を添付する扱いとすべきこと、③売買契約にもとづいて県民に土地などの代金を支払ったときには、直ちに登記をすべきであり、もし登記ができない事情があった場合には、その理由を詳しく書いた文書を作成し、これがきちんと保管されて、引き継がれていくようにする必要があることを指摘した。

(ハ)　第三に、「事業の実施と経過報告」の問題について、①公共事業を実施するときに、県民の土地と県の土地との間の境界標を土地所有者である県民に無断で一方的に抜くようなことは（最近は、計測的に復元が容易に可能であることから、安易にこうしたことを行なった例もあった）、絶対にしてはならないこと、②事業を実施するさいには、工事によって影響を受ける近隣の県民のことも十分に配慮して、実施計画を立て、事業をすすめる必要があること、③公共事業が長期間にわたって実施される場合には、この事業に協力して土地を提供した県民に対し、事業の進行状況を適時に説明する機会を設ける必要もあることを指摘した。

四　隠れた機能

以上の「県民のための利益救済機能」と「県民のための制度改善機能」は、宮城県の県政オンブズマンが行なう公式の機能であるが、この制度は、同時に、つぎのような隠れた機能も果たしつつ運営されている。

(1)　県職員への意識改革機能

オンブズマンは、上述のように、事件についての調査の過程で、事件に関係する県職員から、県の考え方や姿勢について聴取するが、その聴取のさいに、県民に応対したときの県職員の態度に問題があったと考えられる場合もある。そのときには、民主主義のもとで、国の政治は「国民の、国民による、国民のための政治」として行なわれるが、それと同様に、地方の政治も、「県民の、県民による、県民のための政治」として行なわれるべきものであって、県職員は、「県民のための政治」を行なうために県に雇われていること、したがって、県職員は、県民には親切に、つねに県民の立場に立って、真心のこもった行政を県民に対して行なう必要があることを話し、その関係で県職員に反省を求める必要のある点があれば、それを率直に指摘するようにしている。その点で、オンブズマンは、県民に対して「権利救済機能」を果たすと同時に、その過程をつうじて、県職員に対しても「意識改革機能」をいとなんできている。

県政オンブズマン制度が設けられたときには、このような県職員に対する機能はとくに考えられていなかったが、オンブズマンとしての仕事を行なう過程で、こうした職員に対する機能は、宮城県の県政刷新のうえで非常に重要なものであることが実感された。すなわち、県職員はいろいろな許認可の権限をもっているが、それは「県民のための政治」を行なうためにあたえられたものであるにもかかわらず、県職員のなかには、その点をいつしか忘れ、それが自分の固有の力であるかのように誤解しているとみられる者もいる。しかも、県職員のなかには、古来のいわゆる「役人意識」をもちつづけている者もいる。

元水産庁長官の佐竹五六氏は、その著『体験的官僚論』(有斐閣刊)のなかで、日本の役人はずっと自分たちがすべてを決めてきたから、なんでも自分たちが一番よく知っているという思い込みが強いと指摘されている。こうした自分たちがなんでも知っているのであり、県民は自分たちの判断についてくればいいのだという考えをもっている県職員（とくに、技術職にこうした傾向がみられる）は、県民を見下し、往々にして、県民に対して高圧的な、横柄な態度をとることで、県民との間でトラブルを起こしがちとなる。そして、この種の事件がオンブズマンのところへよく申し立てられてくるので、こうした県職員の意識を改革することは、県民との間のトラブルを未然にふせぐ結果となり、県民のための「利益救済機能」に間接的に役立つことになる。

平成九年春に、宮城県は、県の行政改革について県民にアンケート調査を実施したが、そこでは、「県職員の意識改革の必要」を指摘する声が九〇・六％を占めた。こうしたことも受けて、県自身も、知事のリードのもと、職員の意識改革に力をそそいでいる。その関係で、県民よりの不満を直接に聴くことになるオンブズマンから県政に対して率直に意見をのべてほしい旨の要請が県からあり、オンブズマンは、その種の会合にも出席している。

①たとえば、平成九年春には、県の行政改革へ取り組む第一回の勉強会に招かれ、知事副知事以下部長クラスの人たちに、オンブズマンが扱った事件をもとにして、県職員のありかたについて話し、県の行政改革は「県民のための政治」という原点から出発すべきことをのべた。そのさいに、オンブズマンに救済を申し立ててきた県民についての県のそれまでの応対状況を担当課に尋ねると、「甲野太郎……事務処理経緯について」というような標題の文書を寄こすが、こうした県民を「甲野太郎」というように呼び捨てにするという慣行は問題であり、これは、県民を見下す姿勢にもつながる危険性をもつことを話したところ、出席している部長たちの指示によるものか、こうした扱いは、以後みられなくなり、文書では、県民に「氏」をつけるようになった。

②平成九年の夏には、県の職員研修センターで、オンブズマン二人が、分担して、主幹クラスの人たち二〇〇名に、四回に分けて、オンブズマンの仕事

と県職員のありかたについての講話をした。平成一〇年の夏にも、同様に係長クラスの人たちに話をしているが、こうした機会には、オンブズマンが扱ったなるべくいろいろな具体例を素材にして、「県民のための政治」という見地から、行政のありかたを説くようにしている。③平成九年の秋から一〇年の初めにかけては、地方県事務所を中心とした各地区の所長会議で、同様に、オンブズマンが扱った事例をつうじて県職員のありかたについての話をしてきており、所長クラスのひとたちへの啓蒙にもひと役かっている。

(2)　県職員への緊張維持機能

こうして、オンブズマンは、県職員に対して、研修や講話の形で、県職員による行政のありかたについて話をする機会をもっているが、この講話を聴いた一係長の話として、新聞（河北新報平成九年一一月五日朝刊）は、オンブズマンの話を聴いて、「心にグサッときたが、ある意味で至極当然の指摘、あるべき公務員というものを、あらためて認識させられた」という感想を紹介している。こうしたこともあって、今日では、オンブズマン制度ができる以前にくらべれば、かなり「県民のための政治」に向けての意識が県職員の間に拡がりつつあるように思われる。

しかし、これまで長い間「役人意識」に頭からつかっていた面もある県職員に急に意識の転換をもとめても、それはそう簡単にはいかないことも認識しておく必要がある。県職員のなかには、そもそも性格的に「役人意識」の濃厚な者もいるし、「県民のための政治」の必要性が観念的にはわかったが、身体ではまだ理解できていないという者もいる。しかも、上級のクラスの人にこの種の人がいると、部や課の判断がなかなか「県民のための政治」の方向にすすまない。そこで、こうした課との関係では、オンブズマンも毅然とした態度をとることが必要になる。そして、こうした場合もふくめて、申し立てられた事件との関係で、いろいろな課と接触がふえてくると、オンブズマンの存在は、庁内でもかなり意識されるようになってくる。とくにオンブズマンから調査の対象とされた課では、できるだけ問題を起こさないように、県民との応対にも注意しているという話も耳にしている。

この県民との応対という点では、県の旅券センターで非常に不親切に扱われ、はじめての海外旅行ということで夢をふくらませていたのに、その期待がくじかれたといって、オンブズマン相談室へ泣きこんできた女性もいた。このような場合には、すぐに上司をよんで、そのときの事情を聴き、県民に対する県職員の応対に問題があったと考えられるときには、オンブズマンから当該の職員に注意をあたえたりもしているが、こうして県職員の応対に問題があるときに県民が直ちに不満を訴えることができ、これにオンブズマンがすぐに対応できる体制が設けられているということは、以前にくらべて、かなり県庁内に行政上の「緊張感」をもたらしているようである。

このようにして、オンブズマンの存在は、一般に、県職員による行政上の企画・実施の面での慎重な心配りを生むとともに、旅券センターとか県税事務所などの県民と直接に接触する窓口業務でも親切な応対の心がけにつながっていくが、こうした「緊張維持機能」は、オンブズマン制度の重要な機能と思われる。最近、一県民から、以前は県の職員が高圧的で、県に申し入れたことが認められないときには、ただ「それは認められない」という一言だけで片づけられたが、近頃では、同じく「認められない」という回答のときであっても、きちんと理由を説明するようになってきており、「県民に親切な、わかりやすい政治を実践するように変わってきているように思う」という声を聞いたが、これは、右のこととも関係がありそうである。

県民が植林している土地の上方の山で県が工事をすることになったことから、工事用の車を通すために、県が、県民に、その植林地の一部を——植林中の木を伐採したうえで——貸してほしいと、申し入れたことがあった。しかし、植林中の木は、いまようやく半分くらいまでに成長してきており、これを伐採することはしのびないし、県からの補助金も十分でないから、工事用の道は別の場所に考えてほしいという申立てが、県民からあった。調査したところ、その県民に対する工事についての県からの説明が十分でなくて、県民に不快感をあたえたという事情もあり、また、植林中の木に愛着の念をしめす県民のいい分ももっともであったので、この問題は、県が別のルートを考える方向で解決をしたが、この事件で、オンブズマンからの申入れに対する県の回答を報告にきた県職員が、帰りがけに、申し立てた県民の心情を思いやって、「申立人にとっては、あの植林に精をだしたころの思い出があるのでしょうね」とポツリといったことばが、印象的であった。こうした「県民の立場」に立って県民のことを考える態度が県職員の身についていくなら、宮城県の行政も、県民に信頼されるものとなることが期待できると思う。

(3)　県職員への情報伝達機能

オンブズマン制度は、県の公的制度として設けられたものであり、前述のように、県民が県の行政上の行為によって自分の個人的な権利・利益を侵害された場合の救済を扱うものとされているとともに、県の行政上の行為であっても公安委員会の行為は除かれているし、また、申立ては問題となる行為から一年以内であることを原則としている。したがって、オンブズマンが扱えることには、制限がある。しかし、オンブズマン制度は、「県民の声を県政に反映させる」ことを意図して設けられているので、右のような要件に該当しない申立てが県民からなされた場合であっても、こうした県民の声があることを県に伝えておくことに意味があるとオンブズマンが考えたときには、その声を県の担当課へ伝えるようにしている。こうした扱いをした一つの事例として、つぎのようなことがあった。

それは、瀬峰病院という県立病院の近くに住む県民からの申立てであって、この病院の門の脇にバス停があり、患者さんたちはこのバス停で降りて、だらだら坂を上って病院の本館へ行って診療を受け、診療を受けると、またこのバス停からバスに乗車して帰って行くが、こうした患者さんたちは、バス停のところで、雨の日は傘をさして長いことバスを待っており、暑い日にはつらいのでしゃがみこんで待っていたりするが、なんとかこの患者さんたちのためにバス停に屋根でもつけてあげられないかというものであった。しかし、これは、県の行政上の行為によって申立人自身の利益が侵害されたという場合ではないから、オンブズマンとして取り扱える事件ではない。だが、これは県に伝えておこうということで、この県民の声を県の企画部総合交通対策課のほうへまわしておいた。

ところが、これを見た係長が、いろいろと検討してくれて、県の県立病院管理課、宮城交通、瀬峰病院と相談した結果、バスが、従来の路線を変更して、病院の門の脇のこれまでのバス停にとまったのちに、病院の門から病院の構内へ入り、本館の玄関前に新しく設けたバス停でとまって、ここで患者さんたちが乗り降りできるという扱いが、運輸省によって認められて、誕生することになった。これで、患者さんたちは、バス停での待ち時間の問題だけでなく、本館までの坂道を上り下りしなくてすむようになったので、患者さんたちから大変喜ばれるとともに、近隣の人たちからも、県の行政に対する評価が見直されることになった。

これは、オンブズマン自身の手による救済ではないが、オンブズマンが投げた球をうまく県の職員がキャッチしてくれて、うまい連携プレーで、オンブズマンができない仕事を成就してくれた例である。県庁内にもこうした「県民のための政治」をつねに念頭において仕事をしている沢山の職員がいるし、さらに、前記のような形で、県庁内に「県民のための政治」への意識が浸透していけば、この例のように、オンブズマンの限られた権限をこえて、多くの県職員の手で、県民の声が県政に反映できるようになるのである。

そして、今年の春から、宮城県では、「県民サービス向上委員会」というものが、県の行政改革の一つとして設けられることになった。それは、県民の有識者から構成される委員会で、右に述べたようなオンブズマンとしては扱えないが、県として考えるべき問題をオンブズマンから投げられた場合などに、こうした県民ニーズをどのようにして県政に反映させていくかを実際に考えていく委員会である。これは、オンブズマンが、県民の「利益救済機能」という本来の機能をこえて、いわば背のびをして始めた、県への「情報伝達機能」の動きを県が正面からとらえて、これを県政に直接つなげる道を考えようとしたものであり、こうした県の積極的態度は、地方政治の「県民のための政治」としての理念との関係で、大いに評価すべきものと思われる。

五　むすび

これまで、日本の地方政治では、「県民のための政治」という理念が明確でなかったように思われる。この点については、この理念が、本来、地方自治法の第一条に明記されるべきであったのに、地方自治法制定時の内務官僚が明治以来の旧自治法制の構成をそのまま踏襲して、中央集権的思考のもとに地方自治法をつくったために、そのような視点がまったく欠落してしまったとの、佐藤竺成蹊大名誉教授からの指摘がみられる（「地方自治五〇年の軌跡と展望」都市問題八八巻五号四頁）。その結果、日本の地方政治の民主化は弱められ、こうした雰囲気のなかで形成されてきた県職員の権力的な傲慢な態度にかねて不快感をもつ県民がかなりいたと考えられる。そこに、――こうした意識とも関係をもって――最近の地方政治における一連の不祥事が起こり、これを契機にして、県職員に対するかねてからの不信感が一気に爆発したというのが、最近の状況ではなかったかと思われる。そして、これは、一宮城県にとどまるものではなく、全国の地方自治体に共通する傾向であったといえる。

そこで、この失墜した地方政治の信用を回復することが、目下の急務となっており、とくに、これからの地方分権の時代を迎えるに当たっては、住民からの自治体職員に対する信頼の回復が、緊急の課題である。そのさいに、公的オンブズマン制度は、自治体と住民の間に立って、住民からの自治体職員に対する信頼関係を回復し、地方政治をほんらいのあるべき姿としての「住民のための政治」にみちびくうえで、きわめて有用なはたらきをする制度であると思われる。すなわち、この制度は、住民との関係で、誤まった行政上の行為から住民の権利・利益を守るとともに、行政を監視し、これらをつうじて、行政を「住民のための政治」に向けて正しくリードする機能を有効に果たすことができる。

この点で、宮城県の県政オンブズマン制度は、まだ県民のための「利益救済機能」と「制度改善機能」しか果たせない建て前になっているので、こんごは、これをさらに「行政監視機能」も備えるものにして、同時に「条例」化していくことが必要と思う。しかし、われわれは、現状でも、宮城県の県政オンブズマン制度をたんに右の二機能だけにとどめるのではなく、これを地方政治の民主化に貢献する制度として精一杯活用すべきものと考えて、この制度を運用してきている。前述した、県職員への「意識改革機能」や「情報伝達機能」などは、この面からのものである。

日本における公的オンブズマン制度は、周知のように、篠原一東大名誉教授がたの精力的な研究会活動によって川崎市の公的オンブズマンが誕生したことから発展してきており、その後、卓越した自治体の長の勇断によって、この制度の採用が、しだいに拡がってきている。こうした流れのなかで、宮城県の県政オンブズマン制度も、せっかく採用された有用な制度であるから、われわれとしては、右のような機能達成のために、これが県民によって積極的に利用されるものとなることを願っている。ただ、そのさいに、日本人は、一般に問題や争いを公的機関に持ち出すことには消極的であり、その傾向はとくに地方で強くみられるので、われわれとしては、県民に対して、公的オンブズマン制度の周知を多方面からはかるとともに、この制度についての利用しやすい雰囲気を「県民の立場」に立ってつくりだしていくようにすることが、当面の重要な課題であると思っている。

〈篠原一＝林屋礼二編・公的オンブズマン〈信山社刊〉、平成一一年〉

第三部　エトセトラ

——雑筆の文箱から

裁判所見学（最高裁にて）

Ⅰ　大学・ゼミのことなど

法研と学習院を憶う

学習院大学の法学研究部が今年（昭和五六年）で創立三〇周年を迎えるとのことである。二〇周年の記念行事は、私が法研の部長であったときに行なわれたから、あれからもう一〇年たったわけである。

最近、学習院での私のゼミの卒業生の会が百周年記念会館のなかで開かれたために、久しぶりに目白のキャンパスを訪れる機会をもった。正門を入ってから北一号館に通ずる石だたみの両側には草木も整備されて、落着いた学園らしい雰囲気をかもしだしていた。おりから記念会館の講堂では演奏会も開かれていた。文化的な香りが一段とただよっていた。あたりを見まわして、学習院は大いに発展しているな、という感じを受けた。私は、学習院大学に一〇年近くも奉職した。この一〇年という数字は、ちょうど、中等科から大学まで学習院にいたと同じ勘定になる。だから、私は、学習院には、母校にも似た愛着を感じている。それだけに、久しぶりに訪れた母校のいきいきと発展している姿をみて、大変に気持ちがよかった。

それと、もう一つ、嬉しいことがあった。いぜん私の研究室があった北別館は、文学部の研究棟を建てた関係で、すこし位置を移していたが、すっかり色をぬりかえて、若がえっていた。この北別館は、もとの図書館で、ここでは、かつて夏目漱石が「私の個人主義」という講演をしたこともある、由緒ある建物である。いまは資料館となっているとのことであったが、これは、この建物にきわめてふさわしい使いかたのように思える。嬉しかったのは、この北別館の場所が移されたときに、そのすぐ脇に、昔通りに、桜の大木も移植されていたことである。この八重桜は、春になると見事な花をつけ、その下に立っと、まさに花の傘のなかにただずむ思いがする。この八重桜があって北別館は一段と映えており、私の脳裏では、北別館とこの桜とは離れがたく結びついていた。だから、北別館の建物が移動したと聞いたときに、この桜のゆくえが気がかりだった。ところが、きぜんと、その八重桜が北別館の入口の脇に、昔通りの姿で根づいていてくれたのである。学習院は新しい学園づくりの構想の下に、どんどんと発展している。しかし、こうした新しい発展計画のなかでも、昔の学習院の面影を失なわないように細心の配慮のなされていることがうかがえて、非常に嬉しかった。

このときは、夜の会合であったために、法研の部室を訪ねることもできなかったが、その日に集まった卒業生たちからは、法研の三〇周年の記念行事をすすめるために、この記念会館の会議室を使って準備会ももたれているという話を聞いた。二〇周年のときには、その準備のために、こんな立派な会議室を利用することは、もちろん、できなかった。それを思うと、この一〇年間に、学習院は、あらゆる面で、ずいぶんと充実したものと思う。この立派な文化的な環境のなかで、すぐれた教授陣とよき先輩に恵まれた法研が、前田庸部長の下に、ますます充実し発展することを心から祈りたいと思う。

（法研三〇周年記念部報、昭和五六年）

無料法律相談所の出張相談

東北大学法学部の無料法律相談所は、中川善之助先生が昭和三年につくられた宮城県社会事業協会無料法律相談所からはじまっており、わが国では、東京大学セツルメント法律相談部についで、古い歴史をもっている。中川先生は、退官されるまでの三十数年にわたって、この無料法律相談所の所長をつとめられ、学生たちに生きた教材で法学教育をされるとともに、法律問題で困っている市民のよき相談相手となられた。現在は、所員である学生は約六十名であり、私が所長をしている。この相談所は、毎週土曜の午後に法学部の研究棟で開かれているが、三人ひと組の学生所員（予審という）が来所者から相談の趣旨を聞き、事件の概要と問題点を整理して、自分たちで回答を考え、これを法学部教官（主審という）がチェックする形をとっている。中川先生が退官されたのちは、民法の幾代通教授（昨年春退官）、鈴木禄弥教授、広中俊雄教授、加藤永一教授、太田知行教授、そして私が交代で主審をつとめてきたが、最近では、労働法の外尾健一教授、刑法の阿部純二教授、商法の吉原和志助教授らも協力してくださっている。この定例の相談のほかに、夏には出張相談をして、東北六県を毎年順番にまわることにしている。この出張相談も土曜の午後にするが、昼前に目的の市に着いて、市役所へ挨拶に行くと、市長室へ通されることがある。そんなときには、一週間の仕事が終ったことの開放感も手伝ってか、市長さんからいろいろと話を聞けることにもなる。

私が東北大学へ移って間もなく、東北新幹線開通前の岩手県の盛岡市へ行ったときには、当時の市長であった工藤巖氏が鈴木禄弥教授の旧制一高時代の友人であった関係で、市長さんから、盛岡名物の「わんこそば」をご馳走になりながら、新幹線開通後の盛岡市の発展の夢について話をうかがった。また、秋田県の横手市に行ったときには、そこの市長さんは千田謙蔵氏であった。千田氏は、「大学の自治」についての憲法の判例として著名な「東大ポポロ劇団事件」の当事者であったひとである。私も以前に法学の講義をしたときによくこの判例についてもしゃべったので、千田氏にその話をしたところ、「そうでしたか」ということで、当時の思い出話をいろいろと聞かせてもらった。そして、横手は「かまくら」で有名な街なので、この横手の観光行政の抱負にまで話はおよんだ。

二、三年前に宮城県の気仙沼市を訪れたときには、菅原雅市長に迎えられ、昼食をとりながら、気仙沼港の発展構想の話を聞いた。それは、こんな趣旨の話であった。日本にはたくさんの漁港があり、これらの港は、「遠洋漁業の港」、「近海漁業の港」、あるいは「沿岸漁業の港」と、それぞれの特色をだしている。しかし、気仙沼港は、この三つの漁業の可能な港にしたいというものであった。そして、この考えは、菅原市長の「ライフ・サイクル論」を基礎にしていた。すなわち、若いうちは、アメリカやアラスカ沿岸までも行って、「遠洋漁業」で大いに活躍ができる。しかし、中年になると、若い時より体力が落ちるから、もう少し行動範囲をせばめて、ハワイあたりまでの漁業となる。ここらまでの漁業を「近海漁業」という。そして、もっと歳をとると、日本周辺の、いわゆる「沿岸漁業」が最適となる。とすると、いま、もし気仙沼港をたとえば「遠洋漁業の港」としてしまうと、中年以上のひとたちは、気仙沼から離れて行かなければならなくなる。同様に、もし気仙沼港を「近海漁業の港」としてしまうと、歳老いたひとたちは、住みなれたこの地を去って、「沿岸漁業の港」へ行かなければならなくなる。こうしたことを考えるときには、若いひとも、中年のひとも、歳老いたひとも、いつまでも一緒に暮らせるような、すなわち、皆が――自分たちの「ライフ・サイクル」に合わせて――不安なく生涯を送れるような港にこの気仙沼をすべきだと思うという話であった。こうして市長さんたちが市の将来について語るとき、その目はキラキラと輝いている。

ところで、東北などでは、弁護士が一人か二人しかいない、あるいは、全くいないという市も多い。事件を依頼するときに、弁護士が二人だけの市では、当事者の一方がA弁護士に頼めば、他方当事者はB弁護士に頼まざるをえなくなる。また、弁護士が一人だけの市では、早い者勝ちになるし、さらに、これらの市では、相手方へ洩れることもおそれて、弁護士へ相談をすることも控える傾向にあるようである。そこで、こうした状態にある市に出張相談に行くと、大変喜ばれる。と同時に、ある来所者の話を聞いていたところ、さっき相談にのった話とすっかり同じで、紛争当事者の双方が相談をしにきたことがわかったという場合もある。一寸聞いてみるかといった軽い気持ちで相談にくるひともいるが、本当に思いつめてやってくるひとも多い。こういうひとたちをみていると、それぞれの市の理想にそった街づくりとともに、紛争の解決の面でも、地域住民が不安なく暮らせるような街づくりの必要性が感ぜられる。そして、この点では、弁護士の過疎解消の問題とともに、最近話題になっている簡易裁判所の統合の問題も、真剣に検討されるべきことがらとなる。

（アーティクル一一号、昭和六二年）

宮城県沖地震と大学

十二年まえの昭和五三年六月一二日に、宮城県沖地震が仙台を襲った。その日、四時限目の講義を終えて研究室へ戻り、そこへゼミの学生諸君が訪ねて来て、部屋で話をしているときに、グラグラときた。下から突き上げる動きで、これは大きいなと直感したため、直ぐ研究室のドアを開けて、二人の学生と一緒に廊下にでた。廊下は波打っている。いままでに経験したことのない大きな揺れなので、学生諸君や研究室からでてきた人たちと波打つ廊下をよろめきながら走って、突当たりの非常階段のところまで避難した。そして、階段を下りたほうがいいかどうか迷っているうちに、揺れが収った。その間、ほんの二、三分であったろう。

もう大丈夫ということで、学生諸君たちと部屋へ戻ったところ、部屋の両壁沿いの書棚の本は全部落下して、部屋の中央部で丁度ピラミッド状に山を成していた。その四ヵ月ほどまえに、震度四とかのやはり大きな地震があって、そのときには、本ごと研究室の書棚が倒れ、あやうく下敷きになりかけた人もでた。そこで、直ぐ、各部屋の書棚を壁の裏側の部屋の書棚とドッキングさせる工事をしておいたので、今回は、書棚はどこも倒れなかったが、大きな揺れで、なかの本がぜんぶ本棚から飛び出してしまったのである。この惨状を見て、学生諸君たちが、早速、本をとりあえず書棚へ戻す作業を始めてくれた。

そのころから、消防車がなん台もサイレンを響かせて、青葉山のほうへ走って行った。窓からみると、近くの丘の中腹のあたりから黒煙がでている。理学部と薬学部から出火したとのことであった。実験室などに置いてあった薬品のビンが地震で落下して、発火したのである。あとで聞いた話では、消防車からの注水で一たんは火が消えたが、部屋中に煙が充満しているので窓をあけたところ、酸素が加わって再び発火したとか、注水が廊下や階段を伝わって下の階へ流れ、落下して壊れたビンからでた薬品が水と化合して発火したとか、いろいろな原因で、なん箇所からも出火したとのことであった。

それでも、この日は、あらかじめ大学の理学部・薬学部などが地震のさいの危険建物としてマークされていたため、地震発生と同時に消防車が青葉山へ向かってくれたのでよかったが、消防車のでるのがもう少しおくれていたら、かなりの惨事となったかもしれない。というのは、大地震になると、電気がとまり、交差点の信号機がぜんぶ用をなさなくなってしまう。他面で、自動車を運転している人は、あわてて家路へと急ぐから、交差点では、信号がないままに勝手に飛び出した車と車がかみ合って、どこも身動きができなくなってしまうからである。この車の大混乱で、消防車はとても目的地まで到達することができない。

私は、当時、学部の評議員であった関係で、事務の人たちと研究室の各部屋を回って、被害がないかを確かめた。ある部屋では、本が大量に落下したときに洗面台の水道の栓を回転させてしまい、水が流れたために、床に落下した本が水浸しになるといった被害もでていた。また、電気がとまったために、理科系の研究室では、実験が全部ダメになってしまったところもあったようであるし、医学部では、実験中のマウスが飛び出してしまい、研究に支障が生じたとも聞いた。宮城県沖地震は、大学にも大きな被害をもたらしたのであった。

（木志会会報六号、平成二年）

卒業年次による就職先の特色

東北大へ私が赴任してきたのは昭和四八年であるが、それからの二年間は、毎週、東京・仙台間を往復していた関係で、私が東北大で民訴のゼミを始めたのは昭和五〇年の春からである。それから数えて、今年（昭和六一年）のゼミの諸君は第一二期生となる。

第一期生一六名の職業・勤務先をみると、弁護士が五名、判事と検事が各一名、大学の研究者が三名、法務省が一名、県庁一名、銀行三名、メーカー一名で、実に一一名が純粋に法律の仕事をしている。第二期生は二〇名のなかで五名が、第三期生は一四名のなかで五名が、こうした法律の仕事に従事している。このころは、民事訴訟法のゼミということで、やはり、法曹界や学界へ進むことを考える諸君たちがかなり私のゼミに入ってきたものと思われる。

しかし、その後この状況は変わって、第四期生になると、地方公務員が多くなり、秋田県庁・栃木県庁・群馬県庁・茨城県庁・埼玉県庁といった県庁が顔を並べている。それが第五期生になると、また一変して、日本銀行・日本興業銀行・富士銀行・第一勧業銀行といった銀行マンがふえ、第六期生でも、日本輸出入銀行・日本開発銀行・三菱銀行・第一勧業銀行・埼玉銀行などと、この傾向がつづいている。

ところが、第七期生ではほ、メーカーが多くなり、日立製作所・神戸製鋼所・富士通・日本鋼管・三菱重工業・トヨタ自動車などが名を連ねている。そして、第八期生になると日本銀行や日本興業銀行もいると同時に、県庁や裁判所やメーカーもいるといった状態で、かなり混在型になってきている。

こうして、卒業年次によっていろいろと特色があるが、今年の三月に卒業した第一一期生は、人事院と文部省、日本輸出入銀行と日本興業銀行、三菱銀行と三和銀行、東京電力と水資源公団、宮城県庁と福島県庁、日産自動車とトヨタ自動車、ＩＢＭに男子と女子といったぐあいで、混在型でありながら、しかも同類の仲間との組合せがいくつもできているという点に面白い特色がみられる。今年もやがて就職シーズンとなるが、今年の第一二期生の就職状況がどのような特色をうみだすかは楽しみでもある。

ところで、卒業後に私の研究室を訪ねてくるゼミの卒業生と話をしていると、どの諸君も全力投球で、きわめて意欲的に仕事と取り組んでいることがよくわかる。私にでもわかるくらいだから、もちろん、これらの卒業生に対する勤務先での評判は上々である。毎年毎年、民訴ゼミからぜひ学生を欲しいといってきてもらえるのは、まさに、これらの卒業生諸君の努力と熱意のおかげであり、有難いことだと思ってる。それにつけても、仕事をするには健康が第一だから、なにか自分に合った運動を定期的にするように心がけ、諸君たちの能力を十分に発揮できる身体の状態をつくったうえで、その活躍ぶりをつづけていって欲しいものと思う。

（木志会会報二号、昭和六一年）

最近の民訴ゼミについて

東北大学法学部では、昨年（昭和六二年）度から、半期制を採用することになった。そこで、去年、私は、民事訴訟法・民事執行法・破産法の講義を全部、十月からの後期で行なうことにした。私が東北大学へ赴任した昭和四八年度にも、後期半年間で民事訴訟法の講義をした経験があるので、やれるだろうと思っていたわけである。だが、民訴は六単位だから、毎週三回という強行軍であり、これに民事執行法と破産法の講義が加わるうえ、民訴の演習も通年でしなければならなかったから、去年は大変であった。しかし、幸いなことに、去年の夏から、民訴の講座に山本和彦助教授を迎えることができた。山本助教授は、関西の灘高から東大法学部を卒業し、東大の新堂幸司教授の下で法学部助手を勤めた俊英である。この山本助教授に去年の民訴演習の後半の面倒をみてもらえたので、助かった。

去年の民訴演習は、確認の訴え・給付の訴え・形成の訴えという訴えの三類型を基本にして、講義では詳細にふれられない訴えについて、最高裁判決などの判例を素材としながら勉強をすることにした。たとえば、形成の訴えについていえば、離婚の訴え・会社決議取消の訴え・境界確定の訴えなどを拾いあげるといったぐあいである。これは判例研究的な演習だが、その二年ほど前の、今年のＯＢ会担当幹事の石井純君、生田健君たちの在学時代のゼミでは、裁判の比較法的な勉強をした。この年は、四人を一班とし、ドイツ班・フランス班・アメリカ班・

イギリス班・日本班の五班を作った。そして、各班とも、担当する国について、①裁判制度・②裁判官制度・③弁護士制度・④法曹養成制度・⑤民事訴訟制度に関する研究発表をしたが、二月に提出してきたレポートは各班ともなかなかの大作で、二〇〇字詰原稿用紙で一、〇〇〇枚を超えた班もあった。

その前の年は、「司法統計年報」の数字を材料にして、日本の民事訴訟の現状についての統計的分析を行なった。このときの各班も、数表・図表などを駆使して、最後のレポートは力作ぞろいであった。この民事訴訟の統計的分析の勉強は、その四年ほど前にもやったことがあるが、これらのゼミの諸君たちとの成果もふまえて、私は、昭和五九年の秋から二年間、雑誌「法学教室」の演習欄で、統計数学を材料にして民事訴訟法の演習を行なった。これは、近く、有斐閣より「民事訴訟の比較統計的考察」というテーマで出版する予定である。

今年のゼミは、「日本の裁判制度」をテーマにしている。西ドイツから来学して、法学部でドイツ法を講義しているレンツ講師もゼミに出席を希望されたので、西ドイツの裁判制度と比較しながら、日本の裁判制度の特色と問題点を探ってみようと思っている。前記の「法学教室」に連載した原稿は昭和五七年の司法統計を基本にしたが、丁度このころ西ドイツで行なわれた司法統計の調査結果があることもわかったので、統計数字の面からの両国の裁判制度の比較などもこころみられればよいと思っている。

（木志会会報四号、昭和六二年）

卒業生の結婚式

ゼミの卒業生から、結婚式での媒酌人を頼まれることがある。そんなときには、職場の上司に頼むのが一番いいと話すのだが、それでも、結婚式のときぐらい職場を離れて大学時代のことを思い出したいとか、現在の職場でいま大いに生き甲斐を感じて仕事をしていられるのも先生からこの職場をすすめられたからなのでなどといわれると、それじゃ引き受けようかというようなことにもなる。

去年は、新年早々、昭和五五年卒の深沢雄二君の結婚式で媒酌人を勤めた。深沢君は、日本興行銀行に入行した翌年、河上記念財団の懸賞論文に応募し、社会人第一等で入選した逸材である。暫く大阪に行っていたが、いまは、東京の本社で、興銀のもっとも重要な政策決定に関与するある委員会のメンバーに抜てきされて、活躍している。新郎新婦ともにクラシックの愛好者なので、弦楽四重奏団の演奏をバックに、出席者一同から祝福されて、心暖まる結婚式であった。

今年は、昭和五九年卒の市川能英君から媒酌人を頼まれた。市川君は、日本銀行に入行後二年ほど北海道に行っていたが、現在は本店の調査統計局に配属されている。主賓として出席された日銀の南原調査統計局長が、入行後二、三年で調査統計局へこれたのは本人が優秀であるためで、これは結婚式の祝辞だからいうのでは決してないといって、ほめておられた。彼は、結婚が二人の合意によることを示せるような結婚式をしたいというので、いわゆる人前結婚の形で結婚式を行なったが、これもなかなか好評であった。

これまでにもかなりゼミの卒業生の媒酌人をしてきたが、結婚式にでると、上司や同僚たちのスピーチを聞いていて、卒業生の諸君たちが、いま、職場でどれほど重きをなしているかが、よくわかる。私にとって、卒業生の諸君たちが生き生きと職場で活躍している姿を見るのは、大変に嬉しいことである。

（木志会会報五号、平成元年）

木志会*創立一〇年に想う

＊　私のゼミのOB会の名称。木曜にゼミがあったことに由来している。

今回の「木志会会報」は第七号であるが、この会報の第一号は四回目の木志会のときに発行されているから、一回目の木志会から数えると、今年の木志会は、一〇回目の会合になるはずである。そして、木志会の最初の会合が開かれた昭和四七年の六月に、東北新幹線が開通をみた。この開通によって、それまで在来線の特急「ひばり」で四時間以上もかかっていた仙台・上野間が二時間弱で結ばれたのであり、私は、開通後間もない東北新幹線の新しい車輌に乗って、第一回の木志会が開かれた神田の学士会館に行った記憶がある。それから一〇年、この六月二〇日には、その東北新幹線が東京駅へ乗り入れる。これで、関西などへ行くときには随分と便利になるが、今回の六月二二日の第一〇回の木志会にも、また開通後まもない上野・東京間のレールを通って、第一回目と同じ神田の学士会館に行くことになる。

ところで、ことしも、四年の学生諸君にとって、就職の時期がきた。しかし、最近の学生諸君は可愛想である。就職は、これからの人生の大半を過ごす職場の選択であるから、それを探がすのに十分な資料が提供されたうえで、慎重に選択をする機会があたえられる必要がある。そして、一と昔前の学生諸君は、そうした機会をあたえられて、社会へ巣立って行った。それなのに、最近では、実行もできない就職協定があるために、学生諸君は、その影響をもろに受けている。すなわち、各企業は、表面的にはいかにも就職協定を守っているような顔をしながら、裏では、いい学生を一人でも早く得ようとして、必死で、学生の奪い合いにしのぎを削っている。他方、学生諸君は、大ぴらには企業訪問ができないから、自分が希望する企業に積極的に近づくというよりも、どうしても、近づいてくる企業と接触するというように受身の形となる。しかも、その接触は、つねに隠密裡に行なわれる。そして、企業は、これぞと思った学生がいると、積極的に攻勢をしかけ、学生に十分に考える時間もあたえることなく、内々定ないし内定などの扱いをして、拘束をしようとする。こうして、もっぱら企業の「力」によるリードのもとで、企業の一方的利益のために、かなり多くの学生たちが一生の職場をきめさせられているというのが、現状のようである。これでは、憲法にいう「職業選択の自由」も空文となる。しかも、社会へ巣立つ第一歩から、こうしてこそこそと行動する姿を青年にみせてよいものであろうか。この一〇年の間に、学生諸君に対する職業選択の自由は狭ばめられており、私は、この現状を憂えている。

（木志会会報七号、平成三年）

定年と私の出版計画

私も、いよいよ来年で定年を迎えることになりました。学習院大学から東北大学へ移ってきたのが昭和四八年で、来年は昭和で数えれば六九年ですから、二一年間東北大学法学部に在職したことになります。ついこの間仙台へきたと思っていたのに、もう二〇年も経ってしまったというのは驚きで、過ぎゆく時の速さを痛感しています。

東北大へきてからは、民事訴訟法六単位、強制執行法二単位、破産法二単位、ゼミ四単位の計一四単位を一人で担当し、さらに、大学院用の特講として保全処分四単位や、教養部の裁判制度論のなかの独仏の裁判制度の講義などももったことがあります。そのうえ、評議員をはじめとして、大学行政に関するいろいろな委員もつとめななければならなかったので、ほんとうに余裕のない日々を送ってきたと思います。

しかし、五年ほどまえに山本和彦助教授を、つづいて河野正憲教授を東北大に迎えたので、講義の負担は楽になり、しかも、法学部が半期制をとるようになったことから、たとえば前期で講義をすれば、後期がまるまる研究に当てられるようになりました。そこで、この時間を使って著述に専念することとし、まずまとめたのが、『民事訴訟法概要』です。これは、平成三年に有斐閣から出版しました。

そのとき、これからの出版計画をたてたのですが、それによると、作りたいと思う本が一〇冊ほどあるのです。そこで、一年に二冊見当で出版できればと思ったりもしたのですが、この計画はたちまち実現が困難となりました。というのは、右の『民事訴訟法概要』を出版してから間もなく目の具合を悪くしたからです。大学病院の眼科で調べてもらったところ、右目が網膜剥離寸前の状態という診断で、早速、レーザー光線による光凝固の応急処置を受けましたが、左目も剥離の可能性があるとのことで、現在は、二月おきに大学病院へ通って、チェックを受けています。

そんなわけで、目の具合を悪くしたことは、私の出版計画にとっては大痛手でした。それで、とうとう去年は本をだすことができませんでしたが、今年は、裁判統計に関する二冊の本をなんとか出版したいと思っています。一冊は、『民事訴訟の比較統計的考察』で、最高裁の司法統計年報を資料にして日本の民事裁判の統計的分析を行ない、それをドイツとイギリスの現状と統計的に比較・検討したものです。他の一冊は、『民事裁判統計資料集』で、右の司法統計年報などの数字を材料にして、日本の民事裁判のこれまでの状況と現状を理解できるように、表とグラフで構成したものです。こうした統計は、私のゼミでも二度ほど扱ったことがあるので、その点では、ゼミとも結びついている研究です。

この統計関係の公刊が終わったら、つぎに、私の助手時代からの研究テーマである『憲法訴訟の手続理論』をまとめ、それから、『民事訴訟の歴史的展開』、『民事訴訟と信義則』、『人事訴訟の手続法理』などをまとめていければと考えています。さらに、こうした研究書とならんで、目下、法務省関係の「民事研修」という雑誌に連載中の『破産法講話』もやがて一本にするようになるでしょうし、また、まえに学習院大学などで「法学」として話したことをもとにして、『法と裁判と常識』という法学入門的なものも書いておきたいと思っています。そのほか、青林書院との間には、『民事保全法』の執筆の約束などもあります。

私がこれまで大学の研究教育で力を入れてきたことに、二つのことがあります。第一は、研究のうえで、できるだけ未開拓の分野に挑戦することです。民事訴訟の比較統計的分析とか歴史沿革的考察、憲法訴訟や人事訴訟の手続法理の研究などは、これです。それから、第二は、教育のうえで、日本の大学で従来一般的に——難しいからといって——敬遠されがちであった手続法関係の講義をできるだけ分かりやすく話したり書いたりすることです。『民事訴訟法概要』もこうした気持ちで書いていますし、目下連載中の『破産法講話』も、その線上のものです。

「定年」というのは、ここで一と区切りということなのでしょうが、こうやって、これからしなければならないことをあげてみると、「定年」だからといってのんびりもできそうにありません。そんなわけで、目にあまり負担をかけないようにしながら、気ながに私の出版計画をすすめていこうというのが、いまの私の気持ちです。

（木志会会報八号、平成五年）

大学院をめぐる思い出

私は、昭和四八年に東北大学へ赴任し、昭和五一年の一二月からは評議員に選出されました。そのとき、「東北大学大学院改革検討委員会」が評議会の下に設けられ、私は、その委員となりましたが、間もなく委員長をしなければならなくなりました。従来は、学部の上に大学院が設けられていたのですが、学校教育法の改正によって、学部なしの大学院（独立研究科）や、そうした大学院ばかりの大学（独立大学院）なども設けることが可能となったので、この委員会は、その可能となった具体的形態について研究するとともに、東北大学の部局にそのような大学院をつくる構想があるかどうかを調査することを目的としていました。そこで、この委員会では、そうした研究結果としての新しい大学院についての情報を各部局に流すと同時に、各部局がどのような大学院構想をもっているかのヒヤリングを行なったわけです。

このヒヤリングの結果、部局の間では、大学院に関する関心にかなりの違いのあることが分かりました。理学部では学生のほとんどが修士課程を経て社会へでていくので、ここでは大学院についての関心が非常に高くなっていました。また、理科系の工学部・薬学部・農学部、そして、文科系でも文学部や教育学部に、そうした傾向が現われてきていました。これに対して、法学部や経済学部では学生のほとんどが学部を卒業してすぐに社会へ出ていく関係で、ここでは大学院についての関心は薄く、理科系でも医学部や歯学部に、これに近い傾向がみられました。しかし、大学院に関心の深い部局でも、当時にあっては、独立研究科などの具体的な構想はまだ生まれていませんでした。

ところで、そのころ、東京大学の向坊学長の提唱によって、国立七大学で大学院の実態調査をすることになり、右の委員会の委員長をしていた関係で、文科系から私、理科系からは工学部の堀江忠児教授が、この調査に参加しました。この実態調査では、「大学院の目的と性格」「学問の発展・動向と大学院」「学位の問題」その他のテーマを七大学でそれぞれ分担し、三年間にわたって共同研究を行ないましたが、東北大学は「大学院間の交流」を扱うことになりました。そして、この調査を実施するためのワーキンググループとして「東北大学大学院問題調査委員会」がつくられ、これの委員長も私が務めることになりましたが、この委員会には、西田秀穂（文）・塚本哲人（教）・加藤勝康（経）・黒田正（理）・山本敏行（医）・手島貞一（歯）・南原利夫（薬）・堀江忠児（工）・玉手英夫（農）といった錚々たる顔ぶれの教授が揃っていました。皆さん大変お忙がしい方ばかりでしたが、それにもかかわらず、この調査には非常に積極的に取り組んでくださったお陰で、東北大学ではいつも他大学より一歩早く作業ができ、他大学の委員からは非常にうらやましがられたものです。

この実態調査の結果としては、今日のような国際交流がまだ十分でない時期であったので、これを進めることとの意見と、国内交流としては、七大学の間での交流がもっと盛んになってよいとの意見が多くみられました。そこで、あとの意見をもとにして、この調査の終了後、私たちは、東北大学を「交流型大学院」とする構想をつくりました。これは、歴史を例にとれば、東大から古代、東北大から中世、京大から近世というように、各大学からの専門家が半年とか一年間東北大に集まって——夢の球宴的な——日本で望みうる最高の講義をするとともに、共同研究を行ない、これに外国人学者も加わるといった考えでした。私たちは、この構想を時の前田四郎学長に持っていったのですが、学長があまり積極的でなかったので、そのままになってしまいました。しかし、あれが実現していたなら、東北大学の大学院の特色づくりにもひと役かえたのではなかったかなどとも思ったりしています。

不思議な縁で、私は、一昨年（平成五年）、右のようにしてかつていろいろと調べた「独立研究科」を実際に――情報科学研究科として――つくる作業に関係することになり、「東北大学情報科学研究科教員選考委員会」の委員長を務めましたが、ここでは、全学にわたる非常に多数の先生がたからのお力添えによって、無事に八〇名をこえる教官の選考を終えることができました。短期間の間にこのような選考がすすめられたのは、副委員長をしていただいた奈良　久教授（情教）、また、三つの専門委員会の委員長をお願いした都築俊夫教授（理）、野口正一教授（応情）、堀　元教授（経）からのご協力と、村上昭夫法制掛長をはじめとする事務局の皆さんのご尽力によるものであって、心より感謝しております。紙面の関係から他の先生がたのお名前をあげることもできませんが、東北大学の退官に当たり、ご助力いただいた先生がたに心より御礼を申し上げる次第であります。

（東北大学学報一三六二号、平成六年）

定年後の私の近況

昨年（平成八年）一一月より、「宮城県県政オンブズマン」という役目を引き受けざるをえなくなりました。もとの知事の汚職に始まって、官官接待、カラ出張と、不祥事がつづいたので、宮城県では、県政刷新のうえから「オンブズマン制度」を導入することになり、その初代のオンブズマンへの就任を頼まれたわけです。これは常勤ではありませんが、一週間の半分ほどは県庁のオンブズマン室へ出ているので、これに他の仕事が重なり、かなり忙しい日々を送っています。ちょっと七月の中ばからの半月間の私の行動日程を紹介してみましょう。

◇七月一四日（月）は、午前一〇時から午後四時まで県庁。夜、新幹線で東京へ。
◇一五日（火）は、日本学術会議の運営審議会へ出席。学術会議の「民事法学研究連絡委員会」の委員長をしている関係で、この委員会で全国の大学の法学部に対して行なったアンケート調査の結果を報告。夜、帰仙。
◇一六日（水）は、札幌へ行く。
◇一七日（木）、一八日（金）は、北海学園大学で行なわれた日本学術会議第二部会の夏部会に出席。日本学術会議会員としての私の任期の最後の部会なので、少し無理をして出席した次第。一八日夜、帰仙。
◇二一日（月）は、朝、仙台発、午後は、本年度から文部省の科学研究費によって新たに設けられた――判決原本の保存の仕事の一環としての――「法と裁判の近代化過程研究会」（東京・本郷・学士会館分館にて開催）に出席。夜、懇親会ののち、帰仙。
◇二二日（火）は、県庁。
◇二三日（水）は、正午より、仙台商工会議所の「不動産規制緩和特別委員会」の委員長をしている関係で、この委員会に出席。
◇二四日（木）、二五日（金）、二六日（土）、二八日（月）、二九日（火）、三〇日（水）は、福島大学行政社会学部で「民事訴訟法」の前半の連講をするために、毎日、仙台・福島間を往復。
◇三一日（木）は、県庁。

こんな具合で、今年は、ほんらいなら夏休み中の間も、あわただしく動きまわっていました。こんごも、新民事訴訟法が来年一月より施行される関係で、その講義を頼まれたり、本の出版企画がいろいろあるほか、オンブズマンとの関係でも、県庁職員に対する講話のための講師とか、国の行政監察関係の全国大会でのシンポジウムのパネラーの依頼などなど、予定が目白押しの状態です。定年退官後も仕事が持ちこまれてくるのは大変有難いことなのですが、だいぶオーバーワークなので、すこしこのへんで時間の都合をつけて旅行にでも行って、一と息つきたいものだなどと思ったりしている今日このごろです。

（木志会会報一〇号、平成九年）

故宮川知法君への弔辞*

＊本稿は、若くして去った大阪市立大学教授宮川知法君の告別式（平成一〇年四月二七日）において私が読んだ弔辞である。

福井に私が来たのは、今回で二度目になります。一回目は、君の結婚式のときでした。君から媒酌人となることを頼まれて、この帰命寺の本堂で、佛式により、君たちの結婚式を執り行ないました。君は、この浄土真宗本願寺派乾徳山帰命寺の住職となる者として、この本堂で結婚式をあげたのです。そのとき、君は、式に時間がかかるので、私が座っていて足がしびれるといけないからといって、両足の間に置ける小さな座椅子を用意してくれたことを覚えています。君は、とても思いやりのある人でした。あれは、いまから十六年前のことですが、その結婚式をしたこの本堂で、君の告別式を行なうことになろうとは、そして、君より歳をとっている私が君の前で弔辞を読むなどとは夢想だにしなかったことです。

昨年の暮れ、小室直人教授がなくなり、「お別れの会」に私が出席できないので、べつに小室教授のお宅へお参りに伺いたいと思ったのですが、私は、小室教授のお宅の場所を忘れてしまっていたので、君に連れて行って貰えればと思って、君に電話をしました。そして、私が予定していた金曜日の君の都合を聞きました。そうしたら、毎週金曜日は、大阪市立大学で講義をすませてから最終の列車で福井へ行ってお寺の仕事をするので、その日もそのようにしますが、夕方少しの時間を作ってご案内しましょうと、君が言ってくれました。しかし、私は、君が随分忙しそうだったので、それなら僕が自分で探して行くから無理をしないようにと言って、電話を切ったのですが、そのとき、私は、君がかなりオーバーワークの状態にあるように感じました。そして、このときの電話が、私にとっては、君と話をした最後となってしまいました。

君は、東北大学法学部の学生であったとき、私の民事訴訟法のゼミに入ってきました。そして、卒業を前にして、東北大学教育学部の教授をされていた君のお父さんと同様に、君も研究者になりたい気持ちをもっていることを、君から聞きました。卒業成績が大変優秀であったので、君は、私の講座の助手に採用されました。君が助手になって研究テーマを探していたときに、私がアメリカの破産法を研究した人の論文をみせたところ、君は非常に関心をもって、ぜひアメリカの破産法の研究をしたいと、私に言ってきました。君は、それから、実に精力的に勉強し、破産原因に関する君の研究成果は、東北大学法学部の機関誌「法学」に三回に亘って連載されました。この助手論文の研究をつうじて、英米法的破産制度の考え方が君の心を強く捉えたようです。

とくに破産免責制度について、そうでした。私は経済変動の犠牲者を救うという見地からこの制度を考え、その点からみて真に救う必要のある者は救済するが、自分の安易な気持ちから破産状態を導いたような者に対しては――もちろん、更生への途を与えつつも――厳しく対処し、世の中を甘くみないようにさせることが、これから社会生活を送っていくうえで本人のためになると考えてきました。しかし、この制度についての君の考えは、異なっていました。「学説の背後に人がいる」といわれますが、君の英米法流の免責制度に対する学説の背後には、宗教者としての宮川君が立っているように、私には思われました。救いを求めてきた者を暖かい心で迎え入れるといった君の姿勢を、そこにみたのです。君の学説には、宗教家としての信念と学者としての情熱が感じとれました。しかし、最近では、私の考え方にも随分と耳を傾けてきてくれるようになったと思っています。

それはとに角、今日、日本では、深刻な経済不況の下で破産者が急増しており、消費者倒産制度の整備が要望され、まさに、君の研究が大いに活用されるべきときとなっています。このときに君が急逝したことは、日本の学界にとって大きな痛手でありますし、また、君自身も、さぞかし無念なことだと思います。君は、なにごとに対しても、手抜きをせず、真面目に全力で取り組んできました。それは、大学の仕事でも、著作活動でも、さらに、宗教上の行動でも、同じであったと思います。しかし、それが、結局、君の命を縮める結果につながったように、私には思えます。

　昨年末、君は、第二の著作集『消費者更生の方法論』を出版しましたが、このためにもかなりの精力が使われたことと思います。君の頭の中には、これにつづく出版計画も、もちろんきちんとできている筈です。それだけに、いま命を失った君の口惜しさは、痛いほどわかります。しかし、君は、なすべきことを命のある限りなしとげたのです。君の帰命寺の「帰命」というのは、身命を投げだして佛の教えに従うとの意味だそうですが、君は、まさに命を投げだして学問に精進し、また、佛の教えに従ってきたのです。そして、いまや君自身が佛となるのです。君は、これまで精一杯生きてきたのですから、どうかゆっくりと休んで下さい。そして、佛の力で、あとに残された君の奥さんと二人のお子さんが幸せに暮らせるよう、どうかしっかりと導いてほしいと思います。

　ご冥福を祈ります。

Ⅱ　法学教育と裁判・執行

生きた法学教育

法学部の無料法律相談所は、生きた教材による法学教育を目ざすものであるが、こうした生きた法学教育という見地からは、講義のさいにも、たとえば戸籍謄本・登記簿謄本・株券・手形小切手・公正証書といった実際に社会で使われる資料を学生たちに見せながら話をすすめることが望ましい。私は、三年ほど前（昭和五九年）に、こうした法学部教育で必要と考えられる資料を集めて、教材（鈴木禄弥＝林屋礼二編『教材法学資料ハンドブック』第一法規出版）を作ったことがある。このなかには、訴状・呼出状・答弁書・口頭弁論調書・宣誓書・判決書なども収めてあるので、大学での私の民訴の講義のさいには、これらの資料を見ながら話をすすめることにしているが、これは、学生諸君の理解を助けるのに役立っているように思われる。

民訴は「眠素」などともいわれているくらいだから、講義をするほうの者も、講義のしかたに工夫をこころみることが必要である。その点で、私は、これまで民訴の講義では、はじめの三回ぐらいで、まず「訴えの提起」から「判決の確定」までの手続の流れの概略を話してしまい、それから、最高裁で作った「杖の訴状」という映画を見せるやりかたをとってきた。これは、自動車事故による損害賠償請求事件の映画で、被害者の女子社員が会社の上司から紹介された弁護士と相談をして、加害者に訴えを提起し、審理においては、反対尋問で過失の存在についての有利な心証を裁判官にあたえることに成功して、勝訴判決を手に入れるといったストーリーのものである。途中で示談や和解の話もでてくるし、審理が証拠調べを中心にすすめられることもよくわかるので、これを毎年裁判所から借りてきて学生諸君に見せていたのだが、この映画のセリフのなかに差別用語があったということで、昨年から借り出しができなくなってしまった。がんらいは一般市民向けの教育映画だが、法学部学生に裁判のアウトラインを教えるのには都合のよいものであっただけに、大変残念に思っている。具合いの悪い都分を除去して、早く使えるようになる日を待っている。

これは判決手続の映画であるが、強制執行手続なども最初に映画でアウトラインを理解させてしまえば、講義の吸収も効果的となると思う。たとえば、AがBから三〇〇万円の借金をして、公正証書が作られる。ところが、期限がきてもAが返済をせず、催促にも応じないため、Bが右の執行証書を債務名義にして強制執行を考える。まず、Aは借家住まいなので、Aの家のなかの動産の執行をBが申し立て、執行官がAの家に行って執行をする。同時に、会社に対するAの俸給債権の執行も申し立てる。さらに、最近Aが郷里で土地の相続をしたことがわかって、その土地に対する不動産執行の申し立てもする。そして、こうした状況にあるAだから、家賃も滞納し、家主Cから賃貸借契約を解除されて、家屋明渡しの訴えが起こされ、その確定判決で家屋明渡しの執行も受ける。この場合に、占有移転禁止の仮処分なども加えたストーリーにすれば、金銭執行・非金銭執行・保全処分のやりかたが一本の映画でわかるようになる。「訴訟経済」ならぬ「講義経済」の見地からは、こうした映画もぜひ作りたいものと思う。

法廷映画は生きた法学教育にも役立つが、実際の法廷の傍聴を行なえば、効果は一層あがることになる。大学の創立記念日には授業がないので、私は、毎年、この日に、ゼミの学生たちを連れて、裁判所の法廷の傍聴をすることにしている。仙台簡裁・仙台地裁・仙台高裁は一つの建物のなかにあるので、一日かけて、これらの裁判所の法廷の傍聴をする。人数が多いので、いつも予め裁判所へ傍聴希望を通じておくのだが、裁判所からは大変好意的に扱ってもらっている。たとえば、三年ほど前、簡裁でサラ金事件の第一回口頭弁論期日の傍聴をしたときのことである。通常なら、原告の請求についての陳述は「訴状記載の通りです」ですんでしまうところだが、裁判官は、とくに原告に訴状の朗読を求めた。原告であるサラ金会社の社長はけげんな顔をしたが、この朗読によって、われわれ傍聴者には、事件の内容がよくわかった。この事件では、債務者である被告は、所在不明で、欠席であり、送達も公示送達であった。そこで、裁判所は、原告主張の消費貸借の主要事実について、原告から申請のあった証人――原告会社の女子社員――の尋問を実施したうえで、審理を終結した。原告と証人は直ちに退廷したが、裁判官は、そのまま法廷に残り、裁判官席から、ゼミの学生たちに対して、いまの事件は公示送達で行なわれたので、擬制自白成立とならずに、原告側に主要事実についての立証をさせる扱いがとられた旨の説明をとくに加えられた。

こうして下級裁の法廷傍聴をしたのち、こんどは上京して、最高裁の法廷見学をするのが通例であるが、ここでは、学生たちは、西洋の城塞のような石造りの建物に圧倒されつつ、大法廷や小法廷の傍聴席にすわって、法廷の厳粛な空気にひたることになる。いつだったか、仙台の裁判所を傍聴していたときに裁判長が大きなアクビをした。学生たちはびっくりしたが、この大きなアクビの背後には、裁判官の負担過剰の現状があるらしいこともわかって、まさに生きた裁判法教育となったこともある。

（アーティクル一二号、昭和六二年）

法制博物館構想

法学教育の効果的な方法の見地からも私がぜひ必要と思っているものに「法制博物館」の創設がある。この「法制博物館」（「法政博物館」に発展させることも可能である）についての私の夢を少し書いてみよう。

「法制博物館」は、わが国の法制に関係のある資料を蒐集・保管・展示して、法学教育の効果を高めるとともに、法学研究の進展を目ざすものである。この博物館には、四つの展示場を考える。

第一展示場は「六法館」である。これは、憲法・行政法室、刑事法室、民法室、商法・労働法室、民事手続法室などに分かれる。いま、民事手続法室を例にしていえば、ここでは、まず、私人間の紛争解決の制度としてどのようなものがあるかが示され、そのなかの民事訴訟制度について、「訴えの提起」から「審理」を経て「判決」、そして「上訴」にいたる手続の流れがパネル・写真・模型・資料の展示を通じて理解できるように構成される。民事執行制度についても同様の方法の展示をする。そこで、このような形の展示をした各室をまわることによって、わが国の現行の代表的な法についての基本的な知識が容易にえられるようになる。

第二展示場は「歴史館」である。ここでは、第一展示場で示されたようなわが国の現在の法制にいたるまでの、わが国や欧米諸国の法制の歴史的系譜が展示される。民事訴訟の例でいえば、わが国の裁判が古代から中世・近世を経てどのように変遷し、明治初年におけるヨーロッパ法制の導入や第二次大戦後のアメリカ法制の流入によってどのように変わったかが、模型・資料などを使ってえがかれる。また、右のヨーロッパや英米の裁判制度がゲルマンやローマの裁判制度からどのようにして発展してきたかも示されるが、全体的には、この展示場で近代法の基本原理が理解できるようにする。第三展示場は「比較館」である。ここでは、諸外国の法制を比較法的に眺める。同じく民事訴訟を例にしていえば、右のような歴史的系譜も念頭におきながら、ヨーロッパの諸国の裁判制度や英米の裁判制度の現状がパネル・写真・模型などを駆使して展示される。この第二と第三の展示場をみることによって、日本の現在の法制も、ひろく日本の歴史や世界の歴史との関係で、そして、世界の各国の法制との比較のなかで眺めることの必要性が理解されるようになる。

第四展示場は「特別館」である。ここでは、以上の三館に関する特別のテーマの展示や、以上の三館で展示できなかった分野の展示が行なわれる。特別のテーマについては、研究グループからの申込みを公募し、これらのグループによる資料の蒐集と研究にもとづいて展示がなされる。ここでは、実体法学者と手続法学者、あるいは基礎法学者も一緒になり、また、いろいろな大学の学者が共同して研究をすすめる。こうした研究活動を通して、放っておけば散逸する貴重な資料も体系的に蒐集・保管することが可能となる。たとえば明治初年の訴訟記録などの裁判資料も、いま努力して集めておかないと、永遠に失われてしまう危険がある。たまたま貴重なこの種の資料がでてきたときにも、どこへ持って行ったらよいかがわからなくて、そのまま放置されたために、所在不明となったという例もある。したがって、法制関係の資料はこの「法制博物館」へ持って行けば保管されるということが分かるようにしておくだけでも、重要な意味をもつと思われる。

以上の展示場のほかに、この「法制博物館」には、ビデオ室・講義室・映写室なども設けられる。いま、たとえば、故人となられた我妻栄先生や中川善之助先生の講義がきけたら素晴らしいと思われるが、そうしたことは、これからの世の中では、ビデオによって十分可能である。今日では、時間と空間を超えて知的文化財を保存することができる。そこで、この博物館では、日本の代表的な法学者の講演や講義などのビデオ撮りも計画的に実行する。「講義室」では、そうした講演会などが開かれる。そこで、来館者は、「ビデオ室」で、カセット・テープにより、希望する先生の講演や講義をボタン一つ押すだけで自由に聴講することができる。このビデオ・テープは、これからの日本の法学史を語る重要な資料ともなる。また、「特別館」の展示は、新しいテーマの展示に定期的に変わっていくから、すでに行なわれた展示の内容はビデオに収められ、これも、ボタン一つでみられるようになる。さらに、この博物館では、裁判の映画とか強制執行の映画のような法学教育の教材用の映画も企画・作製し、これを「映写室」で一般にみせるとともに、そのフィルムを大学の教材用にコピーして提供できるようにもする。そのほか、この博物館には、共同研究のための「研究室」、「図書室」、文献・判例の検索のための「情報室」なども設けられる。

最近、日本では、国立民族学博物館とか国立歴史民俗博物館その他いろいろな博物館が作られている。法律関係では、明治大学に刑事博物館があったり、長野に私人の手になる司法博物館があるが、私は、ぜひとも、以上にのべたような「法制博物館」を国の手で一つ作るべきだと思うのである。

（アーティクル一三号、昭和六二年）

三百代言語源考

弁護士法七二条は「弁護士でない者は、報酬を得る目的で……法律事務を取り扱い、又はこれらの周旋をすることを業とすることができない」と規定しているが、昨年（昭和四六年）七月一四日の最高裁大法廷判決は、本条をもっぱら三百代言的な行為を取り締まる規定として解釈すべきことを明らかにしている。

「三百代言」というのは、ほんらいは、明治の初期から中期にかけて、代言人の資格をもたずに他人の起訴や談判を引き受けることを業とした、いわば無資格《もぐり》の弁護士のことである。ところが、これらの三百代言は、「八百のウソで胡麻かす三百屋」とか「法律も暗き夕べの蛍狩り三百ばかりとる代言師」などと陰げ口をたたかれているように、わずかばかりの皮相な法律知識を種にして、詭弁を弄した法律論を述べたてたり、もっぱら礼金めあてに訴訟を使嗾したりしたので、その後も、健全な法常識を基礎にしないで舌先き三寸で法律論をあやつる者や、金ほしさから他人の法律事件に介入することを業とするような者のことを周知のように三百代言とよぶようになってきている。弁護士法七二条が取り締まるのは、こうした金めあての三百代言である。

ところで、明治のはじめになぜ無資格の代言人のことを「三百代言」とよんだのかについては、諸説がある。明治九年に代言人規則ができて、代言人になるための試験が設けられたが、この試験に合格できた者はきわめてわずかであって、それまでに弁護士的活動を行なってきた者の大半は代言人の免許を得ることができなかった。しかし、彼らは、ただちにお手のものの抜け道を発見し、個々の期日ごとに当事者から委任状を貰って裁判所に提出することで、彼らの法廷での活動を確保することを考えだした。こうした当日限りのもぐりの代言人が当時東京府下に三百人いたので、彼らを三百代言とよんだという第一の説がある。

しかし、江戸時代の公事師の流れをくんだ輩が当時東京にかなりの数いたことは確かであるが、それが三百人いたからというのは、どうもこじつけくさいと思われる。

つぎに、こうした当日限りの代人（当日代人）の日当が天保通宝で三枚すなわち三百文であったので、彼らを三百代言とよんだという第二の説がある。この天保通宝というのは庶民にたいへん人気のあった貨幣で、そのために、この貨幣は、明治になってからも、その中ばすぎまでは、円銭とならんで通用が認められていた。そして、庶民が非常に愛好した貨幣であったことから、当時のフロ代やそば代などもすべてこの天保通宝一枚で払えるようになっていたといわれているが、この天保通宝で三枚――いうならば、かけそば三杯分――が彼らの日当であったので、彼らを三百代言とよんだというのである。

さらに、この「三百」には彼らを卑しんでよんだ響きがあるとみる第三の説もある。すなわち、三文判・三文文士などの「三」と同じように、「三百」には価値の低いことや劣ったことを表す意味がある。たとえば、家賃の安い裏店《うらだな》を「三百店《だな》」といったり、おばあさんの手で甘やかされて育った子がひ弱くてしっかりした面のないことを「祖母《ばばあ》育ちは三百安」などといったりするのは、この例であるが、当時のもぐりの代言人の大半が人格的にはきわめて劣った連中であったので（たとえば「人生劇場」に登場する甚のような）、これを三百代言とよんだというわけである。

ところで、紅葉の「金色夜叉」のなかに「高利貸《アイス》」と書かれている箇所がある。庶民は高利貸にとっては大事なお客さんであったが、庶民がすこしでも返済を滞ったりすると、高利貸は情容赦なく庶民から取り立てを強行した。高利貸は実に冷酷な人間である。こうした庶民の気持ちが、「高利貸」に、同じゴロの「氷菓子」として当時耳新しいことばであった「アイスクリーム」すなわち「アイス」をかけることによって、その人間的な冷たさを皮肉たっぷりに表わしたものがこれであると思われる。そして、こうした用いかたは、明治の中ばごろの演歌などにもみられる。とすると、明治の人たちは、なかなかに辛らつな皮肉屋であったのではないだろうか。そして、彼らは、この高利貸に対すると全く同じ調子で、一面では庶民の法律顧問格でもあったが、他面では、冷酷な高利貸の手先きとなって平気で庶民に取り立ても迫ってきたこれらのもぐりの代言人たちのことを、ちょうど彼らの日当が三百文であったことから、その下劣な人間性を皮肉って、「三百代言」とよんだのではなかったかと思われるのである。

（ジュリスト五〇六号、昭和四七年）

趙州四門

碧巌録という禅における「ものの考え方」を説いた書物のなかに、「趙州《ちょうしゅう》四門」という話がのっている。これは、「僧趙州に問う。いかなるかこれ趙州。州曰《いわ》く、東門、西門、南門、北門」という問答である。趙州という偉い坊さんがいて、その弟子の僧が、あるとき、趙州にこう尋ねた。「世間のひとは、和尚さんのことを非常に偉い坊さんだといっていますが、和尚さんは、いったいどういう方なのでしょうか」。これに対する趙州の答えが、「東門、西門、南門、北門」であったのである。では、これは、なにを意味しているのであろうか。

この「趙州」という名は、彼の生地である「趙州城」からとったものである。そこで、趙州は、「あの趙州城にも、東門、西門、南門、北門という四つの門があったな。それと同じように、私にもいくつかの門がある。ひとは、それらの門から私をながめるわけだが、ほんとうの私を知るためには、私の東門、西門、南門、北門、すべての門から私をながめて、私を評価しなければならない。一つの門だけから一寸私をながめただけでは、私のほんとうの姿はわからない。だから、おまえも、自分がいまどういう門から私をみているのかを考え、そのうえで、他のいろいろな門からも私をながめて、私を綜合的にとらえるようにこころがけてほしいものだ」といったものと思われる。

民事訴訟制度の目的についても、これまでに、民事訴訟制度は私人の権利の保護をはかるとする「権利保護説」、私法の維持をはかるとする「私法維持説」、私人間の紛争の解決をはかるとする「紛争解決説」など、いろいろな見解がとなえられてきている。しかし、これらの見解も、民事訴訟制度を、あるいは東門から、あるいは西門から、あるいは南門からながめたものにすぎないのかもしれない。

そのようにみれば、これらの説は、並存できるものであり、一をとれば他は排斥されるという関係にあるものではない。とすれば、問題は、これらの門から民事訴訟制度も綜合的にとらえ、そのうえで、体系的な民事訴訟の理論としてはいずれの門から民事訴訟制度をながめることが妥当かを判断することにあるといえる。これは一例にすぎず、ある問題をめぐっていろいろな見解が対立しているときにも、こうした見地から、いちどそれらの見解を綜合的に位置づけて考えてみることも、また必要なことのように思われる。

（受験新報、昭和五五年三月号）

生け花と法廷

日本では客を迎えるときなどにとくに花を生けたりするが、ヨーロッパでは、人びとは普段から花で街や家を飾っている。それなら裁判所はどうであろうかと、以前ヨーロッパへ行った折りに注意してみたところ、ミュンヘンの裁判所の玄関には大きなフラワーポットが置かれていたし、ウィーンの裁判所では建物の窓辺に植木鉢がさりげなく飾られていた。また、ジュネーブの裁判所でも建物の中庭に花が咲き、中庭に面した窓には植木鉢が並べてあった。さらに、小田滋判事がおられるハーグの国際司法裁判所にいたっては、さすが元の宮殿だけあって、庭に立派な花園があった。

こんなわけで、ヨーロッパでは、行く先ざきの裁判所で、裁判所と花は決して無縁ではなかった。では、日本ではどうであろうか。帰国後、裁判官などとの集まりの折りにいろいろ聞いてみたが、どうも日本では裁判所と花はごく自然に結びつくという関係にはなさそうであった。しかし、裁判所は争いや犯罪に関係して心の平静さを失った人も集まるところであるから、こうした場所にこそ花があってもよさそうに思われる。

こんなことを、昨年（平成三年）、地元の新聞である河北新報の記者に話したことがある。そのとき、その記者は、こんど裁判官との懇談会があるので、裁判所にも花があるといいということを話してみましょうかといっていた。そして、それとほとんど同じころ、東北大学の民事手続法研究会のあとの懇親会で、たまたま裁判所にも花があるといいんだがということを私が話す機会があったが、そのとき、一人の高裁の裁判官が、「裁判所と花ね……」といって考えこんでおられた。

それから暫くして、河北新報の夕刊の社会面に大きく「生け花の〝陪審員〟!?　仙台高裁、いきな演出」という見出しがのっていた。おやおやと思ってみたところ、その考えこんでおられた裁判官である当時の仙台高裁民事第二部の三井喜彦裁判長が法廷に生け花を飾られたという記事であった。そして、その記事を書いたのは、右の河北の記者であった。あとで聞いたところでは、河北の記者が裁判官との懇談会のさいに裁判所にも花があるといいという声もあることを紹介したところ、三井部長が賛意を示されて、それが実現したとのことであった。私は裁判所の建物の玄関ホールあたりにせめて花があるといいと思っていたのであるが、三井部長は、それを一歩進めて、法廷に花を置かれたのである。その花は、裁判所の女性職員の手になる華道教室での作品の利用とのことであった。

大審院の大法廷の正面には堂本印象画伯の「智」・「仁」を象徴した絵が掲げてあったし、いまの最高裁の大法廷には、宇宙を表現した西陣つづれ織りのタピストリーが飾られている。これから考えれば、通常の法廷にも、花や絵があっておかしくないように思われる。これによって、出廷した素人の当事者や証人も心の緊張を少しでもゆるめて陳述できる雰囲気がつくられるから、この法廷の花は、弁護士さんたちからも大変好評だということである。

（ジュリスト九九七号、平成四年）

判決正本の送達

先日（平成二年九月一四日）、仙台高裁で、送達された第一審判決の正本に裁判官の氏名の記載が漏れていたことから、改めて判決正本が送られてくるものと待っていた間に、被告が控訴期間を徒過してしまったという事件についての控訴審判決が言い渡された。これは、不貞行為を理由として、妻が夫に対し、離婚と慰謝料七〇〇万円を請求した事件であって、第一審は、妻からの離婚請求を認め、被告に四〇〇万円の慰謝料の支払いを命ずる判決をだした。この判決の原本には裁判官の署名・捺印がなされていたが（民訴一九一条一項参照）、この判決の正本に裁判所書記官が裁判官名を記入しないで送達したために、起きた事件である。普通の場合なら、裁判所から判決正本が送られてくれば、たとえ裁判官名が抜けていたとしても、当事者としては、そこまで注意せずに、判決文を読んで、不服をのべる必要があると考えれば控訴するものと思われるが、本件の場合には、第一審で被告が裁判官の忌避を申し立てていて、被告が裁判官にこだわっていた事情があったようである。

この控訴事件について、仙台高裁は、たしかに裁判官の氏名が判決正本に漏れているが、当事者としてはその補正を裁判所に求めることもできたのであるから、右の記載漏れにより判決正本が直ちに無効であるとはいえないとしたうえで、控訴期間を過ぎたことを理由にして、控訴却下の判決をした。民事訴訟法では、当事者に、相手方当事者や裁判所の訴訟行為に手続違背があったときには、異議をのべる権利——責問権——が認められているが（民訴一四一条参照）、右の判決は、被告からのこうした行為が期待できたことをいうもののようにみえる。

ところで、日本の民訴法はドイツの民訴法をモデルにして作られているが、後者は地裁以上で弁護士強制主義をとっているのに対して、日本の民訴法は本人訴訟主義を前提としているから、弁護士強制主義の下でなら妥当するが、そのまま本人訴訟の場合に当てはめることは無理と考えられるような場合もあり、右の責問権の行使も、一般市民に期待できるかには問題がある。のみならず、今日の実務では、裁判所が判決正本を当事者に送るときに、判決を送る旨、そして、不服があれば送達後二週間内に控訴ができる旨を記した送り状もつけられていないということであるので、*これを機会に、本人訴訟主義や国民の「裁判を受ける権利」と民事訴訟法の関係についても、いま一度見直してみる必要がありそうである。来年は民事訴訟法施行一〇〇年を迎えるが、丁度民事訴訟法の改正をめぐって本格的な動きが始まろうとしている。

（欅十一号、平成二年）

＊　このことを最高裁関係の人たちに話したせいか、その後に、右の送り状がつけられるようになった。

強制競売の開札期日

今年（昭和六三年）の夏休み前の一日、強制競売のさいの開札期日の状況をみるために、研究室の人たちと一緒に、仙台地裁へ行った。強制執行や抵当権実行の申立てがあった不動産については、裁判所が最低売却価額をきめて、売却のための公告をする。裁判所でどういう物件が売却されるかについては、最近では、駅の売店や書店で売っている不動産情報誌にも掲載されているから、これをみることで、一般の人も情報を得ることができる。もし詳しい様子を知りたいと思う物件があったときには、裁判所の執行官室へ行って、その物件についての記録（物件明細書）をみることもできる。そのうえで物件を買いたいと希望する者は、執行官室で入札書を貰い、これに自分が買いたいと考える――最低売却価額以上の――値段を書いて、保証金（最低売却価額の二割）とともに、一定の期間内に、執行官室へ直接または書留郵便で届ける。これが期間入札とよばれる売却のやり方であるが、こうして所定の期間内に送られてきた入札書を開く日が開札期日である。

仙台地裁では、売却件数が多くて大ぜいの人が集まると予想される場合には法廷を使用することもあるが、通常は、地下のロビーを開札場としている。当日は、その地下の開札場で五十人ぐらいの人が集まって、期日が開かれた。不動産関係の業者らしい人が多く、女の人も五、六人いたが、いずれも会社の事務員風の人であった。当日の売却物件は二十数件あった。執行官室へ送られてきた入札書は封筒に入れられたまま入札箱で保管されているので、執行官がそれらの入札書を箱から取り出して開き、売却物件ごとに、何人の入札人があり、買受申出額がそれぞれいくらかを高い順に読み上げて、一番高い値をつけた者を最高価買受申出人と定めていく。入札人が全くいない物件や一人だけの物件もあるが、入札人が複数の物件もわりとあった。値段としては、最低売却価額より一寸上の値をつけて買受申出人ときまる場合が多いが、複数人の申出があったために、最低売却価額をかなり上まわった値で買受申出人がきまった場合もあった。後者が、法の理想とする状態である。

最近では、東京で土地値が高騰し、地方にも波及して不動産価格が上がってきたために、裁判所での売却も活気づいてきている。入札人の中には東京の不動産会社の名も聞かれる。そして、裁判所の売却物件は市場価格より安いから、一般市民の入札参加もみられるようである。しかし、裁判所の売却物件だからといって法的利用関係のうえで全く安心して買えるという保証はないから、一生に一度の高い買物をするような場合には、素人は手をださぬほうが賢明なようにも思われる。

（欅九号、昭和六三年）

東京流と大阪流の債権回収手続

かなり以前のことだが、東京から大阪まで自転車に乗って途中の魚屋の店先きを調べながら走ったという人の観察記が、たしか「旅」という雑誌に載っていたのを読んだ記憶がある。それは、東京では、魚はみんな店頭で横に並べてあり、名古屋あたりになると横になったり縦になったりするが、大阪では一様に縦に並べであったという内容の報告であった。となると、魚の並べ方には東京流と大阪流があることになるが、債権回収手続としての保全処分や民事執行の手続上の扱いも東京と大阪の裁判所で必ずしも同一でない場合があって、ここにも東京流と大阪流といったものがあるようである。

まず、債権回収手続のうえでの裁判所の決定の文言に違いのある場合がある（なお、拙稿『民事執行実務』一八号三頁以下参照）。これは、決定も裁判であるから、裁判官の独立の結果として、そのようになるのも止むをえないともいえそうである。しかし、実体的に判断する場合ならそうだが、手続にのみ関し、しかも、決定書に不動文字で印刷されている文言が、なぜ東京と大阪で違うのかということになると、右の説明では釈然としない。そして、右のこととも関連してか、裁判のみならず、手続上の取扱いの面でもいろいろと違いがでている場合がある。そこで、東京流に慣れている弁護士さんが大阪の裁判所へ行くととまどったり、逆のことも生ずるが、弁護士さんたちから聞いた話では、たとえば大阪の裁判所へ行って「東京ではこうだ」などと下手にいうと、逆効果も生じかねないので、あえて異を唱えず、郷に入れば郷に従えと、大阪へ行けば大阪流、東京では東京流と割り切っているということであった。

ところで、最近、地方のある地裁のA支部とB支部での執行手続上の扱いが異なっていて困るという話を耳にした。よく聞いてみると、A支部の判事は東京の裁判所からきた裁判官であり、B支部の判事は関西の裁判所からきた裁判官であるために、そのやり方が違うようになったという話であった。国民の目から見ると、同じ日本の手続法上の扱いが、なぜ東京と大阪で違わねばならないのかが理解できないところだが、さらに、右の話は、この東京と大阪での手続の二分化の影響が、関東圏と関西圏にとどまらず、その他の地方にも波及し、全国的に手続の混乱を招きかねない状況にもなってきているということである。

スイスでは、複数民族から構成されているので、相互に他民族の独自性を損わないようにするという趣旨から、連邦法は憲法・民法・刑法などのごく一定のものに限られ、他の領域の法は各カントン法にまかされている。そのスイス法でも、債務取立・破産法はとくに連邦法とされているのだが、債権の回収手続の扱いが地域によって異なるのでは、利用者にとってはきわめて不便と思われる。その点で、以前、強制執行についての東京と大阪の裁判所の扱いの違いが、裁判所内部で対比検討されたことがあるが、最近では、倒産実務についての東京方式と大阪方式の違いが主として弁護士さんたちによって検討されている。これは大変結構なことで、こうした対比の試みがいろいろとなされ、単に東京と大阪の違いの指摘だけでなく、なぜそのような違いがあるのかを考え、いずれの方式が合理的であるかも検討されて、これが手続方式の一本化につながるようになれば望ましいことと思われる。魚の並べ方と異なって、裁判所での手続の違いは、そんなものかと簡単に片付けられない問題である。

（債権管理二八号、平成二年）

Ⅲ　旅と街づくり

レマン湖の花火

スイスには、日本の大使が三人もいる。一人はスイス駐在の大使、もう一人は国連機関日本代表部の大使、そして、三人目は軍縮委員会の大使である。スイス駐在大使はスイスの首都ベルンに、そして、他の二人はジュネーブに駐在している。私は昭和五六年の夏に在外研究で二ヵ月ほどジュネーブに滞在していたことがあるが、そのとき、私の旧制高校時代の友人が右の国連機関日本代表部の特命全権公使をしていた。

その友人から、ジュネーブ滞在中のある日、レマン湖の花火大会に誘われた。この花火大会は毎夏開かれ、日本の国連機関代表部や軍縮委員会の関係者とその家族たちは、船に乗って、湖上でこの花火を見物するのが恒例となっている。当日の夕方、参加者は、レマン湖畔の、ジュネーブの市街地を少しはずれた公園の一隅にあるレストランの庭に集合した。私は、そこで日本代表部の大使にも紹介されて挨拶をしたが、そのとき、大使は、「これから見に行くレマン湖の花火は、ちょうどヘンデルの水上の音楽とか王宮の花火の音楽を思わせるような、一見の価値あるものですよ」と私に語られた。

外務省関係の日本人の家族でいっぱいとなった貸切りの船は岸を離れ、ジュネーブの街に囲まれたレマン湖を横断して、向い側の湖岸に繋留された。ヨーロッパの夏は、陽が長い。午後の八時になっても九時になっても、まだ明るい。そこで、花火大会は午後一〇時開演となる。それまでは、われわれは、上空で展開されるアクロバット飛行などを船の上から見て、時間がくるのを待った。レマン湖の湖岸、そして、レマン湖からローヌ川が流れでるところにかかっているモンブラン橋の上は見物客で埋まっている。ようやく暗くなった午後一〇時きっかりに、湖岸に建ちならぶホテルの窓の明りが一せいに消えった。全市が闇につつまれる。そのなかで花火が始まった。

日本の花火は、一発一発と打ち上げられる。菊・柳・牡丹、群衆は、その形と色と爆発音を楽しむ。ところが、レマン湖の花火では、これに「音楽」という要素が加わっていた。花火大会の会場となるレマン湖の中央部に一艘の観光船が停泊しており、その屋上の大きなスピーカーから流される音楽に合わせて花火があがるのだ。その花火は、ワルツのときは湖面を滑るが如くに乱舞する。マーチになると勇壮に打ち上げられる。旋律は絶えず変化していくから、それに応じて、花火の様子もどんどんと変わっていく。だから、日本のように、同じ種類の花火が何発も続けて打ち上げられるというのではない。日本の花火を見慣れていた私の目には、このレマン湖の花火は、非常に新鮮な、変化に富んだ、ダイナミックなものに見えた。

約一時間後、群衆の目と耳を楽しませた花火が、最終楽章の華麗な打ち上げとともに終った。一瞬、静寂な闇。そのとき、スポットが湖の一点にあてられたかと思うと、そこから、勇壮なリズムにのって、一三〇メートルの吹き上げを誇る世界一の湖上大噴水が色鮮やかに吹き出した。そして、湖畔のホテルの窓々にもパッと明りがともった。そういえば、ここ二日ほど前から噴水は吹き上げをとめていたのだったが、それは、この花火大会のクライマックスを飾るためであったことが、そのときわかった。実に、劇的な演出であった。

私は、「鍵屋」、「玉屋」の掛け声とともに、花火は日本のお家芸のように思いこんでいた。しかし、花火は、西洋で火薬の発明とともに生まれたのであり、一三世紀ごろ、イタリアのフィレンツェではじめて花火が上げられた。それがヨーロッパに拡がり、日本へも入ってくるのである。そして、日本では、伝統的な隅田川の川開きなど、もっぱら川で花火が上げられた。この川では、川幅がそんなに広くないから、花火の見せ場はいきおい上空となる。これに対して、レマン湖の花火の舞台は湖面であった。ここでは、狭い川とは異なって、広い湖が舞台であり、鏡のような湖面に映る花火の芸術が見せ物となった。

しかも、この花火の芸術は、音楽の波にのって、コンピューターの操作で点火され、その変化に富んだ光の祭典は、われわれの目と耳を存分に楽しませてくれた。代表部の大使がヘンデルの「水上の音楽」や「王宮の花火の音楽」を思わせるといわれたことが、まさに実感として理解できた。

夏の風物詩、日本の打ち上げ花火も、もちろん、素晴らしいものである。しかし、これと並んで、同じ花火でも、かなり性質の異なった花火があることを、レマン湖の花火を見て、知ることができた。「井の中の蛙大海を知らず」の類で、私も、日本の花火だけを花火と思いこむところであった。

最近では、私のゼミでも、二月の卒業試験が終わると、三週間から一カ月ぐらいの予定で、卒業前にヨーロッパやアメリカなどを旅行してくる学生がふえてきている。日本の中でだけ暮らしていると、日本の本当のよさもわからない。また、外国を旅行してくると、広く世界の中で日本を考えるようになる。そして、右の花火のように、新しい知見も開ける。その意味で、私は、なるべく学生時代に外国を旅してくるようにと勧めることにしている。

（アーティクル一七号、昭和六二年）

日本の良さの認識

外国へ行って、外から日本を見ると、いままで気がつかなかった日本の良さをしみじみと認識させられることにもなる。

私がヨーロッパへ行って日本の良さを感じた第一は、日本の温和な気候のことである。日本人は、春があって夏がきて、秋から冬へすすむという自然の移り行きをごく当り前のこととして受けとめているが、こんなバランスのとれた四季の移り行きは、ヨーロッパにはない。例のビールがうまい地帯の歌い文句に「ミュンヘン——サッポロ——ミルウォーキー」という場所の列挙があるが、ヨーロッパの真中より少し下のところにあるミュンヘンは、日本の札幌と同じくらいの緯度——いや、実は、もっと上の緯度――にあるのであって、この点からも推測できるように、ヨーロッパは、日本の北海道からサハリンに相当する緯度のところにある。したがって、ヨーロッパの冬は、日照時間も非常に短いし、寒さも大変に厳しい。そのために、夏のヨーロッパでは、ひとびとは、来るべき厳冬に備えて、貪欲に太陽を浴びようと努めている。これに反して、夏のヨーロッパで帽子をかぶって歩いている旅行者は日本人ぐらいだといわれるように、日本人には、そうした冬に備えるという緊迫感はない。それは、日本の風土の恵まれた温和さからくるものである。ヨーロッパ人の目からみれば、日本、とくに関東以西は、まさに天国で、冬の寒さもそれほどではないし、そのうえ、夏から冬の間には秋があり、冬から夏の間には春があって、身体が自然の変化にうまく調和できるようになっており、誠にうらやましいかぎりとなる。このバランスのとれた四季の変化のために、日本では、ひとびとは、四季の移り行きを楽しみながら、心にゆとりをもって一年を過ごすことができるわけで、日本は、世界的視野からみれば、本当に自然的環境に恵まれた、素晴らしい国だということが、外から日本を見てはじめてわかるのである。

第二は、日本の治安の良さである。ヨーロッパでは、とくに地中海沿岸国の治安が悪いといわれているが、最近では、治安の悪いところが北上して、しだいに増加しているようである。仲間の一人が旅行者の洋服をわざと汚し、他の一人が、困っている旅行者に近づいて、その汚れをとってやるようなふりをしながら洋服のポケットから金目のものを盗るとか、喫茶店で旅行者に話しかけ、旅行者の飲み物に秘かに薬物を入れて、気分の悪くなった旅行者を介抱するようにみせかけて物を盗むなど、その手口はいろいろとあるようである。駅の構内で一寸荷物を置いておいたりすればたちまち盗られてしまうし、列車の網棚の荷物も安全ではない。そこで、日本のデパートの海外旅行用品売場では、荷物につけておく盗難防止用の警報器すら売られている。そして、アメリカなどでも、治安の悪さが問題になっている。これにくらべれば、日本では、遥かに安心して旅行ができるし、ホテルでの宿泊も安全であって、この治安の良さは日本の誇りうることである。

第三の良さは、水が飲めることである。ヨーロッパでも、たとえばウィーンの水は――さすがにウインナーコーヒーの本場だけあって――冷たくておいしかったし、北欧の水などもいいようだが、全般的には、水の飲めないところが多い。とくにパリの水のひどさは有名で、ホテルの水道の蛇口をひねっても、なにかドブ臭い水がでて、とても飲める代物ではない。だから、パリなどのレストランでは、お客は「エビアン」というような飲料水を買って飲んでいる。一般に、ヨーロッパでは水は貴重で、日本のレストランやコーヒーショップでのように、お客の前にタダで水がでてくるというようなことは期待できない。日本人は、この水の有難さを忘れてはならないと思う。

第四は、交差点が渡りやすいことである。私の経験では、とくにロンドンの交差点がひどかった。ロンドンでは一方通行の場所が多いが、交差点の歩行者用の信号が青になったので渡ろうとしても、車があとからあとから右折してきて、歩行者が渡れない場合がある。そこで、ロンドンの市民は、信号が赤でも、車がこないときにはどんどん渡ることにしているようにみえた。私がロンドンに着いたときはじめて注意されたことばは「ロンドンでは、交差点で車にご用心を」であった。そして、この交差点での問題は、ニューヨークやサンフランシスコなどでも起こっているようである。いまや、日本のように歩行者優先で交差点を渡れるのは、得がたいことの一つになってきているようである。

もっとも、私が滞在していたスイスは、治安も良かったし、交差点も安全であった。また、水もいちおう飲めたが、ヨーロッパを旅行しての全体的な感想としては、以上のようなことがいえそうである。とはいえ、最近では、日本でも、新幹線の中に列車スリもいるようだし、各地の水がまずくなったということも話題になっている。さらに、交差点でのドライバーのモラルの低下も問題になってきている。それらを聞くにつけても、以上の点は世界に誇れる日本の良さであるから、この良さを保持することの努力が望まれるところである。

（アーティクル一一九号、昭和六二年）

外国から学ぶこと

外国へ行ってみると、日本の良さをしみじみ感じる場合いがあると同時に、日本が学ぶべき多くのものがあることも知る。

その一つとして、日本の都市にはもっと公園を作る必要があるように思う。西ヨーロッパでは、ミュンヘンでもウィーンでも、パリでもロンドンでも、整備された大きな公園がたくさんあった。ヨーロッパの都市には、オランダやイギリスなどでみられるような集合住宅も多いから、土地を求めて、公園が必要とされた面もあるし、また、ヨーロッパの冬の日照時間は短いから、冬までの間に市民が貪欲に太陽を吸収できる場所として公園が必要とされた面もある。その点では、日本でも、最近はマンションが都市に林立し、土地と離れて生活するひとたちがふえているから、壁に囲まれた狭い部屋からぬけだして、広い緑豊かな公園で深呼吸できるようにすることが必要であり、とくに今日のようなストレスの多い社会生活では、この公園のゆとりがひとの心の健康の保持のためにも求められてくる、のみならず、いま、日本では、排熱のために、都市の温度が上昇しつつあるといわれる。一番上昇しているのが東京で、つづいて、大阪、仙台の順で上がっているそうだ。都市の温度が上がると、そこに上昇気流ができ、都市の周辺部の空気が流れこむが、そのさいに、周辺のホコリも都市に運びこまれるので、現在、都市の空気は非常に汚れているそうである。この都市の空気の浄化のためにはぜひとも緑が必要で、市民の身体の健康を守るうえからも、日本の都市には緑の多い公園を整備することが必要となっている。

私が滞在していたジュネーブでは、レマン湖のほとりに、三つも大きな公園があった。おかげで、私は、それらの公園での散策を楽しむことができたが、夏の夕方など、勤め先から帰宅した父親が奥さんや子供たちと一緒に楽しげに散歩している姿もよくみかけた。そうした夏の日の夕方、私が公園を歩いていると、リスが一匹ちょこちょこと寄ってきて、口先きで、私がぶらさげていたバッグを突っついた。そのしぐさがとても可愛いかったので、バッグからカメラを取りだして、そのリスの姿を写したところ、カチャというシャッターの音ににびっくりして、リスは、いかにも心外といった顔つきで、あわてて逃げて行ってしまった。どうやら、まえにきたひとたちがバッグから食べ物をくれたので、私にもねだろうとしたらしいのだが、私の行為は、そのリスの信頼を裏切ることになってしまったようだった。

レマン湖にはたくさんの水鳥がいたが、朝と夕方には、市民たちが食べ残しのパンなどを持って散歩がてらにこの湖畔公園にやってくる。そうした市民たちが湖岸に立つと、湖水の水鳥たちは一せいに飛び上がって、上空で大きな円陣をえがきはじめる。そして、飛びまわりながら、市民たちが投げるパンのかけらを空中でパッととらえるのだ。それは、人間と鳥との間の呼吸の合った見事なキャッチぶりであった。こうして、また、ヨーロッパの公園は、人間と動物の間の心の交流の場ともなっている。

この公園が多いこととともに、ヨーロッパの街では、市民が街を花でいつもきれいに飾っていたことが、きわめて印象的であった。ジュネーブでは、レマン湖岸の散歩道に沿って花壇がつづいていたし、公園には花が咲きみだれ、マンションのバルコニーにはきれいな花の咲いたフラワーポットが置かれていて、街中に花が絶えなかった。そして、街を花で飾ることは、ジュネーブにかぎったことではなく、他のスイスの都市でも、また、ドイツでもフランスでも、オーストリアでもオランダでも、とにかくヨーロッパ中が花で飾られているといった感じであった。

そこで、こんな調子なら、裁判所にも花があるかもしれないと思って注意してみたところ、やはり、裁判所でもさりげなく花が置かれていた。ジュネーブの裁判所では、中庭に花の植えこみがあり、中庭に面した建物の窓にも花の鉢がみられた。ミュンヘンの裁判所でも入口の脇に大きなフラワーボックスがあったし、ウィーンの裁判所の通りに面した窓辺にも植木鉢が飾られていた。そして、オランダのハーグの国際司法裁判所には、その広い裁判所の庭に立派な花園があった。これらの花のおかげで、裁判所の建物にも温かみが感ぜられた。

その点、日本では、街を花で飾るということは一般化していないし、ましてや、裁判所で花を見かけるということもないように思われる。まえに、高裁の長官にも念のため伺ってみたが、「日本の裁判所で花を見た記憶はないようですね」という返事であった。しかし、花はひとの心をなごませ、街を明るくするから、日本でも、この花で街を飾るという生活様式は大いに見習うべきものと思う。こうして街を花で飾ることが身につけば、それが街を愛する心にもなって、街を汚す者もへってくると思われる。そして、とくに、裁判所は心の平和を失ったひとたちが集まる場所でもあるから、ここにこそ、花を置く心配りがあってもよさそうに思う。たとえば、最高裁の城塞のような冷厳な建物の玄関の植え込みにも四季の花が咲くようになったら素晴らしいことと考えるのだが。

（アーティクル二〇号、昭和六二年）

ウィーンのオペラ劇場

ヨーロッパでは、音楽やオペラなどを非常に安く観賞できる途ができており、これも、見習うべきことの一つのように思われる。

私がウィーンに行ったのは、九月の初旬であって、オペラのシーズンが始まっていた。ホテルに着いてすぐ、フロントで、その日の国立オペラ劇場での出し物を聞いたところ、ロッシーニの「セビリアの理髪師」とのことであった。なんとか切符が手に入らないかといってみたが、とても無理だという。翌日はモーツァルトの「ドン・ジョバンニ」だというので、その切符を頼んだが、「できるだけやってみましょう」という返事で、これもかなり頼りない。案の定、翌日の切符もとれなかった。そこで、こんなことをしていては駄目だと思って、三日目は、シェーンブルン宮殿などを見たのち、午後三時半ごろから、国立オペラ劇場の当日券を並んで買うことにした。

恐らく大勢のひとが並んでいるのだろうと思って国立オペラ劇場へ行ったのだが、初秋の午後の日ざしの下、劇場の正面にも周囲にも、その気配がない。こんなはずはないと思いながら、劇場の建物を一周してみたが、人影もない。おかしいぞと思いながら、念のため、もう一周してみた。すると、建物の角を曲がったところで、オペラ劇場の脇の広場を横切ってきた一人の女性が劇場の建物の一つのドアを開けて中へ入って行くのが見えた。オヤオヤと思って、私も、その女性が入ったドアを押して中へ入り、廊下づたいに奥へ行ってみると、そこに並んでいるひとたちがいた。列の最後のひとに、これは今日の切符の列かと聞いてみたところ、そうだという。そこで、私も、そのあとに並んだ。劇場の建物の中で、当日売りの行列ができていたのである。そのときでも、すでに三、四〇人のひとが並んでいたが、その列はどんどん長くなっていった。並んでいるひとたちの中には顔なじみのひとも多いようで、いくつものグループができて、楽しげにおしゃべりをしている。女のひとたちは、盛装をしていた。そんな様子を見ているうちに、午後六時ごろであったか、列が動きだして、切符が売られ始めた。

ウィーンでオペラを観るためには、日本円で一万円以上はするだろうと、私は覚悟をしていた。そんなつもりで窓口へ行ったのだが、そこで売られていた切符は、オーストリアの貨幣で二一シーリング、当時の日本円にして約四〇〇円であった。どうしたことかとびっくりしたが、これは、当日の「立見席」の切符の行列であったことがわかった。逡巡するいとまもなく、窓口では「上か、下か」と聞くので、とっさに「上」と答えた。切符を手にすると、みんな駈けだして行く。私も、あとについて走った。この国立劇場は一八六九年にできた古い建物なので、エレベーターがない。みんな階段を駈け上がって行くので、私もつづいた。五階から六階への階段の途中でみんなとまっており、階段に沿って列ができた。あたりを見まわすと、丁度私のすぐ横に日本人の若い女のひとが並んでいたので、これからどうするのか知っているかと声をかけてみたところ、「ここでみんなが揃うのを待って、それから、用意ドンで駈けだすのです」という。そして、その女性は、「観やすい場所へご案内しましょう」と言ってくれた。あとで聞いたところでは、彼女は日本の高校の音楽の先生で、九月の初めからウィーンにきて、毎日、このオペラ劇場の立見席に通ってオペラの勉強をしているということであった。

間もなく、「用意、ドン」でみんな走りだしたが、その女性は、さすがに劇場の中の様子をよく知っていて、非常に素早く、手近かなドアから入って、一番見やすい場所へ案内をしてくれた。舞台の真正面で、椅子席のすぐうしろの立見席である。ここで、彼女は、私に、ハンカチをだして、椅子席のうしろにある手すりに結びつけるようにといった。こうしてハンカチを手すりに結びつけておけば、そこの一人分の立見席の占有が確保される約束になっているのだという。彼女のおかげでいい場所が確保でき、七時半の開演までの四、五〇分の間、劇場の外へでて、彼女と一緒に簡単な食事をとることができた。

その日のオペラは、ドニゼッチの「愛の妙薬」であったが、オペラ歌手の声はこの六階の立見席までもよく通り、素晴らしい演奏を聴きながら、大変面白くかつ快適にオペラを観ることができた。このオペラの幕が降りたのは夜の一〇時をまわっていた。時間も遅いので、地下鉄の駅まで彼女を送って、心からお礼をいって彼女と別れた。それから、私は、私の泊まっているホテルまで、星空の下、市電通りに沿って歩いて帰ることにしたが、その途中に、ウイーンの市立公園がある。この公園は、ヨハン・シュトラウスやシューベルトなどの音楽家たちの像があることで有名だが、ここでは、ウインナワルツの名曲が楽団によって演奏され、それを聴きながら、まだ大勢の市民が、コーヒーなどを飲んで、夏の夜を楽しんでいた。さっきまでの演奏とくらべるとかなり見劣りはしたが、私もひと休みすることにして、あんなに素晴らしいオペラを偶然の機会から僅か四〇〇円で観ることのできた感慨をいま一度新たにしたことであった。

（アーティクル二一号、昭和六二年）

西欧社会の常識

まえに、ウィーンでオペラを非常に安く観ることができた話を書いたが、パリでも音楽会やオペラをとても安く観ることができるので、日本でもぜひそうした途を作るべきだという投書が新聞に載っているのを最近みた。一般に、ヨーロッパでは、ひとびとに合理的と感じられたことはどんどんヨーロッパ中に広がっていく。

西ドイツのミュンヘンの「オリンピア公園」の中央部には大きな池があり、その片側に丘がつづいているが、その小高い丘のはずれから街を眺めたときに、下の緑の木立の中に小さな家のようなものが沢山並んでいるのがみられた。丁度、日本の家を評して「ウサギ小屋」といわれたころであったので、「ヨーロッパにだってウサギ小屋があるじゃないか」といいたくなるようなものであったが、この一画は、「クライン・ガルテン」とよばれる市民農園であった。土地との接触をもとめる市民たちがこの土地を借りて、ここで野菜や花を作ったりして、休日を過ごすのである。彼らは、疲れればコーヒーも飲みたくなるし、ひと眠りもしたくなるので、そうした欲求から、1DKのかわいい家がこの農園に沢山できるようになった。これが、私のみた「ミュンヘンのウサギ小屋」であったのである。ところが、その後にヨーロッパを旅行するうちに、これと似たものを、スイスのチューリッヒの近くでもみたし、オランダのアムステルダムからハーグの間でもみることになった。

ヨーロッパには多くの国があり、国境があるが、ひとびとは、飛行機や鉄道で、あるいは車を駆って、簡単に国々を往来できる。だから、どこかで新しい試みがあり、合理的とみられると、それがヨーロッパ中に広がり、これが西欧社会の共有物＝常識となっていくもののように思われる。まえに、ヨーロッパではどこへ行っても街を花で飾ることが見られると書いたが、これも、こうした流れでヨーロッパ中に広がっていったものと考えられる。

私がジュネーブに滞在していたときに、オランダのハーグにある国際司法裁判所の小田滋裁判官から「裁判所へやってこないか」という電話がかかった。小田裁判官は元東北大学教授であり、ハーグから仙台へ戻られたときには毎日東北大学法学部の研究室へ通ってこられるが、小田判事がこられる名誉教授室は私の部屋と並んでおり、小田判事とは隣り組の間柄である。ハーグまでどのようにして行こうかと考えたが、私はヨーロッパの鉄道を自由に乗りまわせる「ユーレイルパス」を日本から購入して行っていたので、列車で行くことにした。

有名な「トーマス・クックの時刻表」で調べてみると、丁度ジュネーブからアムステルダムまで、西ドイツが誇る特急「ラインゴールド」が走っている。所要時間は一〇時間半。一寸こたえるかなと思ったが、各国の風景を目のあたりにできるのは列車の旅が一番なので、予約して、この特急に乗りこんだ。車両は広軌であるうえ、座席は、通路をはさんで、一方の側は二人掛け、他方の側は一人掛けであるから、各座席の幅は、日本の新幹線のそれよりも遥かにゆったりとしている。私の席は、一人掛けのほうであった。列車は、スイスのジュネーブからレマン湖のほとりを走り、やがて、西ドイツのライン川に沿って北上して、オランダのアムステルダムへ着いた。変化する車窓の眺めと、ゆったりした一人掛けのシートのお陰で、一〇時間半の列車の旅も全く苦にならなかった。

このとき乗った私の車両は、その中央部の天床についたしるしを境にして、前半分が喫煙席、後半分が禁煙席となっていたが、そのあとで乗った、当時のフランスご自慢の特急「ミストラル」では、車両単位で、喫煙車と禁煙車が分れていた。そして、スイスで乗った多くの車両は、一車両が中央の壁で仕切られて、喫煙室と禁煙室に分けられていた。こうして、そのやり方には違いがみられたが、当時すでに、列車にはほぼ半分の割合いで喫煙席と禁煙席を作ることが、西欧社会の常識となっていた。

こうして、ヨーロッパでは、国から国への交通がきわめて自由にできることを背景にして、合理的な試みが国境を越えて他国に広がり、そこにヨーロッパ社会に共通の意識が形成されていく。ＥＣ社会の成立も、まさにこうした基盤と関係がある。その点で、日本は、ヨーロッパからも離れ、周りを海に囲まれて、こうしたヨーロッパ社会の常識が自然に流れこむような環境にはない。それだけに、ヨーロッパではごく当り前と考えられることでも、日本では当り前になっていないことがある。

右の列車の禁煙席も、以前よりは改善されたが、それでも、在来線の特急などの禁煙車両は、列車の先頭部か最後部という状態である。ヨーロッパでは、「ユーレイルパス」の日本版「ジャパン・レールパス」が発売されており、外人もこれを買って日本へ来ているが、この外人たちは、こうした日本の状態をみて、どのように感じるのだろうか。いま、日本では「国際化」が盛んに叫ばれているが、その「国際化」のためには、もっと西欧社会の常識を知り、日本の社会にも採り入れていくべき、まさに国際的なものについては、それを日本に根づかせていくことが必要なように思われる。

（アーティクル二一二号、昭和六三年）

ヨーロッパの多難な一日

ロンドンからジュネーブへ戻るときに、私は、途中のパリからヨーロッパ横断特急（ＴＥＥ）の「ミストラル」に乗ることを計画した（ＴＧＶはまだ走っていなかった）。そのロンドンのホテルを出発する日の朝、バス・ルームに入ると、洗面台の丁度上あたりの天井から水がたれている。ヨーロッパのホテルでは、バス・ルームの中のカーテンの長さが浴槽のふちのところまでしかない場合があり、シャワーを使うと水が外へでて困ることがあるが、このホテルのシャワー用のカーテンも同じく短いものであった。だから、階上の住人は、恐らく無頓着にシャワーを使ったので、その水が床に流れて漏れてきたものと思われる。しかし、私は急いで出発する必要があったので、なんとか漏れてくる水滴の間をぬって顔を洗い、朝食をとり、荷物をまとめて部屋をでることにした。そして、エレベーターで一階へ下り、キャッシャーに、天井から水が漏れていることを注意したうえで、支払いをすませた。

ホテルをでて、近くの駅から空港行の地下鉄に乗った。見ると、各車両のシートには、一人の座る空間ごとにひじ掛けがついている。これなら、大きく股を開いて二人分の座席を占領することはできないわけで、紳士の国もそれなりに苦心しているなと思ったりしているうちに、ヒースロー空港駅に着いた。エスカレーターで上に昇り、搭乗手続をすませて、ロンドンとパリを一時間で結ぶエア・バスに乗りこんだ。

配られた新聞などを見ているうちに、飛行機はドーバー海峡を飛びこえ、瞬く間にドゴール空港に着陸した。空港からはパリ市内のエア・ターミナルまで空港バスがでているので、これを利用し、そこから「ミストラル」が出発するパリのリヨン駅まではタクシーを使うことにした。なにせはじめての土地で時間を気にしながら急がねばならないので、計画通りにうまく行くかと案じていたが、幸いにタクシーもすぐに見つかり、シャンゼリゼ通りからセーヌ川の岸辺を走り抜けて、パリのリヨン駅に到着した。

やれやれと思ったのも束の間、タクシーの運転手が、時計のようなメーターを指さして、ここまでくる間に針が二度まわったから表示された料金の二倍を払えというようなことをいっている。パリのタクシー運転手の雲助ぶりは耳にしていたから、これだなと思ったが、ここで争っていたのでは「ミストラル」に乗り遅れそうなので、荷物代のつもりで少し大目に渡して、サッと荷物を持って車から降りてしまった。

後も追いかけてはこなかったから、私は、急いで特急券を買い、一三時一五分の発車寸前に「ミストラル」の車両にすべりこんだ。これは全車一等で、コンパートメントの車両もあるが、私の指定された席はオープン車両のほうであった。ホッとして急におなかもすいたので早速に食堂車へでかけたが、私のテーブルは、インド人のおばさんと、戦後日本に駐留していたというアメリカ政府の役人と、西ドイツの新聞記者と私の四人で、きわめて国際的な雰囲気の中でフランス料理のフル・コースを味わうこととなった。

「ミストラル」は、時速一六〇キロで快適に走り、四時間弱でリヨンに着いた。ここで私はジュネーブ行の急行に乗り換えるのだが、少し時間があったので、駅をでて周辺を歩き、駅に戻ったら、もう列車はホームに入っていた。私は、急いで、近くの一等の車両に乗りこんだ。この車両は半分が一等で、乗客は私だけである。列車は間もなく走りだしたが、車窓を眺めているうちに、私はウトウトと眠りこんでしまった。どこかの駅に着いたとき、物音で、ふと目が覚めた。乗客が一人、私のいる車両を通って前の車両へ渡って行くのが見えた。そのとき、私はなんとなく不安になった。ヨーロッパの鉄道では、車両がつぎつぎと切り離されていくことがある。そこで、窓から顔をだしてみたが、車両は先頭車からズッと繋がっているし、ジュネーブまではあと三〇分ぐらいなので、これなら大丈夫と考えた。

そのうちに列車は走りだした。ところが、ジュネーブ到着の予定時刻になっても、ジュネーブの街が見えない。これはおかしいぞと思って、次に列車が停った駅名を地図で探がしてみたところ、私の乗っている列車はジュネーブとは別の方向へ走っていることがわかった。やはり、なんとなく私が不安を感じた駅で、ジュネーブ行の車両が先に走りだしたらしい。私の乗った列車の終着駅は、エビアンであった。そこで、早速時刻表を調べてみると、エビアンで四〇分ほど待てばパリ行の寝台急行があり、これで三つ目のアンヌマスまで行けば、ジュネーブへタクシーで帰れることがわかった。幸いにユーレイルパスで旅行をしていたから、どこへでも行けるので、その点は気が楽であった。

こうして、ジュネーブの自室へ戻ったのは、午前零時の一寸前であった。列車へ乗るときは車両の行先きを確かめよというヨーロッパの鉄道旅行の鉄則を守らなかった初歩的ミスのこわさを思い知らされたわけだが、この日は朝から実に多難な一日であった。

（アーティクル一一五号、昭和六三年）

九州旅行とJRの知恵

今年（昭和六三年）の四月に熊本で民事訴訟法学会が開かれて、出席をした。その前日に東京で国公私立大学関係の会議があったので、それにでてから、東京駅午後五時五分発の寝台特急「はやぶさ」に乗りこんだ。一度乗りたいと思っていたし、新幹線で博多へ行ってホテルへ泊るより安くもつくので、A寝台の個室をとったのだが、部屋もベッドもずいぶんと狭いので、驚いた。もっとも、まえに上野から青森行の寝台特急に乗り、三段式B寝台の上段にはいつくばって寝たときのことを考えれば、天井までの空間に値うちがあるのかもしれないと思ったりもしたが、とにかく、この個室は、ビジネスホテル的なものである。この設備と値段を考えれば、この車両に乗客がほとんどいなかったのも、うなづけた。「はやぶさ」にはロビー・カーもついていたので行ってみたが、乗客の姿はなく、がらんとしていた。翌朝一〇時二一分に熊本に着き、すぐ学会会場の熊本大学へ直行して、総会で報告をする義務を果たした。

私にとって、九州旅行は、今回で三度目である。一度目は九大の吉村教授と有斐閣新書の『民事訴訟法』の執筆打ち合せを福岡でしたときであり、二度目は九大で民事訴訟法学会が開かれたときである。しかし、二度ともすぐに帰仙しなければならなかったので、一度目は打合せ会の前夜に、当時日銀の下関支店長をしていた旧制高校時代の友人と会って、「ふぐ」をご馳走になっただけで戻り、二度目のときも一寸長崎へ寄って長崎の夜景としっぽく料理を賞味しただけで、とんぼ帰りとなった。だから、今回こそは、学会終了後、せめて北九州だけでも回って帰ろうと考えた。

熊本から博多行の特急「有明」に乗った。ホームに入ってきた列車をみると、明るい色の、しゃれた車体だが、三両だけである。しかも、各車両の中央にドアがあり、中に入って右と左で禁煙室と喫煙室が分かれる構造となっていた。車両の中央にドアのある車はすでに近鉄特急にあるが、JRではめずらしいためか、乗客は、車両の構造がすぐにのみこめないで、とまどっていた。つぎに、久留米から九大本線で由布院まで「由布」という急行に乗ったが、これも三両編成であり、先頭車が指定車であった。車体は国鉄時代からのものであったが、指定席はグリーン車なみのシートで、サービスに努めている感じを受けた。せっかく九州へ行ったのだから、「やまなみハイウェー」を少し走りたいと思って、湯布院から別府まで定期バスに乗ったが、観光バスと同じ車体であり、ゆったりとしたシートで景観を楽しむことができた。

別府では一泊し、日銀の大分支店にいるゼミの卒業生とも会って、有名な「城下かれい」を食べたりした。このカレイは別府湾の真水が湧きでる場所でとれるもので、フグに劣らぬ美味といわれているが、確かに非常にうまかった。別府からは日豊本線の特急「にちりん」に乗車したが、これも三両編成であり、指定車の中の四分の一の部分が仕切られていて、そこがグリーン席となっていた。国鉄時代には空気だけを運ぶような車両もみられたが、さすがにＪＲになってからは各社合理化に努めているようで、車両や座席をきれいにしながら、思い切って三両や四両編成を作り、グリーン車も四分の一に縮小したりして、快適で合理的な鉄道作りへの熱意が感じられた。

小倉で新幹線に乗り換えたが、少し前に瀬戸大橋線が開通したばかりであったので、これをみないで帰るのも残念と思い、岡山で途中下車をすることにした。岡山駅で瀬戸大橋線の情況を聞いたところ、大変な混みようだという。それでも念のためにみどりの窓口で指定席の有無を尋ねたところ、丁度岡山から高松へ行ってすぐ戻ってくる快速「マリンライナー」の、高松からの指定券が一枚あるとのことで、それを手に入れることができた。そこで、岡山・高松間一時間ぐらいなら立って行こうと考えてホームへ向ったのだが、目指す「マリンライナー」はホームへ入ったばかりのところで、幸いこれも座れて、ゆっくりと海を眺めながら大橋を渡ることができた。

その列車が高松で折り返すまでに一寸時間があったので、まえに連絡船で高松へきたとき駅で食べた讃岐うどんがうまかったことを思い出し、天ぷらうどんを注文したのだが、昔の味のままであったのは嬉しかった。帰りの指定席は2番B席であったので通路側かと思っていたが、この「マリンライナー」の指定車は、先頭と後尾の、窓を大きくした展望車であって、席はみんな半回転させて窓側を向いており、席の背後が通路となっていた。だから、A席もB席も窓向きである。これもJRとしては新鮮なこころみで、乗客になんとか雄大な瀬戸の景色をみせたいという気持ちからでた知恵であった。

この指定席のおかげで、こころよい一時間の旅ができた。国鉄時代にはなかった弾力的な発想が、いまのJRにはでてきたようである。いままで続いてきたことをすべて当然のこととして受けとらずに、つねに新しい目でみなおしていく態度は、なにごとでも大切なことだが、快適な日本の旅のために、「はやぶさ」の改善なども含めて、JRの新しい知恵が発揮されることを期待したいものである。

（アーティクル二八号、昭和六三年）

行くべきか、行かざるべきか

いまや、上野・仙台間は一時間四〇分までに短縮された。夜も、二一時八分上野発の最終に乗れば、その日のうちに仙台へ戻れる。新幹線のおかげで、本当に便利になった。昔とは隔世の感がある。

私が東北大学の学生であった昭和二〇年代の後半ごろには、上野を朝の九時ごろに発って、夕方近く仙台へ着く急行があって、これが東北方面への唯一の速い列車であった。そのころの話だが、たしか休み明けで、東京の自宅から仙台の下宿へ戻るためにこの急行に乗ろうとしたときのことである。当時の省線を上野で降りて、ホームから階段を下り、常磐線のホームへ上る階段の下まで行ったときに、もう列車出発のベルがなっていた。急いで階段を上って、近くの客車のデッキに駆けこんだが、それは、この列車の最後部の車両であった。乗るときに瞬間的にみたところでは、この最後部の車両にはポッポッと空席があったが、それより前のほうの車両では乗客が通路に立っている様子であった。なぜうしろの車両に空席があるのに、混んだ車両で立っているひとがいるのかと不思議に思いながらも、電車で、先頭のほうは混んでいても最後部が空いている場合もよくあることとから、あの伝かとも思ったりもした。

ドアを開けて客車の中へ入ると、ポッンポッンと空席がある。そこで、荷物を網棚にあげて、その一つの席に腰をおろした。そのとき、列車は走りだした。通路をはさんで私の席と向いのところにも空席が一つあったが、発車後間もなく、サラリーマン風の男のひとが、前の車両からドアを開けて入ってきて、腰をかけた。このひとは、席に座ると、やれやれ席があったという感じで、早速煙草に火をつけたが、二、三服したところで、なにやら急にそそくさと立ち上り、また前の混んでいる車両のほうへ行ってしまった。どうしたのかと思っているうちに、こんどは女学生が三人、「アラ、席があるわよ」といって入ってきて、とびとびに空いている席に座った。ところが、彼女たちも、やがて、一人が一人へ耳打ちをしたかと思うと、棚にあげた荷物をおろして、逃げるようにして、この車両をでて行ってしまった。

私は、なにかおかしいぞと感じたのだが、なにがおかしいのかがわからない。そこで、あたりをキョロキョロと見回したところ、その原因があった。私の隣人も、また、私と膝つき合わせている乗客も受刑者だったのである。すなわち、一人の私服の警官が腰に綱を巻き、両方の綱のさきに受刑者を一人ずつ、計二人を伴って、この車両の席に座っていたのである。そこで、向き合わせの四人掛けの座席のうち、三人分の座席が埋まって、一つずつの空席ができていたというわけである。

ところが、警官と受刑者を結ぶ綱が洋服などでうまく隠されていたために、私は、この状況をすぐに理解できなかったのである。ここに至って、私も「前の車両へ行くべきか、行かざるべきか」、ハムレットの心境となったが、私も法学部の学生であったから、これも貴重な体験と考えて、そのまま同席することとした。昼食時になると、警官は受刑者の両手にかけていた錠を開け、受刑者たちは自由になった右手で配られた弁当を食べていたが、それは、私の弁当よりもよさそうであった。

こうしたことを私が東北大学の法学部の助手になってから、学生諸君に話したところ、A君とB君が、ある日、つぎのような体験談を報告にきてくれた。A君とB君は、上野駅で落ち合って、仙台へ戻る約束をしていた。A君がホームに着いたときには、すでに青森行の急行が入っていて、各車両ともかなり混んでいた。ところが、中ほどのところに、座席はもう一ぱいだが、通路に立っているひと影のない車両があった。その車両の窓から一人のおじさんが顔をだしていた。その前の席が空いているようであったので、A君が「そこは空いてますか」と声をかけたところ、そのおじさんは、じっとA君をみてから、「空いているよ」といってくれた。そこで、A君は、「じゃ、これをお願いします」といって、荷物を窓から入れ、そのままB君を捜しにでかけた。

うまくB君と会えたので、「オイ、空いてたぞ」といって、二人して、その車両に入ろうとしたところ、入口に警官が立っていて、「ここには入れない」といって、引き止められた。そこで、A君が「だって、僕の荷物が入っているんだ」といったところ、「こんなところに荷物が入るわけはない」といって、警官はとり合ってくれない。仕方がないので、二人はホームへ降りて、ホームから窓越しにさっきのおじさんに「中へ入ろうと思ったのに、警官がいて入れてくれない」と話したところ、そのおじさんが「それなら話をしてやろう」といって、警官のところへ行ってくれたので、両君は中へ入ることができた。

両君はこうした出来事ですでにおかしいぞと感じていたのだが、果たせるかな、それは受刑者の護送列車であったというのである。そして、さっきのおじさんは護送隊の隊長で、当時の法学部の学生は学生服のエリにJのマークをつけていたので、隊長が、自分の向いの席が空いていたことから、法学部の学生なら座らせてやろうということになったようであった。こうして、A君とB君は前科十何犯とかと仙台まで同行した車中の話をしてくれたが、旅行をしていると、いろいろと珍しい体験もするものである。

（アーティクル二九号、昭和六三年）

「はつかり」は煙をはいて

いまから二五年ほど前、私が法学部の助手時代に、夏休みで仙台から東京へ戻るときのことである。当時、私は、いつも東京へ戻るときには正午少し前に仙台を出発する東北線回りの急行を利用していたので、その日もそれに乗るつもりで、午前八時半に目覚ましをセットしておいた。そのベルで起床し、暫く部屋を空けるので掃除などをしてから、予定通りに仙台駅へ行ったのだが、いつもならホームへ入っている急行の姿もみえないし、ホームに人影もない。おかしいなと思って、ホームの時計をフト見上げたところ、時計の針は午後一時少し前を指している。となると、その急行はもう発車したわけだし、どうやら私の目覚まし時計が一時間遅れていたことがわかった。

やむなく、ホームの列車出発時刻表をみたところ、あと四〇分ほどで常磐線回りの特急「はつかり」がくるらしい。そこで、暫くホームで待つことにした。やがて「はつかり」が到着したので、車掌に「急行に乗りおくれたので、この特急に乗りたいが、席はあるか」と尋ねたところ、あるとの返事なので、これに乗りこみ、指定された席に腰をかけた。常磐線は電化されていないので、この特急はディーゼルカーであった。

仙台をでて間もなく、黒雲が空を覆い、激しい雷雨となった。両側の窓ごしに稲妻が光る。そのなかを「はつかり」は走った。水戸を過ぎ、土浦まできたころ、少し空も明るくなってきた。ところが、土浦駅を通過してすぐのところで、列車が突然に停まった。車内のアナウンスでは、信号機に落雷があり、信号が赤のままなので、少し停止をするということであった。そのままで二〇分ぐらいもたったころ、盛んにエンジンをかけるのだが、どうもうまくかからないといった音が伝わってきた。外では、小降りの中を運転手のような青い服を着た人たちが車体を点検して回っている。どうも、故障のようである。案のじょう、間もなく車内放送があり、「信号は回復しましたが、エンジンがかからなくなり、原因がわからないので、いったん土浦駅へバックして、駅で原因を究明します」ということであった。列車の停車地点は駅を少しでたところで、丁度勾配になっているので、エンジンはかからなくても、バックで駅へ戻れるという説明であった。

ホームへ停車していろいろと調べていたが、どうも原因がわからないらしい。突然に停止してからすでに一時間以上も過ぎていた。そのとき車内放送があり、「原因がわかりません。そこで、間もなく下りの貨物列車がきますので、その蒸気機関車をこの列車の前へつけて運行しますから、どうかもう少しお待ち下さい」とのことであった。待つうちに、その蒸気機関車が爆音をひびかせてやってきた。長い貨車を引いており、豚の乗った家畜車もみえる。この機関車のつけ替えに三〇分以上もかかったが、やっとのことで、いよいよ出発となった。発車のベルも鳴った。

ところが、待てども待てども動かない。みんなジリジリしていると、車掌の恐縮しきった声が聞こえてきた。「大変に遅れまして申し訳ありません。実は、機関車を走らせようとしたところ、車輪にブレーキがかかったままの状態で、どうしても車が動かないのです。いま懸命の努力をしていますので、どうかいま暫くお待ち下さい」と。だが、その努力は実らなかった。こうなると、この列車は動きがとれない。万事休すである。そこで、乗客は、あとからくる上野行の電車に乗りかえることになった。乗客たちはみんな重い荷物を持って、ホームへ降りた。すると、ホームのアナウンスが「特急列車が出発しますので、お乗り下さい」と叫びだした。乗客たちはみんなないを言ってるんだといった顔つきをしていたが、あんまり何度も繰り返すので、半信半疑で、またゾロゾロともとの車両に戻った。

すると、車掌のアナウンスがあり、「世の中は本当に不思議なもので、みなさんが降りて下さった途端にブレーキが弛みました。今度は大丈夫出発できます」という。こうして「はつかり」は、ようやく上野へ向かって動きだした。カーブのところで窓から前方をみたところ、スマートなディーゼル特急の先頭車の前に蒸気機関車がついて、黒い煙を吹き上げていた。遅れを取り戻すべく機関車は走ったが、なにせ貨物列車用の機関車だから、スピードがでない。上野到着寸前のアナウンスでは「二時間五八分の遅れ」ということであった。

当時は、三時間遅れると特急料金の払戻しとなった。私は、仙台駅で買った急行券についての未使用証明を特急の車掌から貰っていたので、この急行券の払戻しを受けるために窓口へ行き、未使用を説明する資料のつもりで、車中で買った特急券もだしたところ、急行券と特急券の両方の払戻しをしてくれた。翌日の新聞には「〝はつかり〟またも遅れる」との見出しで、三時間遅れたと書かれていたから、公式には三時間遅れとして、特急券払戻しの扱いをしたものらしい。しかし、私はたまたま急行券の払戻しを求めたので特急券の払戻しも受けたが、三時間にならぬとしてあきらめた人も沢山いた筈で、すっきりしない扱いであった。

それは兎に角、この日は、目覚まし時計が一時間遅れていたばかりに、随分と思わぬ事態に遭遇することになった。そして、新聞によれば、「はつかり」が動かなくなったのは、一枚の小さな銀紙が電気系統部分に雨で貼りついて、電流を止めたためとのことであった。

（アーティクル三〇号、昭和六三年）

「自然と文化の都――仙台」＊

＊　本稿は、平成九年二月二四日（月）に開かれた第一六回「二一世紀の東北を考える懇談会」（宮城県、仙台市、東北経済連合会、東北インテリジェント・コスモス、日本学術会議東北地区会議を構成メンバーとする）において、私が日本学術会議会員として行なった「基調報告」である。

先ほど二一世紀に向かっての仙台市のまちづくりの理念的なことのお話がありましたけれども、私は、二一世紀ではなくて、今すぐしなければならないことがいろいろあるのではないかと思っています。そういった実際的な見地から、少し仙台市のまちづくりのことをお話させていただきたいと思います。

仙台のまちづくりを考えるときには、その目標の設定が重要であります。どういうところにまちづくりの目標を定めるかということですが、それは、表題に書きましたような「自然と文化の都」に求めるべきではないでしょうか。あまりたくさん掲げると散漫になりますので、焦点を絞っていく必要があるのではないかと考えます。そして、それが、いろいろなまちづくりのプランとみな関係してきます。

前から、仙台というのは、「杜の都」であるとか「学都」と言われていますが、これが「自然の都」「文化の都」ということです。この自然と文化の関わりをどう考えるかについては、私は、オーストリアの首都のウィーンをイメージすると分かりやすいと思っています。ウィーンにおいでの方はよくお分かりのように、あそこの市内電車は雑木林の中を走ったりしており、まちの中にも緑が非常に豊かです。また、ハプスブルク家時代の庭園とか宮殿とか市立公園など、いろいろな公園もあります、ドナウ川が流れ、ウィーンの森が周辺に展開していますが、そういった緑豊かな自然の中に文化が花開いておりま す。あそこには、ウィーン大学があります。それから、音楽の都とか芸術の都として有名な所であります。そのような文化が自然の中に花開く、これがウィーンですが、仙台もそういったまちづくりのイメージをもつ必要があるのではないかと、私は考えるわけです。

そういう見地から今の仙台をみるときに、まず、「自然の都」という点では、非常に木が少ない。航空写真で仙台を見ますと、周辺部には緑があるにせよ、まちの中は緑が非常に少なくなっています。そして、周辺部のほうも開発でどんどん緑が追いやられています。ですから、もっと木を植えていく必要がある。しかし、もとのような屋敷林をつくるというスペースはないわけですから、道路に街路樹を植えていくことから、まず考えなければいけないと思います。その場合にも、ヨーロッパなどにはいろいろな木の並木道がありますけれども、ケヤキとかイチョウだけではなくて、いろいろな木の並木をつくって、仙台にくれば並木の文化に接することができるようなまちにして、仙台の風土・気候に合った、並木を選定していくことが必要でしょう。

それから、公共施設の周辺にも木をどんどん植えていくべきですが、例えば川内の国際センターをつくったときに、ずいぶんあそこに木があったけれども、みんな切り倒したり持っていったりして、その後の修復が十分でないのですが、ああいう所こそ木をどんどん植えていかなければならない。そんなことで、仙台市全体を、いわば「公園都市」とするような気概で木を植えるということが必要だろうと思います。

もう一つ、自然の都ということを考えるときには、仙台を「花の都」にするといいのではないかと思います。これは、自然の都という見地だけではないのです。東北は非常に暗いというイメージがあります。大学のイメージ調査をしたら、「東北大学は暗い大学だ」というのが出てきています。東北、「みちのく」というのは「道の奥」で暗いということです。前に「東北には熊襲がいた」という、ちょっと地理的方向感覚も違った発言があって、いろいろな批判を買いましたが、私は、日本の西のほうの人たちから見て、東北というのは文化に暗い所だというイメージがあるという現実は直視しなければならないのではないかと思います。西のほうからの学者が学会で仙台に参りまして、仙台駅を降りてペディストリアンデッキに出て空を仰いで「あー、仙台って明るいんですね」と、本当に真顔で言ったので、びっくりしたことがありますが、これが西のほうの人たちの意識だと思います。

しかし、事実として仙台はそういう暗い所ではないわけですから、明るい所だというイメージチェンジをしませんと、東北の発展のうえで非常にマイナスが多い。そういった明るいイメージを与えるうえでも、「花の都」にする意味がある。ヨーロッパなどでは、どこのまちへ行きましても、まちを花で飾り、あるいは道路に面したマンションにフラワーポットを置くのは当然のことなのです。日本の場合には、人を迎えるような場合に花を飾ることをしますけれども、そうではなくて、日常茶飯時として花を飾っていくことが必要と思います。特に国際都市ということで外国人もどんどん来るわけですから、仙台ではまちを花で飾り、仙台からこうしたまちのありかたを日本全体へ及ぼしていくようなことも考えていく必要があるのではないでしょうか。

それから、「文化の都」という点から考えますと、仙台には東北大学がありますけれども、その他の施設が非常に貧弱だと思います。美術館とか博物館がありますけれども、これは今ではどこのまちでもそういうものはある。「文化の都」を名乗るからには、もっと多くの文化施設をつくる必要があると思います。

その点で、ぜひ国立博物館の誘致を考えるべきでしょう。国立博物館は、現在、東京、京都、奈良にありますが、それに仙台を加える。以前は、帝国大学にせよ、東京、京都、仙台にあり、旧制高校も東京、仙台、京都におかれて、仙台というのは文化の一つの中心地であったわけですから、国立博物館を仙台に持ってくることを考える。その国立博物館は、イギリスの大英博物館とかフランスのルーブル美術館などの外国の博物館などとネットワークを組み、そうした外国の博物館などの展示物を日本で展示するという博物館にする。すなわち国際交流型博物館というものを仙台につくるという見地から、博物館の誘致などを考える必要があるのではないかと思います。また、国立近代美術館も、これは東京と京都にありますが、ぜひ仙台にも持ってくることを運動すべきだろうと思います。

そして、ヨーロッパでは、ご承知のように、ザルツブルクで音楽祭が盛んに開かれますが、仙台でもそれに類するような「仙台音楽祭」という国際音楽祭を開くことも考えていくべきだと思います。あれは音楽家たちが避暑に来て演奏するわけですが、仙台でも八月下旬に、そして今ちょうど幸いにチャイコフスキーの関係ができていますから、チャイコフスキーを中心にしたような「仙台音楽祭」を開いていく。そうなりますと、文化の都としての仙台の知名度も国際的あるいは国内的に上がっていくだろうと思います。

それと一緒に、仙台にぜひ芸術大学をつくるべきだろうと思います。大学までいかなくても、例えば宮城大学の学部がそういうものとしてできればいいと思うのですが、そのような大学をつくると同時に、仙台の団地に「芸術家村」をつくる。ここに芸術家が集まって、ここから全国各地に出ていくような芸術家村なども考える。そして、全体的に仙台を文化・芸術の都にする。東北大学が片平から移転するという話もあるわけですから、そういった場所などにも、その辺のことを考えていくうえでは材料があるのではないかと思います。

京都というのは古典文化の都ですが、それと対比して、仙台は、「近代文化を基礎にした二一世紀文化をつくる都」というところに焦点を当てていったらどうかと思うわけです。過日も地球環境戦略研究所の誘致が盛んに問題になりましたけれども、これからもいろいろな学術・文化施設の誘致が出てくると思います。そういうときに、「仙台というのは自然と文化の都だ、あそこへ持っていくといいなあ」とみんなが考えてくれるような、そういうまちづくりをしていく必要があるのではないかと思うわけです。

そのためには仙台のよさを広く知ってもらう必要があります。そうなりますと、観光ということが重要になります。しかし、大変残念なことに、仙台の観光行政は、最低の状態にあると思います。

まず第一に、公園などの文化施設が少ない。見る所が多くないわけです。私は何人もの人から聞きましたが、会社の支店の人は、東京から幹部が来るときには夕方に着く新幹線で来てもらい、すぐに国分町に連れていって一杯飲むようにする。翌日は、支店などを視察し、そして午後は松島へ回って、夕方の新幹線で東京などに帰ってもらう。すなわち、仙台には見せる所がないということで、みんな非常に困っているのです。

例えば公園を考えても、台原の森林公園はイギリス風庭園であって、あれはいいと思うのですが、仙台には和風庭園がないのです。文化都市には、みんな有名な庭があります。例えば、金沢でいえば兼六園、岡山は後楽園、熊本は水前寺公園、みんな殿様がつくった庭があるのですが、仙台には伊達の殿様がそういった庭を残してくれなかった。そうだとすば、われわれが今つくっていかなければならないわけです。追廻のほうにそういうプランがあるようですが、これは一五年とか二〇年先のことですから、今なにかしなければならない。私は、どこかまちへ行きますと地図を広げて公園とか庭園という名前のつく所に行くのですが、そういう観光者も非常に多い。そういう人たちは仙台へ来てまず西公園へ行きますが、あそこは土地の空間はあるけれども文化がないといって、ガッカリする人が多いわけです。ファースト・インプレッションが非常によくない。その点で、西公園などは庭園として大いに利用すべきだと思います。

広瀬通りから行きまして、仲の瀬橋に行く右側の所に池があり、それから築山がありますが、あれは天皇の行在所の跡だそうです。由緒あるものらしい。あの池を活かし、また、築山に茶室をつくって、和風庭園として整備する。そこの池から一本の小川を流し、芝生の中を流れるようにして、和風庭園が洋風庭園に展開するようにする。そして、その周辺に枝垂れ桜を植える。去年なども、あそこでお茶会が盛んに開かれていたようですが、今のような環境をつくれば、かなり文化的な庭園になるのではないかと思います。あまり場所が大きくありませんからミニ庭園ですけれども、そのような利用も大いに考えていく必要があるだろうということです。

みんな、庭とか公園をつくるために、今かなり苦労しています。例えば宇都宮の場合は、栃木県の県立公園ですが、専売公社の跡地を買って、洋風・和風庭園、それからその奥に博物館などをつくっています。仙台には、せっかくあそこに西公園という空間があるわけですから、あれを利用しない手はないだろうと思うわけです。

それから、良覚院丁庭園というのが東急ホテルの裏にあります。その半分ぐらいを仙台市が今茶室のためにつかっていますが、あとの半分の復元もぜひすべきです。それから、晩翠草堂の整備とか、とにかくいろいろ良い材料は仙台にあると思うのです。それを一年に一つずつ手がけていけば一〇年もかければ一〇も見る所ができるわけですが、残念なことに、そういう努力が今までのところは全くなされていないということであります。

　観光の問題としては、第二に、観光のための交通の便が非常に悪いということです。ある所から次の所へ行くときに、仙台のバスがみんな仙台駅に集中していますので、なかなか簡単に行けない。その点で、例えば鹿児島にシティビューというバスが出ています。これは西鹿児島駅から西郷さんの銅像とか、城山とか、いろいろ回って島津公の磯庭園に行くのです。それから、またぐるっと回って、繁華街である天文館を通って西鹿児島駅へ戻るわけですが、大体一時間の行程です。これは、観光バスではなくて通常のバスですが、一時間に二本出ているのです。そして、一日乗車券が買えまして、大人が六〇〇円です。そうすると、最初の所へ行って見て、それから次の停留所まで歩いて行って、それを見ると、三〇分あとのバスが来るというようなわけで、非常に便利なのです。

　そういうことを考えますと、例えば仙台の場合には、駅前から青葉通りを通って晩翠草堂へ行く、それから東北大学の正門――大学が片平から移ればあそこも文化公園とかいろんなものになると思いますが――前を通り、それから霊屋橋を渡って瑞鳳殿に行く。瑞鳳殿から評定河原橋を渡って博物館の前、それから山へあがって青葉城址、そして東北大のキャンパスを通って理学部の最近できた自然史標本館、そして県立美術館から西公園、さらに大崎八幡から輪王寺を回って定禅寺通りの一番町から駅前へとか、そうしたコースのバスが一時間に二本ぐらい出れば、観光者のためにはずいぶん役に立つだろうと思います。

　どうも見ていますと、今、観光客の立場に立った観光行政ができていないように思います。バスは仙台駅行となっていますが、青葉通りの場合には住友銀行の前で降ろされるのです。前のことですが、私がバスで一緒に乗っていたおばあさんがあそこで降ろされて、荷物を持っていて、「仙台駅ってどこですか」と聞くものですから、あそこだと指さしたら、あまりにも遠いので、本当にびっくりしていました。ですから、もう少し観光客の立場に立った観光行政をしていかなければならないだろうと思っております。

現時点では、仙台へ来てかなりガッカリして帰っていくという人もある。もちろん定禅寺通りとか青葉通りのケヤキを見て感激していく人もありますが、今申しましたような見地で観光行政が悪いことから、かなりガッカリして帰っていく人もあるのです。これは、大変残念なことだと思います。

従って、私は、目標をきちんと決めて仙台のまちづくりの青写真を作り、今できることからどんどん実行していく必要があると思うのです。その青写真はしっかり作らなければならない。その点で、既に実行されていることでも、これでいいのかなと考えこむような問題もないわけではなさそうに思います。例えば、今、長町に音楽堂がつくられますけれども、先ほど言ったような仙台音楽祭をやるということを考えて音楽堂が長町に計画されているのかどうか、この辺も考えなければならないと思います。

それから、仙石線が今、青葉通りに乗り入れることになっています。東京の感覚からいえば、東京から横須賀のほうへ行く横須賀線、それから東京から千葉のほうへ行く総武線、みんな分かれておりましたが、今は東京駅でドッキングしているのです。「逗子から千葉へ」という電車が出ている、そういう時代です。そうなりますと、仙石線と仙山線もドッキングして「松島から蔵王へ」とか、そういったキャッチフレーズで観光行政を考えていくことも必要なのかもしれない。そうだとすると、そういったことも十分に考えたうえで仙石線が青葉通りに乗り入れているのかどうかも問題になると思うわけです。

私は専攻が法律学でありまして、法律学には「比較法学」というような外国の法律と比較しながら日本の法律のことをいろいろ考えていくような学問もあるのですが、この都市についても、「比較都市学」という手法が重要ではないかと思います。私は旅行が趣味でして、旅行をしたときには、いろんな行ってきた都市と比較しながら仙台のことを考えておりますので、今日は、そういった点からちょっとお話をさせていただいた次第であります。少しでも仙台市のまちづくりのためにお役に立つようなことがあれば幸いであります。

林屋礼二

法と裁判と常識

法学者の生活四十年

〈著者略歴〉 昭和5年12月、東京に生まれる。(旧制)府立高校文科、東北大学法学部卒業。学習院大学教授・東北大学教授を経て、現在、東北大学名誉教授。元日本学術会議会員、元宮城県県政オンブズマン。

〈主要著書〉 新民事訴訟法概要(有斐閣)、民事訴訟の比較統計的考察(同)、データムック民事訴訟(同)、憲法訴訟の手続理論(信山社)、破産法講話(同)、民事訴訟法入門(共著・有斐閣)、逸話で語る民訴学者の面影(共著・第一法規)、民事執行法(編・青林書院)、図説判決原本の遺産(共編・信山社)、民事訴訟法辞典(同)、公的オンブズマン(同)その他。

初版第1刷発行　2001年10月10日

著　者

林屋礼二

発行者

袖　山　貴 = 村岡侖衛

発行所

信山社出版株式会社

〒113-0033 東京都文京区本郷 6-2-9-102

TEL 03-3818-1019　FAX 03-3818-0344

印刷・エーヴィスシステムズ　製本・渋谷文泉閣

ISBN4-7972-5240-5　C3032